三条教則と教育勅語

宗教者の世俗倫理へのアプローチ

三宅守常

弘文堂

序

本書は、仏教関係者からは、間違いなく嫌われ、そして敬遠されるだろう。なぜなら、従来の明治仏教史関係の概説書や研究書等に通底している明治初年の神仏関係に対する捉え方とは、逆の論調だからである。一読していただければ一目瞭然である。

さて、本書の書名、名付けて「三条教則と教育勅語 ― 宗教者の世俗倫理へのアプローチ ―」と題する。

「教育勅語は、名前は聞いたことがあるけど、三条教則って、それ何、聞いたことが無いし全然知らない、で勅語と、どういう関係なんだろう」といぶかしく思う方が、おそらく大半だと思う。そして、それは無理もないことである。なぜなら、三条教則とは、明治五年に大教宣布運動の一環として新政府の教部省という一役庁から教導職と言われた、国民を教化する役目の一部の人たちだけに布達された三つの箇条書きから成る短い一文なのであって、当時の国民でさえ皆が知っていたという性質のものではないからである。したがって、今でも研究者の中でも知る人は決して多くはない。日本近代史、明治史の中の宗教史、つまり明治宗教史という狭い専門領域あるいは社会教化、社会教育という視点からだけで語られ、研究されるだけなので、知らないのも無理はない。

一方の教育勅語については、いまさら言を喋々するまでもなく、明治二十三年十月三十日に「凡テ法律勅令其ノ他国務ニ関ル詔勅ハ国務大臣ノ副署ヲ要ス」（第五十五条）という帝国憲法の規定を超越して、関係大臣は副署せず、御名御璽という天皇の署名のみで、直接明治天皇から国民全員に対して下賜された、という形式のもので、学校教育の場だけでなく、広く国民全般の倫理道徳の支柱的存在であったわけで、知らない人はいなかった。

したがって、三条教則と教育勅語は、発布された時代そのものだけでなく、成立背景、形式、対象、知名度、その後の影響力などの点で、両者まったく異なり、比較にならず、同じ土俵で語ることはできない、という見解があり、それはもっともだと思う。しかし、それを承知した上で、敢えて書名で併記した。その理由は二つある。

第一は、第一編で詳述するが、三条教則の三ケ条の項目は「敬神愛国・天理人道・皇上奉戴朝旨遵守」で、これを教導職（多くは神官・僧侶）が演説説教して民衆を思想善導したが、宗教的側面を基調にした社会教化、社会教育ということは民衆から見れば、実は日常生活における倫理道徳の規範にほかならなかった筈である。視座を変えれば三条教則を〈近代明治国家初の国民生活に関する倫理的ガイドライン〉と評することも可能である。一方の教育勅語は、自分、親、兄弟、友人、社会公共、国家などに対する倫理道徳を明示したわけで、これも〈国民生活の日常における倫理的ガイドライン〉そのものであったことを否定する人はいないだろう。してみると、時代や対象や内容に相違懸隔はあったにしても、両者はある種の〈倫理指針〉であったという点での共通項はあったことになる。ならば、底流のどこかで一脈相通じていると見ることも、思想史的精神史的に見れば、あながち不当ではないかもしれない。

第二は、第一の当否はさておき、「宗教者の世俗倫理へのアプローチ」とした副題の意味である。これは第一点目より重要だとしなければならない。すなわち、三条教則が布達されると教導職のうち神官神職はもちろんだが、仏教僧侶の方面からも三ケ条の解釈書、解説書が出てくるのである。これが衍義書と言われるものであった。そもそも、三ケ条は短文で抽象的なので、詳細で具体的な解説の書物がないと理解だけでなく、広く民衆に知らしめることは困難であったことに加えて、当時の仏教界は廃仏毀釈等の打撃や行政政策による逼塞状態から脱却しようとしていた状態であって、国家における世道人心の安寧や民衆教化の任を果たすためには、自身の宗教的境涯に安住することなく、積極的に世俗倫理の中に入って説くという、言わば居場所を確保する必要があったと考えたからにほかならなかったからである。一方、教育勅語については渙発以後、半ば文部省公認とされた井上哲次郎の勅語解説書の前後から、教育界を中心に宗教界からも陸続として解説書、解釈書としての勅語衍義書が出版されてくる。その中には仏教界、仏教僧侶の立場からの教育勅語衍義書も出現してきたのである。それは一面において時流に便乗したという側面も無くはなかったが、大半は真摯に自身の宗乗学と勅語に見られる親兄弟家族から社会公共までの倫理的徳目、端的に言えば国民道徳との結節点を模索しつつ、仏教の国家にとっての有益性を展開したのであった。つまり、大事なことは、時代やその思想潮流の背景、対象や影響の違いはあっても、三条教則と教育勅語のどちらにも仏教僧からの衍義書の述作という対応アプローチがあったという事実である。教育勅語へのアプローチについてだけ広く言えば、宗教界からは神道界、仏教界、儒教からだけでなく、キリスト教からも、また、石門心学という倫理運動、精神世界からの衍義書もあったのである。ならば、どのような衍義内容であったのだろうか、逐一検討考察する必要がある。

つまり、仏教僧による三条教則の衍義書と仏教僧による教育勅語の衍義書という、二つの倫理指針に対する対応の仕方を考察することによって、宗教者、また、仏教者の世俗倫理へのアプローチ、世俗倫理への接近化の実態を検証することができ、ひいては明治宗教思想史の一班を解明することに役立つと思われるからである。仏教僧の衍義書群を扱う所以は、以上のごとくであり、本書の意図もここに存する。

すなわち、本書は三条教則と教育勅語という明治国家の二つの倫理指針に対する衍義書研究の書である。

したがって、本書の構成は、第一編が三条教則衍義書関係、第二編と第三編が教育勅語衍義書関係と、大別して二部構成となっている。

第一編は第一章において、三条教則以前という意味で明治五年の教部省設置前の神道と仏教の制度的位置関係を確認し、次いで、第二章では、三条教則の布達背景や衍義書諸本の書誌的考察をおこなった上で、仏教僧数名、すなわち福田義堂・千早定朝・細谷環渓・不破祐善・佐原秦嶽・佐田介石・福田行誡・吉水良祐の衍義書内容を逐一詳細に考察し、加えて仏教僧による三条教則の説教の実態をうかがえる当時の新聞も考察した。第三章は第二章の仏教僧の衍義書考察の、いわば附録と言ってもよく、島地黙雷をはじめとする神道批判の内容根拠を示しておいた。

第二編は第一章が多田賢住と赤松連城、第二章が東陽円月、第三章が太田教尊、第四章が寺田福寿、第五章が土岐善静という真宗僧に限定した、それぞれの教育勅語衍義書の内容の考察となっている。そして、補章において、これら真宗僧の傾向と特徴を類型別に整理してまとめておいた。

第三編も教育勅語衍義書に関する部分で、仏教以外の広く宗教界、精神界の立場からのものを扱った。すなわち、第一章は江戸期において庶民倫理の普及に功績のあった石門心学が明治期にどのような制度的変遷をたどり、近代という時代の波に翻弄されたかという、従来の研究では誰も指摘しなかった制度的な変遷動向と石門心学者たちの思想的傾向を、教育勅語普及にたどりつく大前提として考察し、その参考となる貴重な心学資料を掲載した。次いで第二章は、石門心学者たちのなかでも著名な川尻宝岑の勅語衍義書の内容を考察し、加えて道話の名人と称された川尻の勅語道話の実際の喋り口調を紹介した。著述という文字表現ではなく、生の演説筆記の紹介はおそらくこれが初めてだろう。臨場感溢れる意味で貴重である。

最後に据えた第三章は宗教界からの勅語衍義書の中でも、きわめて珍しい、というより研究調査した限りでは、唯一、だと言ってもよいキリスト教からの衍義書の考察である。具体的に言えばロシア正教会の立場からの勅語衍義書である。明治期に於いてキリスト者による教育勅語に対する記述は数多いが、それはあくまで、意見（意見書）、なのであって、衍義（衍義書）、ではない。本書では、正教会の論客であった石川喜三郎なる人物の勅語衍義書の傾向と論調と根拠を詳細に検討考察したが、従来誰も扱ったことが無く、間違いなくこれは本邦初であろう。

三条教則と教育勅語という明治国家の二つの倫理指針＝日本の歴史と風土によって醸成されてきた人びとの精神的伝統に根ざした倫理観の表明、に接近していった仏教僧、石門心学者、キリスト者それぞれの苦労と努力の跡を衍義書を通して見ると、明治国家の国民倫理と宗教者の関係において、従来の概説書等とは異なる、新たな地平が見えてくるのではないだろうか。

三条教則と教育勅語、どちらも衍義書研究については、見渡しても、まさに緒に就いたばかりの状態である。今後のさらなる研究の進展を期待すると共に、ご批判とご教示を衷心より冀う次第である。

目次

第二章　仏教僧の三条教則衍義書をめぐって　33

第一編　三条教則と仏教僧

——仏教僧の三条教則衍義書——

第一章　教部省設置前における神道と仏教の相克

一　はじめに

明治維新後の神仏判然の令によって生じた廃仏毀釈、これを挽回するために仏教は種々の方策をめぐらし、その結果、明治五年三月の教部省設置によって法制上ではやっと神道と肩を並べることになる。しかし、神仏合同布教とはいっても大教院の仏教無視の実態に見られるごとく、仏教にとってはまさに物心両面の苦悩混乱の時期が続くわけである。

一方、神道は「諸事神武創業ノ始ニ原」く王政復古の大号令の渙発による祭政一致の大方針のもとで神祇官が再興され、明治二年七月の官制改革により神祇官は太政官の上に特立して名実共に古制に復し、宣教使も設置され、同年十二月には八神殿も造営されて幕末以来の眼目を達成し神道人たちの望む方向に帰着した。さらに同三年一月、天業の恢弘と祭政一致を根本とし皇道の宣揚を目的とする大教宣布の詔、同四年五月には、神社はすべて「国家ノ宗祀ニテ一人一家ノ私有ニスヘキニ非サル」旨の布告により「祭政一致の御政体」に基づく、いわゆる神道国教主義的政策が確立してゆく。しかし、同四年八月八日に神祇官はわずか二年で廃止されて太政官内の一省と化して神祇省となり、その九ケ月後の同五年三月には教部省へと次第にその官衙の地位が降格し、法制上は仏教と同次元となり、神道人の期待に反してむしろ後退する結果となってゆく。これが対外的事情、国内事情、神道人内部の分裂、仏教側の運動等々の諸事情の集積の結果であることは従来諸書の指摘するところであるが、いずれにしても教部省設置前後は神仏二教どちらにとっても、その後の命運を左右する重要な分岐点であったと言ってよい。

しかし、明治仏教史の方面では従来的に教部省設置後、すなわち神官僧侶教導職による大教院、三条教則の範囲内での説教、信教の自由や大教院分離などに、当然であろうが比重が置かれている傾向がないでもない。そこで、教部省設置前夜とも言うべき箇所をより詳細に見る必要が出てくる。よって、従来明治仏教史ではあまり指摘されていない公文書一点、すなわち、左院の「寺院省設置建議」(明治四年十月四日)をもって補塡し、これを教部省設置の原案となった左院の「建議」(同四年十二月二十二日)と比較しつつその意図を考察し、加えてもう一方の神道人たちの当時の意識を、これまた明治神道史の方面でもあまり指摘されていない同時期の「献議」(「神道史料之本」と題する写本綴中の一つ)を通してうかがってみたい。

端的に言えば、教部省設置前夜の神仏二教の確執や鬩ぎあいの中で、仏教者・神道人がそれぞれいかなる問題意識を有し、それが那辺にあったかを前記二点の資料を中心に、思想史的な意味で双方の関係を考察するのが目的である。

二　左院の「寺院省設置建議」

まず維新後の流れを振り返ってみよう。明治三年八月太政官布告第五二〇号により民部省内に社寺掛が設置[1]されるまで寺院を司督する役所はしばらくなかったが、これを機に西本願寺の島地黙雷・大洲鉄然等は明如宗主の命を受けて東上し、集議院に寺院寮の設置を建議し[2]、政府もこれを了として同年閏十月二十日太政官布告第七五四号をもって「民部省ノ社寺掛ヲ寺院寮ト改正[3]」し、同四年七月廃藩置県後の民部省廃止、大蔵省合併により寺院寮もまた廃され、同年八月大蔵省戸籍寮の中に社寺課を設け[4]て寺院の事を掌ることとなった。一方、神道側も神祇官が廃され神祇省となったのは丁度この頃である。これより前、政府は先の大教宣布の詔をうけて同年七月四日太政官達第三二六号「宣教使、大教ヲ宣布ノ件」を布告し、

大教ノ旨要ハ神明ヲ敬シ人倫ヲ明ニシ億兆ヲシテ其心ヲ正クシ其職ヲ効シ以テ朝廷ニ奉事セシムルニアリ教ノ以テ之ヲ導クコトナケレハ其心ヲ正シクスルコト能ハス政ノ以テ之ヲ治ムルコトナケレハ其職ヲ効スコト能ハス是教ト政ト相須テ行ハルゝ所以ナリ今ヤ更始ノ時ニ方リ神武天皇鴻業ヲ創造シ玉ヒ崇神天皇四方ヲ経営シ玉フ……故ニ大教ヲ宣布スル者誠ニ能ク斯旨ヲ体認シ人情ヲ省テ之ヲ調摂シ風俗ヲ察シテ之ヲ提撕シ之ヲシテ感発旧興シ神賦ノ知識ヲ開キ人倫ノ大道ヲ明ニシ神明ヲ敬シ其恵顧ノ洪恩ニ負カス聖朝愛撫ノ盛旨ヲ戴キ以テ維新ノ隆治ニ帰向セシムヘク候是政教一致ノ御趣意ニ候事[5]

という政教一致の方向を依拠する基本として、また対外的な問題、すなわち西欧の文物制度の摂取と同時に流入してくるキリスト教への対策として打ち出してくる。仏教は劣勢挽回のため、護教即護国観の然らしむるところであろうが、自らこれに合流し神仏合同で民心教諭の一翼をになわんとし、これにより同四年十二月の左院建議がなされ、その意を受けて翌五年三月十八日太政官布告第八二号によって「神祇省ヲ廃シ教部省ヲ被置候事[6]」となった。制度的な概略は大筋このようであった。

しかし、大教宣布の役割りは状勢としては抗し得ないとしても、はたして神仏合同での布教を仏教側が最初から望んだのか、神道は神祇一省の司督するところであり、その権衡上からすれば仏教も単独で布教活動を望むのが本筋のはずである。この点が極めて疑問であり、諸書あまり触れていないようである。

ところが、十二月の左院建議の二ケ月前、やはり仏教が単独で布教を期待したと考えられる形跡が存するのである。それが、明治四年十月四日の「寺院省設置建議」（左院より太政官正院宛）である。

明治初年頃は仏教史といっても行政史的視点よりすればやはり神祇行政史という大枠内での問題であったためか、諸書詳細に記しつつも、この点についての記述はほとんど無い。その反対に明治神道史（神祇行政史を含む）や明治宗教制度史関係の諸書でわずかであるが記述がある。[7] なかでも「維新以後神社行政に関する変遷」（神社局編）中の記述が知見する範囲内での初見である。それによると次のごとくある。

四年十月には左院は正院に対し寺院省の設置を建議する処ありき。即ち政令刑法の力は以て人の信念を移すべからず。信念を移し得るものは独り教化の力にあり。方今邪教の状態を見るにその勢力次第に旺盛にして、軈て共和政治の議論に到達する事なきを保すべからず。邪教の害悪を免れんとすれば敬神愛国君臣の大義等、皇国の思想を宣布し広く国民を教化するに若かず。これ寺院省を設置し、宣教使と共に諸宗僧侶を布教に与らしめんとする所以なりといふにありき。此の建議は実現を見るに至らざりしが、四年十二月には改めて教部省の設置を建議し、要するに神儒仏三教をして国の教導に従事せしめ、教部省に於いて之を統括せんとするものにして、その目的は寺院省の場合と異る処なかりき。而して此の建議は遂に採用せらるゝ処となり、五年三月には神祇省宣教使を廃して新に教部省の官制を発布する事となれり。[8]

すなわち、これは宣教使と共に神道人たちの神祇省とは別個に全国の諸宗寺院僧侶を司督する一省を設け、これを寺院省とし、只管、異教防禦の任にあたらせるという旨趣のものであり、この建議は正院において却下されたが、二ケ月後の四年十二月には同様の旨趣をもって、今度はひとり仏教だけではなく神儒仏合同でこれにあたる旨の左院の建議があり、これによって翌五年三月教部省が発足した、ということを述べたものである。要旨や経過はこの通りであるが、「寺院省設置建議」全文が発表されたことはこれまでほとんど無い。よって少々長いが、その全文を左に掲げる。

邪宗ノ患浸々乎トシテ日々追ルノ勢アリ之レヲ防クノ術尤容易ナラサル儀ト奉存候訳ハ古来三百年ノ久シキガ間一ニハ厳刑ヲ設ケテ之レヲ懲ラシ二ニハ僧徒ヘ宗門改ノ権ヲ委ネ且葬祭等ノ式ヲ設ケサセ殊ニ右宗旨ノ入来ルヲ厳禁シ古来之ヲ犯スノ徒ヲ戮スルコト数十万人ニ及フト雖トモ長崎近傍ニハ尚往々其遺種有之趣ニ候ヘハ之レヲ防クノ難キコト亦推知ルヘシ即今ノ形勢ニテハ尤重ク御用意無之テハ不相済儀ト奉存候因テ建言如左御座候

人ノ一念ヲ固メタルハ政令刑法ノ能ク移ス可キニ非ルコトハ古来聖哲ノ論ニモ判然仕居候処前文邪教ノ儀ハ所謂教化ノ然ラシムル所ニシテ彼ノ一念ニ深ク侵入スルモノナレハ之ヲ防クニモ亦教化ヲ以テスルニ非サレハ恐ラクハ能クスヘカラス若シ此儘ニテ之ヲ閣カハ仏ノ廃滅スルニ随フテ耶蘇教ハ次第ニ盛ニ相成共和政治ノ論起ルニ至ンコトモ知ル可カラサルナリ因テ宣教使モ担当仏徒モ尽力有之度是故ニ今寺院省ヲ相設ケラレ左ノ如キ目的ヲ立テ諸宗夫々相奉シ人民教化致シ候様有之度存候

一　奉敬神祇候事

一　君臣ノ大倫ヲ明ニスヘキ事

一　国家ヲ保護シ忠愛ノ心ヲ存スヘキ事

但シ宣教ノ事ハ神祇省ニテ其儀アルヘケレハ爰ニ贅セス

一　寺院省職制如左

卿

掌統判諸宗僧徒ノ事務

大少輔　大少丞録以下諸省ニ准ス

掌同上

大僧正　勅任　一宗一人

掌糺判一宗僧徒学問勤怠及進退

権大僧正　勅任　一宗一人

掌同大僧正

僧正　奏任　一宗一人

掌輔佐大僧正

権僧正　奏任　一宗二人

掌同上

大僧都　判任　一宗二人

権同　同　一宗二人

僧都　同　一宗二人

権同　同　一宗二人

以上四職ハ掌宗門教化

一　大僧正以下前官アル者ハ之ヲ許スヘキ事

一　僧都以下得業ノ僧徒ハ等級ヲ立テ高下ヲ分ツ可キ事

右之通ニシテ僧徒ヲ督責シ僧徒ヲ以テ向十年ヲ限リ右三ケ条ノ目的ヲ以テ海内ノ人民ヲ教導シ邪宗侵入ノ患ヲ防キ殊ニ人民ヲシテ朝廷尊奉スルノ念益深ク相成候様致サセ度存候

辛未十月四日　左院(9)

（右の原文中、子はネ、ヿはコト、𠀋はトモ、にあらためた）

このように、「寺院省設置建議」の旨趣はたしかに異教の防禦という一点に集中しているが、その裏面には神道の神祇省に対し、仏教についても寺院省を設置して神仏対等にした上で、一致して異教防禦の任にあたらせようとした為政者達の政治的意図も見逃すわけにはゆかないだろう。島地黙雷は明治四年九月の建議で、次のごとく述べている。

宣教の官に摸るに総じて教義を督するの官を以てし僧侶を督正して布教の任に充て以て外教を防がしめ玉はんことを請建言、周防草野の臣黙雷誠恐誠惶頓首謹言

方今祆教の民に入る、日に一日よりも熾なり、国家の被害之より大なるはなく、朝野の疾蹙之より甚しきはなし、……仏、皇国にある千有余年、宣布偏ねからざる所なく、帰崇至らざる所なし、伝流の久き時に弊害なきに非ずと云へども、其間民心を維持し風化を裨補するも亦尠しとせず、……臣依て以為く、今の人猶防邪に志あり、今の民猶仏教に習染す、朝廷若其教の信ずべきを表し、以て防邪の職を尽さしめば、庶幾くば

滔々の患を免れしむるに方あらん歟、……裏には寺院寮の設けあり、今や一廃跡をみず、裏には宗規僧風を釐正すべきの令あり、今や誰れか之れを督するを知らず、若如是にして日を経へば教規何れの日にか定ることを得ん、而祆教何の日にか防ぐことを得んや、臣是以請宣教の官に換るに更に教義を総るの一官を以てし、寺院を管し僧徒を督するは云を待たず、[10]

もちろん、これも多分に政治的意図を含んでいることは言うまでもないが、当時の浦上教徒問題を材料とした建議、加えて島地黙雷や大洲鉄然等にみる政治的活動、また一方では神道人の説教の若干の不得手、僧侶の説教の得手であったこと、[11] などの事情が絡み合ってその背景にあり、それらが左院の認めるところとなり、正院へ向けてのこの建議となったとも想像できるかもしれない。がともかく、この建議は正院で却下されたので神儒仏合同の線で練り直し、二ケ月後の十二月、再度の左院からの建議となるのである。その一部には以下のごとくある。

一　教部省ヲ置キ道学ニ属スル在来ノ諸教道ノ事務ヲ総管セシメ神教及ヒ儒仏トモ各教正ヲ置キ生徒ヲ教育シ人民ヲ善導セシムヘシ凡中外ノ宗門甚タ多シテ其邪正ヲ取捨スルハ至テ重事トス然ルニ宗教ヲ遵奉シ一家一身ヲ托シ祈ルハ彼我トモニ免レサルノ民情ナリ故ニ我政府ヨリ設ケ置ク所ノ法律ニ違犯スルノ宗教アラハ断然之レヲ裁除スルノ権力有ラシムヘキ事

一　共和政治ノ学ヲ講シ国体ヲ蔑視シ新教ヲ主張シ民心ヲ煽動スル類間々或ハ之レアリ抑我帝国ノ権力他ノ国体ト比較シテ之ヲ議スルヲ得ス後世或ハ祖宗ノ神霊ヲ誤リ認テ教法主ト看做サンコトヲ恐ル是教部省ヲ置所以也[12]

まさに既存の諸宗教すべてを包含するという点を除けば、これは先の「寺院省設置建議」と根本の旨趣では同一である。また、職制を見ても十二月の左院建議は、

卿

諸教法ヲ統管スル事ヲ掌ル

大少輔　大少丞以下ノ職掌諸省ニ準ス

神教儒教亦仏教ハ数種アレハ一宗毎ニ之ヲ分チ各自教化ノ多少ニ準シテ四等ノ教正ヲ置クヘシ

大教正 勅任 一教一人或ハ一宗一人

権大教正 奏任 同

教　正　同

権教正　同

右所管ノ教徒学問ノ勤怠及ヒ進退ヲ糺判スルコトヲ掌ル(13)

とあり、十月の建議とほぼ同様である。このようにみると、十二月の左院建議は十月の左院の「寺院省設置建議」と連結していて、その延長線上に位置する企画であり、その規模を拡大したものであることが明瞭となるだろう。

では何故、「寺院省設置建議」が用いられなかったのか。その理由は種々あろうが、大局から見れば対外的問題が挙げられよう。すなわち、キリスト教対策の要望とは別に条約改正の実現のために西欧の信教自由の理念を取り入れねばならなかったことである。これは浦上教徒問題での列国公使による強硬論や明治四年解纜の岩倉遣外使節団が外遊中に信教自由の解釈が条約改正に必要不可欠であると感じた外圧的事情(14)、あるいは国内朝野の信教

自由論[15]などに代表されようが、政府としては祭政一致の制度を維持しつつ西洋の信教自由の制度を取り入れ、かつキリスト教を防禦する、このために政府の執った巧妙な宗教政策が教部省であったわけである。当時の「御改革書類概略抜抄」はその辺の事情を如実に物語っている。

神祇省の規模を弘大にし教部省とし全国諸教を統括し匪教を正し人心をして帰向依頼する処あらしめん事を説

教法は民の好尚する処を自択信従せしめ……

祭祀の式典は式部寮に於て主掌せん事を説

儒仏共皇神の神意に背戻せず能く其道を扶けて民を教訓するに足るを以……

洋教といへとも元仏教の一派にして皇神の道に基さるなく立教聖人其名を異にしたりといふ事を説

洋教といへとも勧善懲悪の外なく今日にては葡萄牙東略を測る時の如くならさるを説

僧徒の弊を去り宇内の形勢を知り後宗学に入人心を和同せん事を説跡は耶蘇を防かん為仏教を大に布ん論のみ[16]

すなわち、第一次祭教分離と言われるごとく、外国人の信教自由の理念に誤解を招かないようにするため祭祀を式部寮へ移して諸宗教を教部一省に包括し、「教法は民の好尚する処を自択信従せしめ」るが故にキリスト教も黙視せざるを得ないという苦心の配慮の結果であったのである。よって、教部省設置の主要目的の一は異教防禦という点にあり、それには神官だけではなく僧侶も組み込んだ方が得策であり、より効果的であるという論に展開してゆくのは必然的なことであったのである。「神祇省は昼寝官である、何の役にも立たぬ、……神祇官はあつてもしかたがないから、これを教部省として、仏教者はもとより不用のものであり、神官も亦無用の長物であるから、これ等僧侶や神官を使つて、教部省を起さうと思ふ[17]」と西郷が述べたと伝えられるが、ともかく、こうした状勢からみれば、仏教ひとりだけで異教防禦にあたる趣旨をもち、ある意味では議会（左院）としての仏教救援策の表明でもある「寺院省設置建議」は時勢の然らしむるところとして、到底認められよう筈がなかったことがわかるのである。

また、この「寺院省設置建議」中には「奉敬神祇候事、君臣ノ大倫ヲ明ニスヘキ事、国家ヲ保護シ忠愛ノ心ヲ存スヘキ事」という三ケ条がある。これはのち明治五年四月に交付された「三条教則」（敬神愛国ノ旨ヲ体スヘキ事、天理人道ヲ明ニスヘキ事、皇上ヲ奉戴シ朝旨ヲ遵守セシムヘキ事）とまさに酷似している。もちろん、これは大教宣布の方針を受けてのことであるが、ここに教部省設置後の「三条教則」の萌芽がすでに見られるものとして注目すべきであろう。

以上、実現しなかった「寺院省設置建議」は左院からのものとはいえ、内容から見る限り、当時の仏教者の問題意識は劣勢挽回という政治的意図を含みつつも護教即護国観の裏返しとして異教の防御、すなわち、対キリスト教に存したと見ることができよう。

三　神道人の「献議」

一方、神道側の問題意識をうかがう資料として、仏教側の「寺院省設置建議」とほぼ同時期の明治四年十一月、山之内時習・田中頼庸（両名共、神祇省の中心的存在）の連名による西郷・大隈・板垣三参議宛の「献議」がある。すなわち、その要旨は、西洋各国ノ勢、日ニ月ニ甚シク、奇伎長器ノ巧ヲ極メ、耶蘇ノ教ヲ挟ミ、加フルニ兵威ヲ以テ相迫ルニ至テハ、天地開闢以来、此ノ如キノ大難ハ有ラサルナリ、況ヤ洋学ヲ唱フル者、共和政治ヲ主張シ、彼カ教法ヲ開ンコトヲ希フ者アリトゾ、……神祇ト耶蘇トノ両教ハ、決シテ並立コトヲ得ス、神祇ノ道ヲ興セハ、耶蘇ノ害自去ルヘシ、耶蘇ノ害ヲ去サレハ、神祇ノ道自ラ廃ルヘシ、甲ヲ出レハ、乙ニ入ル、間ニ髪ヲ容レス、況ヤ神祇ノ道ヲ興スハ至テ難ク、耶蘇ノ害ヲ去ルハ最易カラス、然トモ千変万化ニ精力ヲ極メ、多々方法ヲ尽シテ神祇ノ道ヲ興スニ非レハ、耶蘇ノ害ハ日ニ益増長シテ、腹心ノ病ハ平愈シ難ラン(18)

とあるごとく、共和制の非、耶蘇教の害を論じ、次いで長崎浦上教徒問題に言及し、以下具体的対策として、神祇省は天神地祇の宮社の整備充実をすべしとし、大蔵省はそのための費用を弁じ、文部省は天下の学校の法則を定めて釈迦耶蘇等外国の教法は一切禁遏にすべきとし、司法省では刑律を定め耶蘇仏法を奉ずる罪の条例を立てる等々、自国の道をもって天下人心の方向を定むべきである、と述べているのである。(19)

これはキリスト教の侵入を排斥しようとする点において頑迷固陋の感を免れないものである。しかしその反面、キリスト教の侵入を未然に防ごうとする一念が強かったとも言えよう。この神祇省時代は廃仏毀釈が最も烈しかった時であり、この「献議」には仏教に対する敵意がありありと見られる。さりながら、仏教以上に最大の敵としたのはキリスト教であり、彼ら神道人の当面の問題意識は対キリスト教対策に在ったことがこの資料からもうかがうことができよう。

もちろん、キリスト教侵入防止の意見はこれに始まるものでなく、すでに明治三年九月神祇官員連名の建言があるが、この時期さらに高揚してきたということである。

また、常世長胤（当時の神祇省員）の『神教組織物語』によれば、四年十二月頃は、

神祇省ト宣教使ハ次第ニ衰テ譬ヘハ今ニ死ントスル人ノ片息ヲツキテ居ルガ如シ(20)

であったという。これが教部省へと改組される前夜の神祇省の実態であるとすれば、そして教部省設置の目的を考えれば、それこそ神道人の最大の関心事は仏教もさることながら、対キリスト教という点に集中していたと言うことができよう。

四　おわりに

以上を整理すると、明治初年、教部省設置前夜の四年秋頃に見る神仏二教それぞれの当面の問題意識という関係においては、双方異なる立場により目途も別ながら、現実には軌を一にして対キリスト教対策に存したことが認められた。また、政府も同様の視点であったことを思えば、三者一致していたわけである。すなわち、逆に見れば一致していたが故に「寺院省設置建議」は消滅せざるを得ず、仏教単独布教の機会も成立しなかったということである。もちろん、これらのことは決して新見解ではないが、ただし、資料面では神仏双方共従来用いられなかったものを使用したわけである。その点では、従来の説を未使用の資料を用いてさらに補強したということになるだろう。

同時に、仏教側だけを言えば、最初から神仏合同布教が画されたのではなく、仔細に見れば、その間に仏教救援策的な意味の仏教単独布教というプロセスが形画企図として存した、ということを、仏教側は今少し強調してもよいと思われるのである。

なお、附言すれば、先述の「寺院省設置建議」はすべて白紙になったわけではない。実は、この中に盛られた三ケ条が、教部省設置後、若干の文字を変えて三条教則として布達発表され、全仏教者の前に立ちはだかることになったのである。それは、仏教者は三条教則にどのように対応するのか、また、したのか、ということであった。つまりは、三条教則という試練をどう乗り越えるかという意味において、その後の仏教の動向に影響を与える大きな試金石となったのである。

註

(1)梅田義彦『改訂増補日本宗教制度史』〈近代編〉(東宣出版　昭和四六年)三五二頁。
(2)『本願寺史』第三巻(本願寺史料研究所編　昭和四四年)五四頁〜五五頁。
(3)註(1)の前掲書　三五三頁。
(4)同右、三六九頁。
(5)同右、三六八頁。
(6)同右、三七一頁。
(7)阪本健一『明治神道史の研究』(国書刊行会　昭和五八年)、同「明治初期に於ける神宮の教化活動」(神宮司庁『神宮・明治百年史』上巻に所収)、徳重浅吉『維新政治宗教史研究』(歴史図書社　昭和四九年)二八二頁、豊田武『日本宗教制度史の研究』(厚生閣　昭和一三年)、同『明治以降宗教制度百年史』などがある。
(8)「神社協会雑誌」第二四年第二号(大正一四年二月)一六頁〜一七頁。
(9)「公文録」(左院之部　明治四年)。
(10)『本願寺史』第三巻(本願寺史料研究所編　昭和四四年)五八頁〜六二頁。
(11)『明治以後宗教関係法令類纂』(文部省文化局宗務課編)五四頁。(「教導職ヘ説教方ニツキ訓諭」中に見られる)
(12)『法規分類大全』第一一巻官職門(2)(内閣記録局編)一六頁。
(13)同右、一七頁。

(14)浦上事件から条約改正にいたる信教問題を論じたものは数多いが、比較的に委曲をつくしているのは徳富猪一郎『近世日本国民史』第七七巻・八四巻・八五巻あたりである。
(15)森有礼『日本宗教自由論』(Religious Freedom in Japan, 1872)が特に著名である。
(16)『岩倉具視関係文書』第七巻(日本史籍協会編)四三九頁～四四六頁。
(17)『明治維新神仏分離史料』第一巻総説編(芳村正秉「明治初年の政府と神仏二教」)昭和元年 二〇八頁～二〇九頁。
(18)「神道史研究」第五巻第一号(平泉澄「神道と国家との関係」中に所収 昭和三二年一月)一八頁。
(19)同右、一九頁～二二頁。
(20)大倉精神文化研究所所蔵本(書写本)を使用した。

第二章　仏教僧の三条教則衍義書をめぐって

一　はじめに

「三条教則」とは、明治新政府による大教宣布の一環として、国民思想の帰一すべき目標に向けて思想善導する役目をになった教導職に与えられた三ケ条より成る箇条項目のことである。これは単に宗教領域だけに留めず、視座を広げ、現代風に換言すれば、〈近代明治国家初の国民生活に関する倫理的ガイドライン〉と評することも可能であろう。

ただ、三条教則は直接民衆に呼びかけたものではなく、民衆を教導善導する役目をもった教導職（多くは宗教者）に対する布達だったので、どうしても宗教内部の事柄と思われた結果、従来の諸研究は宗教領域の問題としてのみの扱いであったようである。しかし、示された三ケ条そのものの内容は、決して宗教の枠内だけにとどまるものでなく、広く民衆国民全般の日常生活に関する一定の秩序をもった倫理的心構えや行動の規範を明示したものなのであった。三条教則は通常、社会教化、社会教育の範疇で語られるが、教化する側ではなく教化される民衆自身の視点で見れば日常を律する規矩であることに変わりはない筈である。これが倫理的ガイドラインと称した理由である。
ついては、最初に、三条教則布達の政治的・歴史的背景について概観する。次いで、三条教則そのもの自体の思想的経緯や背景などについて若干の説明をしておこう。ただし、神道関係の各辞典などではかなり詳細な解説もあるので、ここではそれ以外の仏教の立場を含めて簡述する。そして、次に、三条教則の衍義書に関する文献諸本と題して、その解釈書、解説書であった一連の衍義書群に関する研究や文献目録や活字化されているものなどについての書誌学的考察をおこなったあと、仏教僧数名による実際の衍義書の内容に入ってゆくことにする。

二　三条教則布達の歴史的背景

明治維新後、王政復古、神武創業の始に基づき、諸事一新、祭政一致の制に復する大方針のもとで神祇官が再興され、明治二年七月の官制改革により神祇官は太政官の上に特立して形式的には古制に復し、九月宣教使なる職制を定め、十二月には八神殿も造営され、翌三年正月には「宣布㆓大教㆒詔」が出される。これは維新の志による治教をあきらかにし、惟神の大道を宣揚し、もって政府の意図する方針を国民に理解させるためであって、これが宣教使の任務であった。これがいわゆる大教宣布運動の嚆矢である。この流れに沿って明治四年正月には、神社はすべて「国家ノ宗祀」であるとされた。しかし、同四年八月に神祇官は諸事情によって神祇省となり、実際には神仏判然の令による廃仏毀釈の勢いは激しかったものの、制度的にみれば神道にとっては快からざる方向、すなわち下降線を辿ることになってゆく。そして、この頃からキリスト教対策を睨んだ仏教の巻き返しが政治の水面下でおこなわれ、神道側対仏教側の政治的相克が始まってゆく。

これより前、政府は先の大教宣布の詔を受け、同四年七月に宣教使に対して太政官達第三二六号「大教宣布ノ件」を布告し、西洋の文物制度の摂取とそれにともなうキリスト教の流入を警戒する。そこで仏教は維新後の劣勢挽回を期し、護教即護国の名のもとに、同四年十月に神道と制度的に対等な仏教単独での布教を望む「寺院省設置建議」を左院より提出させた。しかし、新政府にとっては対外的な意味で条約改正に絡んでくる浦上教徒処遇における信教自由の問題での外国からの圧力、さらには当然予想されるキリスト教流入への危惧、これらを如何にして回避克服するかが宗教上の最大の課題であったのである。したがって、新政府から見れば、神道の神祇一省、そしてこれと同格役庁設置による仏教の単独布教よりも、むしろ神仏合同をもっての説教の方が対キリスト教防御にはより強力で効果的であると判断したのは当然であった。ここに仏教の寺院省設置は正院において却下されるが、二ケ月後の四年十二月、また仏教側の運動による結果、今度は仏教単独ではなく、神道と仏教が合力して国民教化の任にあたり、異教防御の実を上げようとする趣旨の左院建議があり、これが政府の思惑と合致して認められるところとなって、明治五年三月、神祇省を廃止し、神道と仏教を一緒に司督する役庁として、新たに教部省が設置され、制度的には神仏対等となったのである。その教部省は教義・教派・社寺廃立・神官僧侶の等級などいわゆる宗教団体全般の事項をあつかうことになる。そこで同五年四月、従前の宣教使に替えて教部省は教導職（大教正以下、権訓導までの十四級に分かれる）なる職制を設置し、しだいに全国の神官僧侶をこれに任命し、国民教化のため説教教導をさせることとした。この教導職には神官僧侶を中心に石門心学者や戯作者、はては落語家から役者にいたるまで、およそ口頭演説をもってその業とする人々は数多く補せられたのであった。ちなみに明治七年当時の教導職その数七〇〇〇人を超えるのである。これまさに明治初年の一大国民教化運動であった所以である。

ところで、各教導職にとってこの任を遂行するためには一定の指標、すなわち民衆を教導する際の目的箇条がなければ活動できないわけである。そのため、教部省は教導職設置と同時に、明治五年四月二十八日、教部省達として三ケ条の箇条項目を教導職に与えた。
これが、世に「三条教則」と称されるものであった。

第一条
一　敬神愛国ノ旨ヲ体スヘキ事
第二条
一　天理人道ヲ明ニスヘキ事
第三条
一　皇上ヲ奉戴シ朝旨ヲ遵守セシムヘキ事

これは根本の三大綱目ではあるが、しかし抽象的に過ぎる。そこで、より具体的な教化目標として翌六年に十一兼題（神徳皇恩・人魂不死・天神造化・顕幽分界・愛国・神祭・鎮魂・君臣・父子・夫婦・大祓）、次いで十七兼題（皇国国体説・道不可変説・制可随時説・皇政一新説・人異禽獣説・不可不学説・不可不教説・万国交際説・国法民法説・律法沿革説・租税賦役説・富国強兵説・産物制物説・文明開化説・政体各種説・役心役形説・権利義務説）の、合わせて二十八兼題の目標が設定された。これらは神道的色彩が濃いものから倫理・宗教・政治・政体・法制等まで幅広いのが特徴であった。この教導の大本山的機関が明治五年十一月に出来た大教院であり、仏教側の抵抗により同八年二月の真宗の大教院脱退、同年五月、神仏合同布教廃止による大教院解散、明治十年一月の教部省廃止、同十五年一月の神官の教導職兼補廃止、そして同十七年八月の教導職制そのものの廃止にいたるまで、この三条教則を内容とした大教宣布運動は続いたのであった。歴史的・制度的な意味での三条教則布達の背景は、おおかた斯くの如くである。

三　三条教則成立の思想的経緯

では、与えられた三条教則に対して神道・仏教はそれぞれいかに対応したのか、ということが問題となるが、その前に三条教則そのもの思想的側面にも少しふれておこう。まず神道人にとっては、これは自家薬籠中のものとして自説を展開すればよいわけで、特段の問題はない。問題となるのは仏教側である。それも第一条の「敬神」条項解釈の点においてである。第二条・第三条は世俗上の在り方のことで、仏教にとってもさほど問題はない。要するに、この「敬神」という宗教上の文言をいかに解釈して説教するか、これが仏教にとっての最大の難事であった。そして、その実態の大半が神道的口吻を真似るしかないという状況であったことをもって、仏教側はこれを神道国教化政策に抗し得ず従属せざるを得ない「踏絵」として受け取り、神道優位の行政、廃仏毀釈による破壊打撃、大教院での仏教冷遇の実態と相俟って敵視したのであった。これは維新後の激しい廃仏毀釈を受けたという一種の被害者意識の然らしむるところであろう。したがって、三条教則はまさに仏教にとっての踏絵的存在であったというのが従来の通説であり、近代（明治）仏教史分野における見方や理解も、すべてこの図式に由っている。

しかし、このような理解と捉え方は、筆者は一概には賛同しない。その理由は、次のようなことからである。

第一に、たしかに実態として厳しい状況下に仏教は置かれたが、本当に仏教的口吻による説教や表現記述が不可能であったのだろうかということである。仏教僧による各衍義書内容や当時の新聞等の仔細な考察を経た検証がこれまでほとんどなされないまま、ただ漠然と被害者的意識の延長線上で言われていることに過ぎないのではないだろうか。要は仔細な実態検証がこれまでほとんど無かったという点である。これについては、これから本章で詳細に明示するが、これまでとは違った地平が見えてくるだろう。これは「敬神」なる概念そのものと、それによって引き起こされた仏教檟塞の実態とは本来次元が異なるということでもある。先ずは、その辺を混同せず明確に峻別しなければならないだろう。

第二に、「敬神」概念の本旨は「神」を「敬」することであって、何も仏教者が神道人になるということではない。敬することならば、古来我が国においては高僧名僧と称された僧侶のなかに心底より神道を尊敬し大事にした仏教者の存することは数多く、枚挙に遑がないことは、奈良朝以降の日本仏教史を抜《ひ》き播《もと》けば明瞭である。

第三として「敬神」の概念は仏教者においても説くことが可能な、幾分柔軟な寛容性を含んだ言葉でもあったということである。実は三条教則については五年四月の布達前、その元となったと思われる同じ三ケ条より成る教化目標がすでにあったのである。それは前章で述べた「寺院省設置建議」のなかで明示されている、左のごとき三ケ条である。

一　奉敬神祇候事
一　君臣ノ大倫ヲ明ニスヘキ事
一　国家ヲ保護シ忠愛ノ心ヲ存スヘキ事

いかがであろうか。きわめて酷似しているとしか言いようがないであろう。つまり、最初は「奉敬神祇」という案文だったのである。それが数ケ月後には「敬神」に変化したわけで、「神祇」なる表現で決定していれば仏教は「敬神」以上に苦悩を現出していたかもしれないのである。「神祇」から「神」へ、この表現の違いは、実はかなり大きい。三条教則を策定した中心人物は神道界内部でも開明派と言われた津和野藩士福羽美静とされるが、その福羽が三条教則制定当時を回顧して、後年「神祇を敬する道に、人の標準になる教を持たしむる必要は起これり。……但、仏法といひ儒教といふも、後世のものなりとはいへ、善きものは取らざるべからず」(『福羽子爵談話要旨』)と語っているように、根本の大項目三ケ条は単に神道一辺倒の宗教的条目ではなく、幅広く仏教をも取り込んだ国民のための道徳的規矩でなければならなかったのである。それが仏教をも組み込んだ政府の狙いでもあった。もちろん神道人にとっては「神祇」であった方がよかったのであろうが、これを単に「神」として規定されただけでは、神道側にとってはしだいに独自性は無くなり、教導される側の国民にとっても「神祇」への観念は希薄にならざるを得ない。この影響は大である。明治以降キリスト教のGod(ゴッド)も「神」、神道も「神」と、超越的、不可知的なものをすべて平盤な「神」なる言葉一つで纏め括ってしまったことに「神」観念の混乱の一原因があると思われるが、そうした原因の一斑には、この三条教則中の敬神条項も関係しているかもしれない。いずれにしても、仏教側にとっては「神祇」ではなく「敬神」となったことで少しでも救われたと言うべきである。それはともかく、三条教則制定の下敷きとなった三ケ条の存在については従来言及されたことがなかったので、ここで注目すべきこととして指摘しておきたい。

斯様な理由からみれば、三条教則をまったく神道的なものとしてこれを忌避する仏教側の評価は感情的なもので、決して当を得たものとは言えないのではないだろうか。翻って思えば、仏教は印度・中央アジア・中国・朝鮮・日本と伝播流通する過程で多くの異質な思想と出会い、そのたび毎に思想的試練を経験しながら、言わばそれをも呑み込んでゆくかたちで仏教哲学思想としての幅を広げ大きくしてきたわけで、どのような民族独自の思想内容にも然るべく対応できる思想的スケールの大きさを保持している。それよりも、「神」解釈において仔細に見れば各神道人によって若干は異なる傾向と伝統を持つ神道人の方が、それまで異質な思想と対決する試練をあまり経験していないだけに、それも近代化の奔流のなかで果たさなければならなかったとすれば、むしろ神道側の方こそ厳しい試練の場に立たされたと言うべきではないだろうか。通説では三条教則は神道優位を示すものと理解され、一見するとそのようにも見えるが、事実、このような観察眼で神仏双方の衍義書を眺めてゆくと、仏教が神道に対して批判する部分もあって、神道にとっては決して我が意を得たりとばかりは言えない一面もはっきりと看取できるのである。この点は徳重浅吉の『維新政治宗教史研究』でもすでに指摘するところである。(1)つまり、その理由は三条教則自体が複雑多岐な教導職を包括せざるを得ず、純粋な意味での神道精神を顕現したものではないという性格にも由来するのである。のち大教院が解散し、結局は神仏別布教の形になるが、逆の発想で言えば、その契機となり、青息吐息の感の仏教に、教学的に息を吹き返させたものが、実はこの三条教則ではなかったのか、とも思えてくるのである。

要するに、神道・仏教いずれにとっても維新近代化の荒波のなかでは政治に翻弄される厳しい立場にあったことだけは間違いないのである。これから検討考察する三条教則の衍義書群はこの点を暗々裡に教えてくれるのである。

最後にもう一点、思想史的に重要なことを指摘しておきたい。三条教則は明治十四年頃の祭神論争、同十五年の神官教導職兼補廃止、同十七年の教導職制廃止と共にしだいに消えてゆくが、それは単に消滅したのではない。その根底の精神は継承され、時と対象と文字を変えて、あらたに蘇っているようにも思われる。

それが、すなわち明治二十三年十月三十日に渙発された「教育勅語」なのかもしれない。

その詳細はここでは省くが、要は日本人の精神生活の生成発展を支えてきた素朴な神祇崇敬の意識を根幹とする日本人の精神的支柱の核心部分においては、年代や状況が異なるとはいえ、国民の倫理的ガイドラインであったという意味でとらえるかぎり、どこかで一脈相通じているのではないかということである。このように、明治国家における倫理指針を位置づけたその最初のものであるという意味においても、この三条教則は重要であると言わねばならないであろう。

四　三条教則の衍義書に関する文献諸本

次に三条教則衍義書に関する文献諸本について、若干の説明を加えてみよう。三条教則は国民を教導する指標項目として教導職に付与されたものであるので、各衍義書の著述者たちは皆教導職で、一部の石門心学者や戯作者を除けば、その大半が神道人と仏教僧である。

そして明治期を通して管見に及ぶかぎりでも、単行書と雑誌掲載のものを合せると、その数約一〇〇点以上は存し、その大半は明治五・六・七・八年頃に集中している。

それらの書目のかなりの分については、古くは、

『明治文化全集』第十九巻「宗教篇」付「宗教関係文献年表」（昭和三年）
河野省三「明治初年の教化運動」（「國學院大學紀要」第一巻所収　昭和七年）
豊田武『日本宗教制度史の研究』（昭和十三年）
辻善之助『明治仏教史の問題』（昭和二十四年）

などに文献目録として発表されていて、戦後の三条教則衍義書目録に関する記述があるものは、基本的にこれらを踏襲したものである。なかでも、河野論文中の目録がいちばん掲出点数が多く、後の各書にみる三条教則衍義書目録は、実はこれを引用していると言っても決して過言ではない。

次に、衍義書そのものの翻刻掲載については、従来あまり多いとは言えない。古くは『明治文化全集』宗教篇で二、三点、次いで明治聖徳記念学会の前身である「加藤玄智博士記念学会」の「神道研究紀要」の誌上で計七点ほど紹介されたことがある。

松下永福編 佐々木祐肇	『三条考証神教大意』	(明治六年)	「神道研究紀要」	第一輯	(昭和五十一年五月)
国井清廉	『神教三条大意』	(同　五年)	同	同　上	(　同　上　)
味酒麹翁	『三則正弁』	(同　七年)	同	同　上	(　同　上　)
渡邊重春	『官許教義諺解』巻一	(同　七年)	同	第二輯	(昭和五十二年五月)
渡邊重春	『官許教義諺解』巻二	(同　七年)	同	第三輯	(昭和五十三年五月)
高木眞蔭	『三則論題訳解』	(同　六年)	同	第三輯	(　同　上　)
原　馨	『三条私解』	(同　六年)	同	第四輯	(昭和五十四年八月)
大賀賢励	『三条述義』	(同　七年)	同	同　上	(　同　上　)

この中には仏教僧のものも入っているが、何といっても神道人のものが多い。

その後、反対に仏教者の衍義書を翻刻したものに『明治仏教思想資料集成』がある。これは明治期全般の仏教書・雑誌・新聞などをあつかったもので、何も衍義書に限ったものではないが、その第二巻(昭和五十五年)には六点、第三巻(同年)には四点、第四巻(同年)には一点、また『同集成』中の「教義新聞」「報四叢談」のなかに四点、計十五点ほど翻刻掲載されている。つまり、「三条教則」衍義書の翻刻は従前は約二十数点ほどで、雑誌掲載のものも含めると、およそ全体の五分の一程度に過ぎないのである。これではその全貌を見渡すには程遠いと言わざるを得ない。まして翻刻されているとはいっても専門書や紀要などにであって、古書肆でも入手困難な今日、閲読に恵まれる機会は少ない。また、各種の所蔵目録に載っていながら、今までまったく顧みることが為されなかったもの、あるいは文献目録に名は見えるがその内容は衍義書とは言いがたいもの、反対に文献目録にも載っておらず、あらたに書き加えられるべき自筆原本の発見など、篋底に眠っていたものを含めて整理すると、ある程度の数は揃う。さらに雑誌掲載の衍義文となると、専門研究者の間でもほとんど取り上げられたことがないと言ってよい。

三条教則の衍義書をもって、宗教の世俗倫理への接近化を研究する素材にした所以は、実にここに存する。それらのいちいちについては、仔細に内容検討しなければならないが、そこにおいて言えることは、明治六年頃大教院教典局がまとめた『諸宗説教要義』に見る各宗派本山（天台宗・古義真言宗・新義真言宗・浄土宗・禅宗五山派・曹洞宗・大徳寺妙心寺派・真宗五派・日蓮宗・時宗）が大教院に提示し設定した三条教則衍義の神道的解釈に従った公式見解のとおりにやっていたとは思われないような、必ずしも神道人に阿諛迎合し、従属したかのごとき一枚岩的な解釈だけではないことが見えてくるのである。端的に言えば、従来から通説、定説のように言われているところの、宗意中心の仏教的解釈による解説は許されず、神道的解釈に依らざるを得なかったため、三条教則は仏教にとって一種の踏絵であり悪の権化であった、という見方は、必ずしも正鵠を得たものではないということである。その詳細は以下に示すが、神道的解釈をそのまま受容し「追随」したものもあるが、決してそれだけではなかったのである。

このように、仏教僧の三条教則衍義書の内容を分類し類型化してゆく過程において、廃仏毀釈や大教院体制というイメージから湧出してきた仏教の被害的意識や視点を払拭して、神仏関係を冷静かつ客観的に把握しなければ、明治初年の宗教界の状況を正しく理解することはできない、と筆者は以前から主張してきた(2)。そのためにも、いちいちの検討考察をする必要が出てくるのである。

以後、仏教僧数名の三条教則衍義書を検討考察してみよう。

五　福田義導『天恩奉戴附録』について

本書は版本二十四丁、真宗大谷派僧で近江国伊香郡唐川の長照寺住職、威力院福田義導の筆にかかる。義導は文化二年越後国蒲原郡井土巻村の生れ、同派の学僧長生院智現のもとで宗乗を学び、弘化元年同派の学寮寮司となり、安政三年学寮擬講、慶応元年美濃の願生坊に転じて同二年嗣講となり、維新後の明治二年に長照寺へ移っている。学僧であると共に、幕末から明治初年にかけて同派のために活躍した護法家でもあった。著述も数多く、本書以外に宗乗教理関係では『天台三大部録』二十巻、『教行信証六要鈔講義』十五巻、護法関係では『護法大意講話』『護法建策』『利剣護国論』『壌夷遅速論』『真宗王法為本談』『王法政論略注』などがある。号は帰牛、不思議庵、明治十四年に七十七歳で示寂した。本書は最晩年六十八歳のときの著述である。

したがって、その内容も護法即護国の一念より出たものであり、宗乗からの解釈もさることながら、最初に神道を相当に意識したものとなっている。

恭ク惟ルニ、吾御国ハ伊弉諾伊弉冉ノ二尊ノ神力ヲモテウミ出シタマヒ、天照大神ヲ国ノ主ト定メタマヘリ。故ニ神国ト称ス。(3)

しかし、次には本音とも言うべき、三教一致の論を展開するのである。

三道ヲ一樹ニタトヘテ、神道ハ根本ナリ、儒道ハ枝葉ナリ、仏道ハ花実ナリ。神国ニ生レテ儒ノ倫常ノ道ヲ守リ、仏果ノ花開キ実ヲ結ブトイヘル趣向ナリ。三道ト分レテモ教義ハ一也。一ナルユヘンニ二アリ。一ニハ諸悪莫作、衆善奉行、勧善懲悪ノ理一ナリ。二ニハ仏法ノ五戒、儒教ノ五常、神道ノ慈悲正直ソノ名異ニシテ体一也。天竺ノ九十五種ノ外道或ハ耶蘇教ノ如キハ善悪因果ノ理ニ合セズ。コレヲ異教トス。神儒仏ノ三道ハ暫ク広狭浅深ノ差別アレトモ同教也。(4)

このように、古来より説かれている伝統的な三教一致の捉え方をした上で、

和漢両朝ニワタリテ仏者ヨリ儒道ヲ破斥スルコトナシ(5)

と述べ、仏教による儒教批判は歴史的にも無いにもかかわらず、現状は儒教と神道による仏法批判があると嘆き、今はそのようなときではなく、

今度御一新ニテ三道ノ学者心ヲ一ニシ、力ヲ戮セテ他ノ邪教ヲ降伏シ、皇国ヲ保護シ奉ルベシ。(6)

と三教が協力して異教である基督教を防禦すべきだと論ずるのである。このような仏教排撃を異教防禦に転換させて仏教の命脈を保持しようとした護法即護国論は、当時においては決して珍しいものではなく、勤王を標榜するかぎり、必然的にこの立場に帰結するのは止むを得ないことであり、それは単に神道の属下に甘んずるということではなく、積極的に三条教則を受け入れて、その役割をはたしてゆくべきと義導は考えたからであった。

したがって、次に述べるように、各宗教各宗派はそれぞれの立場と教説を打ち出して三条教則の教導布教に尽力すべきであると、明確に表明するのであった。

儒者ハ儒教ヲモテ説教シ、神者ハ神道ヲモテ教諭シ、各宗僧徒ハ仏法ヲモテ教導スベシ。禅僧ハ禅法ヲモテ勤王スベシ。密僧ハ密法ヲモテ報国スベシ。真宗ノ僧徒ハ真宗ノ経論釈ヲモテ勤王報国スベシ。真宗ハ元ヨリ肉食妻帯ニシテ、僧トハイヘドモ在家風俗ト同ク五倫ノ道ヲ正ク守ラネハナラヌ。(7)

つまり、義導からすれば、三条教則の衍義あるいは実際の民衆説教時においては自宗所依の経典・教義を使用するのは当然のことであった。教部省は仏教僧侶による宗意宗乗ばかりの教導説教を制止する令を出すが、現実にはこのようなことが少なくなかったのであった。以後は『大経』を中心に、自宗所依の仏典を随所に使用しつつ僧俗一致して王法を遵奉することが人道に適うとする、いわゆる真宗独特の常套手段である王法為本の教義を展開するのである。この点は何も目新しいものではない。

しかし、ただ一つだけきわめて珍しい書物を使用していることが指摘できる。それは神道のことを論ずるにあたって、『和論語』を使用していることである。『和論語』は江戸時代において比較的世間に出回った雑多な内容をもちながらも一応は神道関係の一書とも言えるものであるが、必ずしも良書ではなく俗書とされ、評価は決して高くはないものである。ただ、江戸中期以降においては石田梅岩、末期においては禊教の井上正鉄《かね》などに頻繁に使用された形跡がある。この『和論語』を本書においては「桓武天皇勅曰ク……」「天照大神ノ宝勅曰、……」「聖武帝ノ勅曰、……」の三ケ所にわたって引用しているが、(8)数多い三条教則衍義書のなかで、これを使用した著述はほとんど見かけない。その意味では珍しいものであり、それは本書の一つの特徴と言えるかもしれない。

さて、自宗の立場による衍義については、最初に、

「大経」ニ王法ヲ畏レザルヲ大悪トシ、王法ヲ守テ仁義ノ道ヲ行フヲモテ大善トシタマフ。[9]

と述べ、『平等覚経』『王法政論経』などを引いて在俗と同じく五倫の道は守るべしと説き、「敬神」については『和論語』中、先述の天照大神ノ宝勅部分を引いて、

宗廟ノ神ヲウヤマヒテ、ヨモノ国ヲシタガヒテ、天ノ位ノ貴キコトヲミテ、ソノワザヲ天ガ下ニヒロムベシ。

宗廟ノ神トハ伊勢ノ神宮ナリ。[10]

と述べた上で、祖師や蓮師をはじめ、多くの歴代知識は神明を疎略にすることを厳しく戒めたとして、「爾レバ念仏行者必ズ神明ヲ尊敬スベシ」[11]、また、「此神国ニ住スル者ハ猶更ノコト也。」[12]と説くのである。次いで「愛国」については、

法嗣上人ハ皇国ノ御為筋ヲオモヒ、海陸ノ辛苦ヲ厭ハズ、蝦夷地ニ至テ新道ヲ開キタマヘリ。[13]

と大谷派による北海道開教事業のことを愛国ゆえの一形態としたり、『阿弥陀経』の「忠慈至誠、各自端守、皆自守国、雍和孝順、莫不歓喜」[14]、とある箇所を引いて貢献度を力説する。また、「天理」については『平等覚経』の「不当㆓天心㆒、甚違㆓道理㆒」[15]とある箇所や『大経』を引用して説明し、「人道」については『道品経』を引いて

「仁蔵義蔵礼蔵智蔵信蔵ト説テアリ。[16]」と述べ、五倫の道は自宗の教えそのものだと主張するのである。

さらに「皇上奉戴、朝旨遵守」については「皇上ハ一人也。朝旨ハ法度也。[17]」とした上で、『白虎通』や『漢書』による字義の説明をし、そして法度、すなわち朝憲については太宰春台の『弁道書』を引用しつつ「十七条憲法」をはじめ、律令や貞永式目等の世俗の法度を遵守し、かつ最近の肉食妻帯の許しがあるも、自宗ではすでに六百有余年以前に在家同様の宗風を開いていると強調する。したがって、義導にとって三条教則の遵守ということは、

僧俗一致ニシテ、只王法ニ遵奉スルノ外、別ニ戒律ノ沙汰ナシ。コレマタク宗祖ノ私ニアラズ、根本「大経」ノ仏説ナリ。[18]

ということになり、『大経』五悪段などより真宗の宗軌として捉えたのであった。

義導が本書を述作した明治五年十月二十四日の時点では、大教院の開設前、たとえ神仏合同ではあっても、仏教側にとっては、やっと公に布教ができる名目が実現した教部省発足直後であったことを考慮すれば、仏教全体というべきか、すくなくとも真宗としての本音が、このなかに表出されていると看なければならないだろう。

以上のことより類型化の点で見れば、本書は、各宗教各宗派がみずからの教義教説に依って教導布教すべきとする明確な「区別型」衍義書の部類に入るのが妥当であろう。

六　千早定朝『公令三箇条布教則大意』について

本書は明治六年二月に成り、墨筆三十四丁で、衍義書としては長文の部類に入るものである。著述者は、末尾に「斑鳩神民　千早橘定朝謹誌」[19]とあることによって、南都法隆寺住職（のち管主）の法相宗僧侶千早定朝であることがわかる。

一般に維新後の明治仏教を理解把握するとき、どうしても仏教界宗教界の主導的位置にあった真宗（特に本派）中心の視点にならざるを得なかったのが、これまでの実情である。それは明治政府とのかかわりにおいて、地域的にみても東京中心の視点とならざるを得ない理由と同じ事情からであった。しかし、それにしても明治時代の南都系諸寺院の動向と人物、というような側面については、従来的にまったくと言ってよいほど研究がなされてこなかったのも、これまた事実である。やっと近年になって、すこしずつ法隆寺や西大寺といった個々の寺院史や関係人物の研究がなされるようになってきた[20]とはいえ、本格的な研究は今後に俟たねばならないが、本書は明治期における南都系仏教の中心人物の一人であった僧侶の著述であるだけに、注目しなければならないだろう。また、三条教則に関する仏教僧の衍義書とはいっても、その大半が鎌倉期成立の仏教各宗派の僧侶によるものばかりである。その点で、本書は南都からのもの、法相宗僧侶によるもの、であり、宗派色が出ていると否とにかかわらず、おそらく唯一のものとも考えられ、きわめて珍しいと言わねばならない。

もっとも、法相宗とはいっても、本書が述作された五ケ月後の明治六年七月には、同年四月に東大寺が浄土宗に属したあとに続いて、法隆寺は西大寺と共に真言宗の所属となったのである。南都の諸寺院は教部省が認定した天台・真言・浄土・真宗・日蓮・禅・時宗のいわゆる七宗総本山のいずれにも該当しないので、このなかのどれかに所属しなければ仏教と認められなかったからであった。以後、南都系諸寺院は宗派独立の運動を展開することになり、その結果、明治十五年六月に法隆寺・興福寺は真言宗から離れて法相宗としてその独立を獲得するのであるが、千早定朝はこの運動の中心人物として活躍したのであった。以後、明治二十三年には法相宗管長であった定朝は興福寺住職を兼務したり、同二十六年八月の法隆寺勧学院開設の際には院長となったり、さらに同二十八年四月には京都清水寺の住職をも兼務するなど、文字どおり明治期の法相宗、南都の中心人物として活躍したのであった。

この定朝の衍義書中、第一条の「敬神」については、次のように述べている。

蓋シ治心ハ神智ヲ得ルノ源、修身ハ国家ヲ保ツノ本ナリ。内行ヲ勤メテ心ヲ鎮メ、以テ人々所具ノ神明ヲ証シ、外行ヲ務メテ身ヲ修メ、以テ万庶固有ノ妙体ヲ顕ハス。(21)

このように、先ず冒頭において治心・修身の二つに分け、これを心身二行の問題とした上で、特に治心なる「心」の一字に集約されると、次のように把握する。

人ノ一身モ亦此ノ如シ。心ハ柱ノ如ク、身ハ家ノ如シ。其心ノ柱立スンハ身ノ家如何ソ保ツ事ヲ得ン哉。因テ心身二行ノ上ニ就テ、先ツ心ノ一字ヲ弁スヘシ。(22)

その「心」の内味については、

所謂神之本源タルヤ、心ノ一字ヲ出テス。暗者ニ有テハ凡智ト曰ヒ、明者ニ有テハ神智ト曰フ。教ハ方ニ随テ名ハ異ナリト雖トモ、体ハ一心ナリ。心ノ外ニ余ナシ。心ヲ以テ身トナシ、心ヲ以テ土ト為ス。身土皆心、所謂一念心、上之清浄ノ光リ、即チ胸中之神明ナリ。(23)

と神凡二智ありとするも、究極は身体も心の所産に過ぎないとし、わけても神智が重要だとして、さらに次のように説いている。

真俗二智ヲ明スノ中、真智ニ於ル本性清浄ニシテ、諸ノ穢悪ヲ離レ、内外ヲ洞徹シ、幽トシテ燭サル事無シ。大円鏡ノ万物ヲ洞照シテ明了ナラサル事無キカ如シ。是ヲ神智トモ明智トモ名ク。仏道ニハ之ヲ大円鏡智トモ覚智トモ名ク。儒道ニハ之ヲ虚霊不昧トモ明徳トモ名ク(24)

このように、心に穢悪がなく、純粋清浄で万物の本源を照し通すような智恵が神智であって、仏教でこれを言えば「大円鏡智」、儒教で言えば「明徳」に相当するとして、要は神と言うも、それは神智（真智）の「心」そのものであると主張するのである。そして、この神智を得る方法については、

然ラハ則チ人々内外ノ穢悪ヲ行触来触眠借屎戸血汚等ハ外ニ属ル穢悪ナリ。傲漫貪淫憎妬等ハ内ニ属ル穢悪ナリ。祓ヒ清メ、以テ諸ノ邪念ヲ伏断スレハ、豈ニ神智ヲ求メ得サラン哉。(25)

と自内省の面だけでなく、身体および行為行動する行住坐臥まで祓い浄めることが必要であるとし、もし得るこ

とができれば、生死を超えた域に至り、死後は天に住しつつ、

済民ノ仁愛厚キガ故ニ世之清濁ニ随テ、或ハ化生シ或ハ胎生シテ世ニ顕現シ、威力自在ニ万国ニ遊化シ、以テ方ニ随テ慈教ヲ万世ニ垂ル。(26)

とあるように、化生あるいは胎生しながら現世に顕われ、威力をもって人びとを教化する、これを真神、また地祇の神明そのものであると主張するのである。このあたりの論述は一種の理念論、観念論であるとも言えようが、ただ、このような内容や論法は神道系の衍義書はもちろんのこと、仏教者による衍義書でも見出しにくい。これは各宗派の宗旨以前の仏教原理、仏教教理であり、その意味では法相的とも考えられようが、要するに仏教教義を神道にあてはめたという印象は否定できないように思われてならない。その点が最も特徴的と言えようが、この主張を表現する語句文言等において、たとえば「化生」、「胎生」などの仏教用語を使用している点が、これを証するであろう。

次に、諸の神の分類についても、次のとおり述べている。

凡ソ神ニ於テ三品有セリ。一ニハ法性神、二ニハ有覚神、此二神ハ唯善ノ神明ナリ。但シ荒御魂ノ荒ヒ賜フ事ノ有ルハ、外剛内柔、外柔内剛之義ヲ以テ互ニ霊感ヲ表ハシ、勧善懲悪一殺多生等ノ善巧方策ナラン乎。国家ヲ擁護シテ神験自在、柔和質直四無量四摂法等広ク善巧良策ヲ以テ変現施為スルナリ。之ヲ離レテハ実類ニ隨(隋、か)ス。(27)

すなわち、神々とはいっても三種類あって、一は絶対の真理としての法性神、一は覚智することができて悟り

を得ることができる神としての有覚神、この二つは善神として大直日の神で荒御魂あるも究極は善巧《ぜんぎょう》方便をおこなうことができる神、柔和質直の性を持し、四無量心、四摂法を保持し、変現自在の国家鎮護の神であるとする。

三ニハ実迷神ナリ。幽ニ住シテ人ノ施供ヲ受、一分ノ神験ヲ施スト雖トモ自在ナラス。凡夫ニ同シテ威獰ノ心有テ瞋リ有リ。(28)

そして、もう一つは実迷神で幽界に住し、瞋恚の心を持つ凡夫と同様であるとする。故に神楽等をもって和慰せねばならないというのである。さらに、

又神典ニ神ノ成リ出ツル様ニ三身ヲ建ツ。一ニハ理リノ身仏道ノ法身、之ニ同セリ。二ニハ気之身仏道ノ報身、之ニ同セリ。三ニハ種ノ身仏身ノ応身、之ニ同セリ。是也。(29)

と述べて諸神の生れ出た形態に、仏教で説く法身・報身・応身という仏の三身説に基づいて、それぞれ理・気・種の三身があると主張している。このように、先述の法性神・有覚神・実迷神とする神の三品説だけでなく、神の三身説まで主張するところなどは、まさに仏教教義をもって神道を理解し解釈するという神仏習合説を彷彿させるものであり、牽強附会と言えば、その通りであると言わざるを得ないものであって、他の仏教僧による三条教則衍義書にはまったく見られない千早定朝独特の論説であると言ってもよいだろう。ただし、附会とは言っても、神道にだけでなく儒教まで含めて、それも宗教次元の「敬神」条項を道徳的次元で解釈している点など、神道家の大半が説く常套的論法であった造化三神の「天地鎔造」説などより、読む者、聞く庶民にとっては歴史的

にも神仏習合を実態として受け容れていただけに、かえって説得性があったかもしれない。そして、

神霊ニ和魂、荒魂、奇魂、幸魂、術魂之義有リ。……魂則チ心ナリ。心ヲ離レテ魂ナシ。魂ノ外ニ心ナシ。心ト魂ト不二不異ナリ。……因テ只一心善事ニ志シ、正念相読《ママ》シテ間断無ケレハ、則チ邪念ハ自然ニ伏断シテ修身斉家治国平天下之道自ラ備ハル。……是ヲ以テ印度ト曰、漢土ト曰ヒ、洋土ト曰ヒ、教ハ方ニ随テ名ハ異ナレトモ基本原ヲ推究ムレハ皆是神教ナリ。神教則チ心教ナリ。心教ヲ離レテ道ナシ。道ノ外ニ心教ナシ。心ハ万物ノ根元ト云是ナリ。然ラハ則チ仏ト曰ヒ、儒ト云、洋ト曰ヒ、諸道我国ニ有テハ我国ノ神道ナリ(30)。

と結論づけて三教一致を目途に、すべてをおのれの心一つに帰一させるのである。その他にも、祝詞を挿入して説くなど、神道を充分に意識配慮した論調となっているが、何といってもきわめて唯心的に把握するなど、やはり唯識法相学僧としての一面をうかがわせるに充分な内容となっている。

次いで、この論調は、次の「天理人道」の条項にも続く。

次ニ天理人道ヲ明カニスヘシ。夫レ天理トハ聡明正直ヲ性トシテ純清純善ナリ(31)。

と天理の概念を把握し、

人道トハ其性ヲ禀ケ継キテ清斉ニシテ天理ニ順孝スルノ道(32)、

と天理に随順するを人道とするが、

宜シク淳素質朴ヲ旨トシ、傲慢貪淫憎妬等ノ心理ノ穢悪ヲ攘ヒ清メ、身ノ行ヒヲ慎ミ、純情純善ノ天理ニ順孝シテ天心人心不二ノ心理ヲ練達スヘシ。心ノ一理ニ達スレハ則チ天理人道自カラ明カナリ。(33)

と、これまた、内外両面の心を攘い清めた身の行ないとする心身二行、その本源として「心」の一字に尽きると説くのであった。

さらに第三条の「皇上奉戴」「朝旨遵守」条項の衍義箇所では、

人トシテ恩ヲ受ケテ恩ヲ報スル心ナキ者ハ人ニシテ人ニ非ス。(34)

と報恩の理念で君臣衆庶の関係を捉え、

誰カ皇上ヲ奉戴セザランヤ。君々タラズト雖トモ臣以テ臣タラズンハアルベカラズ。(35)

と、歴史上に見る日本型の君臣関係の本質を説き、

宜ク御主意ヲ遵奉シ、各我カ本分ニ尽力シテ、而シテ万物蕃息スル所ニ注意シ、其ノ好ム所、長スル所ニ就テ後来活計ノ方向ヲ授ケ、以テ務ト為シ、能ク産ヲ治メ、万国ニ卓立ノ基ヒヲ建ツヘシ。是ヲ朝旨遵守スル

ノ急務トス。(36)

と述べるように、単に皇室の命を遵奉するだけでなく、経済生活、産業発展から授産まで急いでおこなわねばならないと強調するのであった。

そして、後半部分から末尾にかけての八丁にわたって、心身二行の論について「敬神」条項の内容を再論しつつ、一種の道徳論を展開するのである。

心身二行ニ就テ心ノ行ヒハ本ナリ。身ノ行ヒハ末ナリ。心行ニ達スルトキハ身行自ラ達スヘシ。宜ク心行ノ根本ヲ練達スヘシ。……心ノ行ヒヲ以テ万行ノ第一トス。……所謂心行トハ凡ソ一念不動トテ、一切望ミノ念慮ヲ起サス。無念無想ニシテ……浩然ノ気ニ混シテ心ヲ虚空ノ如ク持ツナリ。(37)

このように、虚空のごとき心を理想態としているが、

人ハ斯ク生レ出シ身体識神固ヨリ神ノ産霊ノ賦与シ賜フ物ニシテ、則チ天神ヨリ出テ、一民モ神胤ニ非ザルハナシ。……凡ソ人ノ精神ハ則チ天神ヨリ賦与シ賜フ処ニシテ一身ノ主宰タリ。(38)

とあるように、ここでは神道的解釈を前面に出して、

能ク是本心本性ヲ体認シテ放散セサレハ、……言行心意悉ク呼吸ト共ニ天地ノ神明ニ応シ、神人合一ニシテ

魂ヲ神ノ本原ニ帰着安定スル道理ノ有ル処ヲ明ラムヘシ。(39)

と明言するのである。このあたりは神道人の言と言ってもよく、

神明ニ誓願シテ一心丹精ヲ猛励シテ朝夕神拝ヲ怠ラス、冥助ヲ祈リテ常ハ職業ヲ為スヘシ。(40)

とまで言い切るのである。しかし、そうは言っているものの、

心根堅固ニ、能ク之ヲ防キテ心地ニ善行ノ功徳ヲ殖へ、悪行ノ種子ヲ生セザラ令メン事ヲ要ム。(41)

という表現をするなど、どちらかといえば仏教的な表現形態を残した箇所も見受けられる。

これら一連の文言より定朝の心情を推測するなら、

以テ中道ノ妙義ハ固ヨリ天祖ノ大御心ナリト感戴シテ、(42)

とある箇所などが証するように、単に神道的色彩が濃厚というのではなく、神道的解釈や文言を表面に出しながらも、根底には仏教者としての意識を強く有していて、仏教の教義を神道にあてはめながら解釈してゆこうとする意図がうかがえるように思われてならない。つまり、一種の神仏習合型の典型と言ってよいかもしれない。これが、たとえば真宗僧だと、真俗二諦論の教義によって俗諦門の日常道徳次元では「敬神」概念を了承しつつも、

真諦門では宗教次元のこととして否定するという論法を採るのであろうが、定朝の場合、同じ道徳的次元で理解したとはいっても、その本源を「心」一つに帰一させ、それを依りどころとして身体行動におよぶとする儒教の考え方にまで説く姿勢を見せているのである。また、定朝自身も法隆寺だけでなく、興福寺とも深いかかわりがあり、したがって春日大社ともかかわりを有していたことは明らかであり(43)、歴史的にも地域的にも神道と無関係ではなかった点を考慮するなら、千早定朝の衍義書を検討した結果としての類型化については、次のように判断してもよいだろう。

すなわち、一見すると神道的解釈をそのまま受け売りのごとく受容したように見えるが、実はそうではなく、本音は仏教から神道への教義的融通あるいは融会《え》を試みていこうとする姿勢、態度が文言の裏面に如実にあらわれている点からすれば、会通《えつう》をはかっていると見るほうが自然である。よって、本書を「会通型」衍義書とするのが妥当であると思料するが、いかがであろうか。

七　細谷環渓『三条弁解』について

本書は全十丁の刊本で、見返しに「曹洞派本山著」とあり、曹洞宗本山の永平寺と総持寺から明治六年四月に版行されたものである(44)。著述者については明記するところがないが、『社寺取調類纂』中の記録から明治五年四月に権少教正となり、同年六月には大教正となった曹洞宗永平寺の細谷環渓であるとされている(45)。ただし、本書の場合は僧侶個人の著述とは異なり、ある意味では三条教則についての曹洞宗としての、本音はさておき、表面的には本山としての公式見解であったと理解する方が妥当であろう。

内容は「敬神」条項の衍義の冒頭で、

皇国ハ神ノ御国ニシテ、神代モ今モ隔テナク神祇ヲ崇敬スルヲ以テ不抜ノ要道トス。(46)

と述べるところから始まり、三種神器や造化三神について触れ、それも、

此三神ハ始メナク終リナク、天地ナラザリシ前ヨリ御在マシ、天地日月星辰ヲ造化シ給ヘル三神ナリ。(47)

とあるように、神道側にとっての三条教則の標準的・教科書的衍義書であった田中頼庸の『三条演義』で主張された「天地鎔造」説を受けて大半の神道人が説いていた「天神造化」説をそのまま受け容れているのである。この教説は、要は造化三神による天地創造説のことで、これではキリスト教と同様であるという理由で、のち島地黙雷によって縁起説の教理をもって痛烈に批判(48)された神道の教義であって、仏教者にとっては教義上からも決して受け容れ難い、仏教僧であるかぎり容認できない主張なのであった。この点からも、単に神道的用語を並べ立てていることや、古事記日本書紀等の引用による神話的解釈の援用の是否というより、本質的な態度姿勢において、主体性の欠如という見方をせざるを得ないであろう。

また、次の「天理人道」の衍義においては君臣・父子・夫婦等の五倫の教えとして記紀を引きつつ論じ、「皇上奉戴、朝旨遵守」の箇所では、

皆ナ天ツ神ノ御心ヲ御心トシ給フ。愛撫ノ道ヨリ外ナケレハ勇ンテ朝旨ヲ遵守スベキナリ。(49)

と述べて、遵守の心が天理に合致し、同時にそれが敬神の大本であると説くのである。

そして、末尾の「余論」なる約一丁のなかに、結論として本書の立場が集約される。すなわち、

三条教旨ハ皇道ノ始中終ニシテ国体ノ関係スル所甚タ重大ナリ。民心維持ノ要道此外ニ出ルコト能ハス。(50)

と三条教則が、単に教導職に布達された宗教上の文言ではなく、維新後明治初年の日本人としての初の、あるべき道徳上の指針であることを明言した上で、それには敬神の実が上ったときに倫理道徳が備わり、そうなれば皇上奉戴、朝旨遵守は十全され得ると言う。したがって、

然ハ則チ三条ノ教ハ今日ニ始マルニ非スシテ、神々継承シ給フ固有ノ国教ナリ。(51)

と断言するのである。いかに神道優位の状況下にあったとはいえ、個人的著作ではなく、一宗のそれも半ば公けの書物として見れば、敬神崇仏という歴史的背景以上に、神道的解釈のみが強調されているという感を懐かざるを得ない。

つまり、仏教僧としての主体性を確立した上での神道的解釈の受容ならば、何も問題とすべきではないが、そうでないなら、それは単なる神道の受け売りに過ぎないということである。その点において、本書は典型的な神道「追随型」衍義書と言わねばならないだろう。

八　不破祐善『教義三章弁』について

本書は「教義幼告十条」と題する説教者の心構えや実際の説教時における十ケ条より成る具体的注意事項と、「教義三章弁」と題する三条教則の衍義部分の全十九丁より成る版本である。

著述者は少講義の不破祐善であるが、経歴等については不明確であり、一方で真宗大派僧とする見方もあるが、(52)後半部の「教義三章弁」に、

自身神也、仏ナリト悟ラハ、一切唯造心今日士農工商ノ業モ、是心是仏、是心作仏ニ非スヤ。(53)

とある文言や言い回し、さらには、それを受けて「彼ノ百丈禅師ト馬祖大師ト江南ノ浜辺ヲ通リシ時、(54)」と百丈懐海や馬祖道一の逸話を述べている点からみると、宗派はさておき、禅宗僧か、もしくは参禅工夫をしていた人物という以外に考えようがないことは明白であろう。

次に、内容は全体的に仏教用語と神道的な用語の両方を使用しながら、衍義がなされているようである。先ず冒頭で、

夫レ人ハ一ヨリ三ヲ生ジ、三《慈悲智恵正直》ヨリ出テゝ五倫五徳ヲ生ス。……五大ヲ以テ体ヲナシ、五倫ヲ以テ人道ヲ教ユ。(55)

と神儒仏の一致を標榜しつつ、次いで、

> 機ト云フ事ヲ悟リテ後ニハ法ヲ悟レバ機法一体トナリテ、法ガ相続シテ必ス神人ニ契フ事疑ヒナシ。機ト云フハ我カ身ノ心ノ悪シキ事ヲ知ルトキハ、必ズ悪道ニ落ルコト疑ヒナシト。是ヲ知レハ必ズ神人不二トナルニ疑ヒナキ事モ知レルナリ。……神人ノ道ヲ明ムル人ハ必ス悟リヲ開ク可シ。[56]

と説いているように、人が信心を得て機法一体となれば同時に神の意にかない、神人は不二となる、と言うが如き解釈などが、それを証していると考えられるが、今一つ意味が理解しにくく、言うならば、木に竹を接いだ理屈といった感がしないでもない。もっとも、このような表現は本書の冒頭部分であり、かつ過度に神道を意識していたせいか、とも考えられる。何故なら、そのすこし後で祐善は次のように述べて、自身の視点を明確にしているからである。

> 神仏ノ法ヲ学ニ世間ニ取違多シ。神仏二教ト商売トヲ別ノヤウニ心得テ居ル人マヽ多シ。是レ大ナル了簡違ヒナリ。商売シテ衣腹(ママ)モ着、米ヲ調ヘテ飯ニシテ身ヲ養生シ、女房ヲ養ヒ、子ヲ育テ、今日ヲ安瀘ニ暮スガ誠ノ神人ナリ。其ノ故ニ神トハ人ナリ。……其ノ故ニ子供ヲコシラヘ育テヽ、人ニシテ其ノ跡ヲツガス。故ニ神主モ僧侶モ其ノ職ヲ務メ、堂ヤ社モ相続スル也。[57]（ママは筆者）

これは教義理念の側面というより、人間を中心にした在り様の本質を説いたもので、いかにも禅宗僧らしい一面はここからもうかがうことができる。したがって、百姓町人ノ五戒ハ御高札ヲ守ルガ第一ナリ。故ニ又六度万行ハ百姓ノ耕シ、職人ノ仕事、商人ノ働也。[58]

と述べるように、敬神の念を持つならば、天理や人道、皇上奉戴や朝旨遵守という日常の道徳まですべて含まれているると捉えるのであった。事実、本書は他の衍義書の大半が三条に小項目の見出しを附して一つずつ解説するのに反して、小項目見出しもなく、三ケ条をまとめて一括りにして論じているのも一つの特徴である。

このあと、神仏といえども「人」が中心、「人」なくして神仏なし、とする不破祐善の論法は、さらに続く。ここは祐善の結論的な部分なので、少々長いが煩を厭わず、左に掲げる。

先操々子供ガ相続スル故ニ、法モ相続スルナリ。故ニ人ハ一切ノ者ノ司サ也。人ハ万物ノ主人公也。人ヲ離シテ仏モ莫シ。人ガ敬フ故ニ仏神有リ。人敬ハザレハ伊勢ノ御祓モ反古ナリ。仏ノ姿モ木ノ切レ絹ナリ。紙ナリ。細工物ナリ。神仏ノ像ハ人ガ造リ、人カ信シ、人カ敬フナリ。神ヤ仏ノ像ヨリ人ヲ造リ出シタルコトヲ聞カズ。自身神也、仏ナリト悟ラハ、一切唯造レ心、今日士農工商ノ業モ、是心是仏、是心作仏ニ非スヤ。皆ナ悉ク神仏ノ境界也。十方世界ニ神仏デナイ物莫シ。法デ莫キ物ナシ。夫レ故ニ極楽ニハ宝ノ樹、空飛フ鳥モ念仏念法念僧七菩提心、八聖道分真如ノ門ニ入テ見レバ、トンボノ飛モ、鳥ノ飛モ、魚ノ水ニ躍ルモ、皆ナ神也、仏也。自身ト別ノ物ニ非ス。[59]

そして、このあと先述の百丈懐海と馬祖道一の逸話を紹介し、大悟徹底すれば結局は人、換言すれば、自分自身のことに変りないと考えたのであった。また、末尾近くでは心の問題について、次のようにも表現している。

然ルニ我体ノ主人ヲ知ラヌハ何事ゾヤ。我体ノ主人ハ心ナリト迄ハ誰レモ知レド、心トハドノ様ナ姿ナ物ヂヤト云ウニ、姿ハ知レズ、内ニ有ル者カ、外ニ有ルモノカ、……心ト云フモノハ鏡ノ影ノ如ク、湯ニ立ツタルユケノ如シ。木ヲ割テ見ヨ花ノアリカヲ。……皆ナ唯心法界也。我莫シ。私シ莫シ。心莫シ。(60)

ここで述べている「体ノ主人ハ心」「木ヲ割テ見ヨ花ノアリカヲ」「我莫シ」「私莫シ」「心莫シ」などの文言、これは江戸時代において庶民倫理の普及の側面で説教上手をもって功があり、特に手島堵庵以降、全国津々浦々にまで広がり知れ渡った石門心学者の説教、つまり中沢道二・布施松翁・柴田鳩翁などの心学道話で用いられた言葉遣い、表現法とまったく同じでいわゆる心学のテクニカルタームなのである。むろん、これは祐善が石門心学と深い関係があるということ示す証拠にはならないが、敬神と言い、天理と言い、人道と言って日常生活における倫理道徳の徳目を理解させ、実践させようと意図するかぎりにおいては、前時代で最も効果があった実績をもつ石門心学を一つの手本とするのは至極当然のことであったからという理解の仕方をすべきであろうし、さらに言えば、著名な石門心学者の大半は、実は禅門に入って工夫徹底し参禅弁道しているのである。逆に言えば、大悟徹底した者のみが石門心学者になったということでもあって、双方の文言が酷似しているのは当然のことなのである。よって、この点からも祐善が禅僧、否な、石門心学を深く学んだ人物であった可能性も決して否定できないかもしれないのである。まして、「木ヲ割リテ見ヨ…」などの記述表現をするのは初入咄《しょにゅうばなし》をよく知っているということであり、これは石門心学内ではかなりの上級者でなければめったに使用しない言葉なのである。石門心学との関係が否定できないとした理由はこの点にある。事実、仏僧が心学を深く学んだ例は江戸期も明治期以降もある。とまれ、石門心学関係からの三条教則へのアプローチについては、柴田遊翁の著述等の数点(61)があるに過ぎず、また、心学的文言や表現を取り入れた衍義書は決して多くはないことからみると、本書の顕著な特徴であると言えるだろう。

このように、不破祐善の『教義三章弁』は一見すると神道を意識し、仏教との会通をはかっているようにも見えるが、全体を通して口語調で仏教教義や用語などを頻回に交えて説き切った、言わば仏教的色彩を濃厚に打ち出している点に特徴を見出すことができるのである。かかる点より、類型化の分類で言うなら、本書は、神道は神道の立場で、仏教は仏教の教義的立場をもって説くべきとする「区別型」の衍義書であると言ってよいだろう。

九　佐原秦嶽『三則私言』について

次は、佐原秦嶽『三則私言』（明治六年十月）である。佐原なる僧侶の詳細は存知しないが、越前国丸岡の浄土宗白道寺住職で教導職権大講義、のち権少教正となっていることからみると、宗内においても相当高位に在ったであろう。

『三則私言』は本文の前に「説教大意」と題する一文を置いて三ケ条を解説する導入部分としている。これは短文であるが、佐原秦嶽の神道に対する意識を明示したものとしてきわめて興味深く、かつ注目しなければならない。

然ルニ神州中古以来、仏教大ニ盛ニシテ、其徒其法ヲ弘ル者、海内ニ充斥ス、……而シテ別当社僧、祠官神職ノ輩、呆然トシテ漸漬積累、其道ノ哀運ニ向トスルヲ省ミズ、是ニ於テ民唯儒仏ノ教アルヲ知テ、神道抑モ何物ナルヲ知ラズ、其弊遂ニ神社ヲ視ヲ、無用ノ長物ニ属スルガ如シ(62)

最初に中世以来民衆の間で仏教が盛んになるが、反対に神道についてはまったく理解を示さなくなったことを述べ、その理由は、

方今僻邑遐陬ニ就テ之ヲ観ズルニ、春秋ノ祭祀、典型ハ僅ニ之ヲ廃セズト雖トモ、一人ノ誠敬ヲ致シテ、以テ其神ニ奉ズル者ヲ見ズ、唯幟ヲ建テ鼓ヲ鳴シ、角觝舞踏、児戯雑猥、以テ祭礼トス、寔ニ怪ムベキノ至リナリ(63)

とあるように、神道における祭礼の本質は誠敬の念よりおこる神明への奉仕、つまり神事が中心である筈なのに、民衆は単に春秋の祭礼における歌舞音曲、児戯雑猥だけしか知らないのではないかとし、

蓋シ民、素ヨリ愚昧ニシテ、神ヲ敬スル所以ノ本源ヲ知ラザレバナリ、深ク罪スルニタラズ、唯神職タル者、怠慢ナシト謂ベカラズ(64)

と、それは民衆の責任ではなく、歴史を振り返ると祭祀祭礼の意義を説き示してこなかった神職祠官の側に責任が存すると断ずるのである。

而シテ神職ノ者、己ガ怠ヲ責ズ、濫ニ仏教ノ盛ナルヲ嫉ミ(65)、僧徒ヲ視ルコト仇讐ノ如クシ、俗装セザレバ、内官ニ入ヲ許サズトシ、又僧尼不浄云々ノ門標ヲ掲示ス

その責任は神道側にあるにもかかわらず、逆恨みし、自身の怠慢は棚に上げて仏教を嫉み恨んだ結果として、たとえば僧侶の伊勢神宮参拝、拝礼を制限するなどしているが、それは筋違いの行為であると神職を難ずるのである。しかし、僧侶の側にも問題はあり、

僧侶ノ中ニモ亦我檀越ヲ制シテ、大麻ヲ受シメズ、宗廟大社皆拝瞻ヲ許サヾル者アルニ至ル、何ゾ其相過ル(66)

と、多くの檀家に神宮大麻を受けてはならないなどと命じたり、神宮神社を敬しないものもいることなど、仏教の側にも一斑の責めは存すると述べるのである。そして、さらに、

按ズルニ古ノ僧徒ノ如キ、国家闕典ニ似タル事件アレバ、則之ヲ天朝ニ奏シ、之ヲ草創シ、之ヲ潤色シテ、天下ノ神社、僧侶ノ基立スル者殊ニ多シ、以テ往時ヲ見ルニ足レリ、其偏党ノ心ナキ豈後世緇徒ノ及ブ所ナランヤ(67)

と、古への僧侶は神社を敬うに私心なく、敬神観念が在したが、現今の僧侶はその意識が欠けていると、神職・僧侶のいずれにも問題があると述べている。

次いで、佐原は近世以降の国学に眼を転ずる。

近世国学ヲ唱者、深ク神道ノ陵遅ヲ嘆キ、多年辛苦シ、遂ニ自ラ古今未発ノ深理ヲ得タリト称シ、而シテ聖人ヲ罵リ、仏教ヲ毀チ、以テ神道ヲ挽回セント欲ス、然レトモ其論ズル所、所謂国学者流ニシテ、普ク人心

ヲ得テ、教導スベキノ通義ニ非ズ(68)

ここで「未発ノ深理ヲ得タリト称シ」とあるのは、おそらく本居宣長のことを指しているのであろうが、国学流の仕方では一般民衆の共感を得るのは困難であるとし、次のように述べる。

末流ノ弊ニ至テハ徒ニ《タヾニ》教排斥ヲ主トシテ其他ヲ不知耳ナラス、殊ニ議論酷烈ニシテ、徳行ノ君子、人師ト成テ子弟ヲ教訓スル語気ニ非ズ、是ヲ以テ世人敢テ伏セズ(69)

これはおそらく平田篤胤およびその門流を暗に指して言っているものと思われるが、国学の末流にいたっては厳しい儒仏批判に終始するのみで、民情にそぐわず、とても民衆を教諭教導し徳育に資するような語気調子ではなかったのではないかと国学および神道を批判する。だからこそ民衆は神道に対して理解を示してこなかったのであって、それは偏に神道人の怠慢のゆえであると結論づけるのである。

この佐原の主張は宗教界全般のあり方を難じたものであるが、仏教のように強力な教義教典をもっていない神社神職にとってはかなり的を射た批判であったと思われる。と同時に、本書の特徴はその批判内容より以上に、明治初年の神道優位の状勢下において、これだけ明確な神道批判をし得たということ、および、このような批判は他の衍義書にはあまり見あたらないという点にある。この点については、すでに村尾次郎によって明快に指摘(70)されている。また、本書には二人の序文があり、一つは自宗の養鸕徹定であるが、他の一つは明治期の神道界をリードした田中頼庸であり、それも本書の内容を「最も正しき論になむ有ける、……惣てこよなく嬉しく悦しく思ひ候らふ」(71)と誉めているのである。当時の神道界と仏教界の緊張関係の下で、よく序文を草したものと思わざるを得ないが、ともかく、その意味でも本書は貴重である。
言うまでもなく、これは「批判型」衍義書とすべきである。

十　佐田介石『教諭凡道案内』について

次は、佐田介石の『教諭凡《およそ》道案内』（明治五年）である。周知のごとく、佐田介石は肥後国浄土真宗本願寺派正泉寺住職であるが、欧化思想に抗して須弥山説を説き、国産品愛用運動を展開した報国護法の僧侶として名高い。佐田介石は本書の末尾において、

従来儒家ヤ僧徒ノ中ニ、皇国ニ有リ乍ラ間々皇国ヲ忘レ、神恩ヲ忘レ、剰ヘ軽蔑ヲナスホドノ心得違ヒイタスモノアリ。故ニコノ三章ヲ以テ、説教者ノ掟ト心得、己自ラコノ御趣意ヲ体認シ、又聴ク人ヲシテ、コノ三章ノ旨ヲ奉信セシムルノ御趣意ナリ(72)

と説き、神恩という表現で三ケ条の旨趣をとらえるが、ただし、

右ノ三章ヲ以テ、必ズ之ヲ直チニ教法ノコトヽ心得誤ルコト勿レ。教法ト申スハ、神官ハ神道ヲ以テ説キ、僧家ハ仏道ヲ以テ説ク上ニアリ(73)

とあるように、教法つまり宗教としては神道は神道のことを説き、仏教は仏教のことを説くのが筋であると、敬

神は認めながらも、そこには宗教としての一線は画すべきであるという明確な主張をしているのである。つまり、三条教則は宗教教義ではなく、日常現実の行為規範、倫理的指針として把握したのである。

これは「区別型」の衍義書である。

十一　福田行誡『三条愚弁』について

次は、福田行誡の『三条愚弁』である。福田行誡（明治二十一年示寂）は言うまでもなく浄土宗の重鎮で、真言宗の釈雲照と並んで二大巨星と称された明治初年の仏教界を代表する学徳兼備の僧侶でもあった。そして、三条教則についても垂示した年月は不明であるが、次のように語っている。

> 念仏行者は昔しより念仏より外の事は知らぬことなれば、行者が今七八十歳に及びたる身の、如何なる御沙汰があればとても、急に改め夫をやめにして敬神愛国のことばかりを説て、一切衆生に極楽はどうでもよひはと云様なる説教は出来ぬぞ。偖又念仏をやめにせい、往生はよしにせよと云やうなる勅命もあらねば、やはり行者は昔し通りに念仏を自らせ勧めさせて、各々と共に極楽へゆかねばならぬと申すより外かのことはなひぞ。夫れ故どうぞ皆のものも其心得にて、年来承り伝ふる通りの念仏を怠らずして、是非此度は決定して往生せねばならぬと云ことを急度心得たがよいぞ。(74)（傍点筆者）

この主張も佐田介石と同様に、自身の信仰の内省問題にまで踏みこむべきではないという立場を堅持した上で、今日はめつらしく三章の講釈をしてきかせる。さればと云て此三唱は人間が今日生きてゐる間だの行ひだぞ。此れをすくに後生にまでも持こんでおくと申す御さためではなひぞ。後生のことは先こく云通り、阿弥陀様の御引うけなされて、其御支配なれば、此れは精出して南無阿弥陀仏南無阿弥陀仏と唱へやうぞ(75)

と明確に宗教（信仰）と日常倫理を峻別しているのである。

これも一応「区別型」衍義書の類であろうが、若干これまでの理由とは違い、区別型のなかでも、しいて言うなら、信仰信念貫徹型とも言うべき珍しいものである。

十二　吉水良祐『説教訓導道志留倍』について

次は、吉水良祐『説教訓導道志留倍』第三編（明治六年十一月）である。吉水良祐は号を仁蓮社民誉定阿と言い、肥前天草の浄土宗崇円寺住職、教導職では大講義、学僧であると共に、特に布教実践に活躍した明治前期の僧侶である。

本書は全五編より成るが、第三編に「説教大旨之事」と題する一文があり、そのなかでは

要ヲ採テ申サハ、大世界中ニ於テ皇国ハ万邦ニ比類ナキ神国ナリ。大古伊邪那岐、伊邪那美二神、天神ノ勅ヲ受テ生作シ玉ヘルニテ、瑞穂ノ嘉名ヲ負ヘル上国ナリ。大世界中無数有情ノ中ニ此皇国ノ民ト生レ、瑞穂ノ上穀ヲ厭マデ受用シ、安穏ニ一世ヲ送ルハイカナル大幸ゾト云コトヲ、能々思ヒ合スヘキナリ。其神恩ノ忝キヲ思ハンニハ、凡慮ヲ捨、古伝ヲ信得スルガ第一ナリ(76)

と述べていて、全体にこの神道的口吻を真似た論調である。要は、仏教的言説はまったく無く、神道人が著わした衍義と同意同文、神道の受け売りで、これは「追随型」衍義書と言ってよいだろう。

ただし、この「追随型」といえども、あくまで書物という文言上のことであって、実際の説教現場において、このような神道的口吻に急に切り換えることがはたして出来たのか。すなわち、吉水良祐に例をとると、文字上は神道人のそれと同じでも、口頭での布教まで同様に出来たのか、否かは、これは別問題であり、その結論については次項で述べよう。

十三 「教義新聞」に見る僧侶による説教の実態

そこで、この点を明確にする資料が実は存する。衍義書ではないが、それは当時刊行されていた「教義新聞」中の記事である。

「教義新聞」は明治五年九月から同八年四月まで、約二年半にわたって刊行された明治初年頃の宗教新聞で、総計一〇六号が存する。刊行期間が丁度大教院の開始から廃止までの時期に符合するためか、その内容は三条教則に関する記事も割に多く、布達や論説、投書などのほか、他新聞に掲載された宗教関係記事の転載もかなり多いのが特徴的である。以下に示す記事もその一つである。

「教義新聞」第二十六号（明治六年八月）には「日要新聞」第七十六号からの転載記事「駿河国駿東郡須山村渡辺隼雄ヨリ投書」がある。

権大講義肥州天草崇円寺良祐、教導巡回五月八日当国駿東郡杉名沢村天然寺ニ於テ説教ヲ開キシガ、最初従僧ノ講談之アリ、然ルニ本教ノ御趣意ハ聊講ゼズ、円光大師ノ行状ナド粗釈聞セ聴衆一同ニ念仏称名ヲ唱サセ、次ニ権大講義ノ説講ニハ定メテ真正ノ妙講ナラント念シ居シニ豈計ラン、三則ノ条目ヲ誦揚シ敬神ト雖モ敢テ毎朝諸神ヲ拝スルニモ及バズ、唯神棚ニ塵埃等留メズ、時トシテ掃除シ、汚穢不潔ノ物ヲ不差置ヤウ注意シ、御酒ヲ可献時ハ献ジ、飯ヲ可奉時ハ奉ル迄ニテ、……又地球ノ事ヲ論シ、須弥山ノ説ヲ主張シテ曰ク、地球ノ自己運転スル、日輪ノ周囲ヲ廻ル等ノ説ハ西洋ノ妄説ニシテ、取ニ足ザル事ナルヲ、必欺ルヽ事勿レ云々、是愛国ノ旨趣也、外二条ハ明日講スヘシ(77)

これは先に述べた浄土宗天草崇円寺住職吉水良祐権大講義の、駿河国における三条教則についての巡回説教の実態景況を投書したものであるが、そこでは良祐はただ三ケ条を読み上げただけ、しかも毎朝の諸神拝礼は必要なく、神棚も汚なくならない程度で掃除もあまり必要ないなどと言ったり、須弥山説を主張して押しつけたり、

地獄極楽ノ無ナド思ベラカズ、必俗説ニ因テ惑ヲ取コト勿レ、念仏功徳無量海ト盛ニ仏説ヲ主張称揚セリ(78)

と仏教の法話ばかりをしていたという報告である。よって投書の主は、

嗚呼権大講義ノ職ヲ拝任シ、国内巡行シテ如此ノ説教ハ何ゾヤ、教則中仏説宗意等挙ナキハ勿論、別段教導職中御達ニテ講席ニ於テ法談説法等決テ不相成旨御制令有之、抑教導ノ儀ニ付テハ朝廷深ク梱議ヲ尽サレ候処、僧侶ノ説教ハ右ニ類セリ、如此ニテハ大教一途ニ帰セン事サテ置、毫モ教化ノ衆庶ニ播布スル能ズ、却本教壅閉ヲ醸ノ弊ト成、蒙昧ノ人民一信ノ方嚮ニ迷ヒ狐疑ヲ生ルニ至リ、実ニ痛難ニ不堪也(79)

と悲憤慷慨しているのである。そして、このようなことが無いように、

僧侶ヲシテ教導セシムルニハ至急教部省ヨリ監察御差出シニ相成、何等ノ説教ヲ布クヤト篤ト探索ノ上、若シ教憲外ノ講義異説怪談等之アルニ於テハ厳重御察問之レアル様致シ度事ナリ云々(80)

と探索し厳重に監督すべきであるとまで言うのである。これは、逆に見れば、当時の実際布教が従来からの仏教的口吻をかなり用いていて、かつ三条教則中の特に敬神条項などについての発言はあまり多くはなかったという証左であるかもしれない。衍義書中において神道的解釈をしている吉水良祐でさえ本音と建て前ということなのか、実際の巡回説教ではその正反対なのである。まして他の僧侶教導職においては、いかに況んや、という状況であったかもしれない。

次に、もう一つ、一般民衆への三条教則説教の景況を示す事例を見てみよう。「教義新聞」第十九号（明治六年四月）には、のち神道実行教管長となった柴田花守の大教院への伺書がある。

抑道ノ講義ハ聴衆ノ帰敬尊信厚カラザレバ広ク行ハレ難ク、軍記講談同様ニ心得、説教ノ弁不弁ナドヲ批評致、又長キ祝詞ナドハ馬耳風ト聞取ラズ、講説終リ候ヘバ忽忘失致候事ニ御座候、釈教ニテハ真言或ハ仏名ナドヲ日課ニ称ヘサセ候ニ付、愚夫愚婦モ帰敬尊信行住坐臥忘失不仕候。(81)

民衆にとっては三条教則の説教は難しく、聞いてもすぐ忘れてしまうが、仏教の場合は昔から真言や称名などの日課勤行が伝統的に存するので民衆にとっては記憶の面でも有利であったとした上で、具体的に大阪で起った

真宗門徒への神宮大麻配札の際の出来ごとを次に述べる。

昨年皇太神ノ神璽戸々配札相成候処、大坂府下ノ門徒宗ノ信者帰依寺ニ参リ、大神宮ヲ崇祀致候テモ不苦候ヤ、拝礼致候折ハ何ト唱ヘ可然ヤト相尋候得バ、住僧ヤハリ南無阿弥陀仏ト申候ヘト答候趣不堪抱腹候(82)

混乱期であったことからすると、このように奇妙なことがあったのかもしれないが、ならば称名、題目に対抗する意味で、以下のごとき文言神語、つまり短い祝詞文を印刷して民衆に配布したい旨を願い出るのである。

遠《トホ》津《ツ》神《カミ》咲《エミ》給《タマ》倍《ヘ》巖《イツ》乃《ノ》御魂《ミタマ》袁《ヲ》　幸《サキハ》　賜《タマ》倍《ヘ》
如此ヲ印施致、其義理ヲ説諭仕候ヘバ、愚夫愚婦モ能暗記仕候テ、……此簡易ナル神語ヲ敬信サセ置候ハヾ、先入主トナリテ御国体固立敬神ノ基本トモ相成可申ヤト奉存候間、御支無御座候ハヾ、私講席ニテ演説勧奨仕度奉存候、此段奉伺候以上(83)

その結果、大教院は右の文言を敬神愛国の神語として認めるのである。このような事例が他の地域においてどの程度あったか不明であるが、これを要するに、神道側といえども実際には思う存分の説教は容易ではなく、混乱の一面もあったことを示したものと言えよう。

また第二十五号（明治六年七月）には、当時の徴兵令に対する血税騒動の様子を述べた上で、だからこそ三条教則の説教講談が必要だが、然ルニ教職身自ラ朝旨ノ在ル所ヲ弁知スルコト能ハズ、謾リニ古人ノ糟粕ニ着シテ神仏ノ皮膚ヲ説ク者アリ、嗚呼斯億兆ノ民ニシテ斯ル妄見ノ説教ヲ蒙ラバ何レノ日カ文明開化ノ域ニ進マンヤ、希クハ教職ノ派出スル濫妄ノ挙ナク教職タル者亦身自ラ国家ノ進歩ニ責任シ、自ラ其職ノ重キヲ知リ玉ハンコトヲ(84)

とあるように、結局は教導職その一人ひとりの意識の高さと責任感の有無に帰するという投書もある。さらに第三十五号（明治六年十一月）には「日真新事誌」への投書の転載がある。それによると、世間の教導職説教者に対して、

既ニ其大体ヲ誤認シテ文義ノ末路ニ屯蹇スル如キ果シテ何ノ益アランヤ(85)

と字句字義に拘泥すべきではなく、もっと俗言比喩や実歴談などを活用してわかりやすく説くべきであり、

其本旨ノ在ル所ヲ察レハ神官ハ之ニ因テ専ラ仏教ヲ芟除セント欲シ、僧侶ハ之ヲ仮テ滋々吾法ヲ蕃殖セシメント要シ、両流陰ニ闘テ私怨益深ク、三則日ニ講シテ教旨弥暗シ、是其民ヲシテ方向ヲ失ハシムルノ物議ヲ来ス所以也、嗚呼教部ノ教院ヲ開キ教職ヲ設クル、豈神官僧侶ヲシテ各其私意ヲ逞クシ私欲ヲ馳セシムルノ為ナランヤ、……故ニ教法ハ三旨ノ大道ニ誘フノ具ニシテ、三旨ハ各自ノ教法ヲ済ス器ニアラサル也、マコトニ此ニ着目センカ、神ト云ヒ仏ト云ヒ豈仇視スルノ理アランヤ(86)

とあるように、神道人が仏教を排除したり、僧侶がこの説教を利用して失地回復を考え、自己の宗義や信仰を植

えつけるように陰で神道に対抗することなどはいずれも不可とし、要は三条教則実践実行の道具としての神道と仏教でなければならない、そのためには教導職自身の三ケ条の実践が先決であると主張しているのである。

十四　仏教僧の三条教則衍義書の諸類型

以上、仏教僧による三条教則衍義書の著述内容を検討考察してきた。そして、その結果は一様一律ではなかったことが明確となった。これを整理すると、わずか数名の仏教僧侶の衍義書を検討考察しただけでも一枚岩ではなく、いくつかの立場、すなわち類型化することが出来たのである。すなわち、

○神道的解釈や記述表現をそのまま真似たり写したような従属的な「追随型」（細谷環渓・吉水良祐）
○神道と仏教は各自の教義的立場を主張して説くべきとする「区別型」（福田義導・不破祐善・佐田介石）、区別型の中でも変則型で「信仰信念貫徹型」（福田行誡）
○神仏を融合融会《ゆうえ》してゆこうとする「会通《えつう》型」（千早定朝）
○濃淡の違いがあっても神道批判をしている「批判型」（佐原秦嶽）

の四類型があったことを挙げねばならないのである。

たとえば、「区別型」の不破祐善の衍義書などは仏教用語の羅列状態であったが、これをもって、神道的口吻を余儀なくされた、従属せざるを得なかった踏絵である、と、はたして言えるのだろうか。まして「信仰信念貫徹型」や「批判型」にいたっては、いかに況や、ではないだろうか。

十五　おわりに

仏教僧による三条教則衍義書には少なくとも四つの類型分けができることが判明しただけでなく、現実に、実際に、一般民衆への説教の実態についても、ごく一部ではあるが、当時の新聞を通して検証してきた。その結果、三条教則に関する神道・仏教は、特に仏教の場合、一部ではあっても自身の仏教的立場を鮮明に打ち出したり、実際には法話のごとき仏教臭が濃厚な説教をおこなっていた事実も明らかとなった。たとえば、衍義書著述では神道追随型の範疇に入る吉水良祐でさえ、実際の説教では仏教臭が濃厚であったのであった。まさに、他はいかに況や、であったかもしれない。冒頭で述べた大教院教典局刊行の『諸宗説教要義』中の仏教各宗派本山が提出した公式見解（神道的解釈）どおりには必ずしも従っていなかったということである。実は、実態はかなり違っていたということである。建て前と本音、俗な表現で言えば表と裏という状態であったとも言えるのであった。

これらのことより見ると、神道優位のため仏教は三条項の神道的解釈ばかりを押しつけられて仏教的解釈ができず、神道に従属し逼塞状態であったとする従来の概説的な通説は、必ずしも的を射たものとは、もう言えないのである。再言すると、当時の全体の傾向としては従属的ではあっても、民衆に対する法話の伝統は説教者と聴衆いずれにとっても根強いものがあり、一片の政令布達によってそう簡単に変更できるものではなかったということである。その意味で、従来の通説のおそらくは根拠となっているであろう廃仏毀釈以来の仏教側の被害者的意識は払拭してゆかなければならないのではないだろうか。と同時に、三条教則という両者共通の研究素材の詳細な検討を通して、あらためて明治初年の神仏関係を問い直すことが必要ではないだろうか。

註

(1)徳重浅吉『維新政治宗教史研究』（復刊　歴史図書社　昭和四九年）の「第九章　明治初年に於ける東西本願寺の立場と護法の為めの動き」（一九八頁〜二八七頁）・「第十二章　大教宣布運動に於ける天神造化説」（六五三頁〜六八六頁）・「第十三章　明治仏教研究資料論」（六八七頁〜七一九頁）の三つの章で、各章濃淡はあるが、大教宣布運動から大教院の失敗原因を各種の資料を博捜しつつ論を展開している。

(2)以下の拙稿四点。①「三條ノ教則と明治仏教」（『印度哲学仏教学』第七号所収　二七九頁〜二八八頁　平成四年一〇月）、②「三条教則関係資料（1）附解題」（『明治聖徳記念学会紀要』復刊第一五号所収　八七頁〜九九頁　平成七年八月）、③「三条教則衍義書にみる神道と仏教の対論」（『日本仏教学会年報』第六二号所収　三〇九頁〜三二一頁　平成九年五月）、④「明治のこころ」（『明治聖徳記念学会紀要』復刊第二六号所収　一九頁〜四〇頁　平成一一年四月）

(3)「明治聖徳記念学会紀要」復刊第二一号（平成九年八月）一〇二頁。〈(3)三宅守常編　全二巻『三条教則衍義書資料集』　平成一九年七月　錦正社　上巻四四頁上〉。以後、閲読の便を考慮し、どちらでも見られるように、最初に「同紀要」連載時の号数と頁数、次にそれらを一書に纏めた『同資料集』収録頁数を併記する。

(4)同右、一〇二頁〜一〇三頁。〈(4)『同資料集』上巻四四頁上〜下〉

(5)(6)同右、一〇三頁。〈(5)(6)『同資料集』上巻四五頁上〉

(7)同右、一〇三頁〜一〇四頁。〈(7)『同資料集』上巻　四五頁下〉

(8)同右、一〇三頁・一〇四頁・一〇七頁。〈(8)『同資料集』上巻四四頁下・四六頁上・四八頁下〉

(9)(10)(11)(12)同右、一〇四頁。〈(9)(10)(11)(12)『同資料集』上巻四六頁上〉

(13)(14)(15)同右、一〇五頁。〈(13)(14)『同資料集』上巻四六頁下、(15)『同資料集』上巻四七頁上〉

(16)(17)同右、一〇六頁。〈(16)『同資料集』上巻四七頁下、(17)『同資料集』上巻四八頁上〉

(18)同右、一〇八頁。〈(18)『同資料集』上巻四九頁下〉

(19)「明治聖徳記念学会紀要」復刊第二三号（平成一〇年四月）一一四頁。〈(19)『同資料集』上巻四九頁下〉

(20)明治初年頃の南都の寺院については、高田良信『近代法隆寺の歴史』(同朋舎　昭和五五年)・同『法隆寺日記をひらく』(日本放送出版協会　昭和六一年)・同『近代法隆寺の祖千早定朝管主の生涯』(法隆寺　平成一〇年)、資料等に関しては、真言律宗総本山西大寺『近代の西大寺と真言律宗』(真言律宗総本山西大寺　平成八年)があり、また、吉井敏幸「明治初年の南都寺院―宗派独立を中心として―」(『近代仏教』第六号所収　三三頁～六二頁　平成一一年三月)の論文などがある。

(21)註(19)の前掲書、九五頁。〈(21)『同資料集』上巻一一一頁上〉

(22)(23)(24)(25)(26)同右、九六頁。〈(22)(23)『同資料集』上巻一一二頁上、(24)『同資料集』上巻一一二頁上～下、(25)(26)『同資料集』上巻一一二頁下〉

(27)(28)(29)同右、九七頁。〈(27)(28)(29)『同資料集』上巻一一三頁上〉

(30)同右、九七頁～九九頁。〈(30)『同』上巻一一三頁上〉

(31)(32)同右、一〇二頁。〈(31)(32)『同資料集』上巻一一八頁上〉

(33)同右、一〇五頁。〈(33)『同資料集』上巻一二一頁下〉

(34)同右、一〇六頁。〈(34)『同資料集』上巻一二二頁上〉

(35)同右、一〇七頁。〈(35)『同資料集』上巻一二三頁上～下〉

(36)(37)同右、一一〇頁。〈(36)(37)『同資料集』上巻一二六頁上〉

(38)同右、一一一頁～一一二頁。〈(38)『同資料集』上巻一二七頁上～一二八頁上〉

(39)(40)同右、一一二頁。〈(39)(40)『同資料集』上巻一二八頁上〉

(41)註(36)に同じ。〈(41)『同資料集』上巻一二六頁下〉

(42)同右、一一一頁。〈(42)『同資料集』上巻一二七頁下〉

(43)同右、一〇六頁。〈(43)『同資料集』上巻一二二頁上～下〉には、事実、春日祭の神意秘伝と称して数行ではあるが「彼祭祀ニ獣肉等ヲ神饌ニ用ユル事ハ彼異類ニ於テ死期ノ近カラン者ヲ狩リ得セシメテ、其神饌ニ遇ヘルヲ縁トシテ生ヲ人界ニ転シ、然シテの后チ遂ニ神魂ノ本源ニ帰復セ令ントノ厚キ仁愛ノ神意ナリト云云」と、千早定朝が把握するところを述べた箇所がある。
(44)本書はすでに『明治仏教思想資料集成』第二巻（同朋舎　昭和五五年八月）に収録（三四一頁～三四六頁）されていて、底本についての記載は解題部にもないが、書名は『三条弁解』（傍点筆者）となっている。次いで、筆者は大倉精神文化研究所所蔵の同書を「明治聖徳記念学会記要」復刊第一八号（平成八年八月）に収録（一〇九頁～一一五頁）した。両方とも内容はまったく同文であるが、書名は大倉精神文化研究所所蔵本の方は「三条略解」（傍点筆者）であり、二種の書名があったことになる。（その際、「明治聖徳記念学会紀要」収録本は「略解」としなければならないところを、筆者は「弁解」と記し、また、前掲『同資料集』でも「三条弁解」とした。了承されたい）
(45)前註の『明治仏教思想資料集成』第二巻解題部において、解題執筆者の中尾堯は以下のように記している。「筆者については明記されていないが、『社寺取調類纂』の記事によって、細谷環渓であることが知られる（豊田武『改訂日本宗教制度史の研究』四三六頁）。著述者についての仔細な検討は今後のこととして、今は一応この記事に依拠した。
(46)註（44）の「明治聖徳記念学会記要」復刊第一八号（平成八年八月）一〇九頁。〈(46)『同資料集』上巻一四二頁上〉
(47)同右、一一〇頁。〈(47)『同資料集』上巻一四二頁下〉
(48)島地黙雷による批判内容については、本編第三章（註（2）で掲げた拙稿①）を参照されたい。
(49)(50)(51)註（46）の前掲書一一五頁。〈(49)(50)『同資料集』上巻一四七頁上、(51)『同資料集』上巻一四七頁下〉
(52)『明治仏教思想資料集成』第三巻（同朋舎　昭和五五年八月）には、『説教訓蒙』（明治七年二月刊）と題する不破祐善の別の著述一冊が翻刻収録（三頁～九頁）されていて、その解題部では、解題執筆者古田紹欽博士によって「著者の不破祐善については真宗大谷派の僧侶で岐阜出身らしいが、」（四七五頁）と、疑問を残しながらも真宗大谷派僧としているが、これにはきわめて疑問が残る。
(53)(54)「明治聖徳記念学会紀要」復刊第二四号（平成一〇年八月）一三〇頁。〈(53)『同資料集』上巻二六五頁上、(54)『同資料集』上巻二六五頁下〉

(55)(56)同右、一二五頁。〈(55)『同資料集』上巻二六〇頁上、(56)『同資料集』上巻二六〇頁上～下〉
(57)(58)同右、一二九頁。〈(57)『同資料集』上巻二六四頁上～下、(58)『同資料集』上巻二六四頁下〉
(59)註(53)に同じ。〈(59)『同資料集』上巻二六五頁上～下〉
(60)同右、一三一頁。〈(60)『同資料集』上巻二六六頁上～下〉
(61)心学道話の名手であった柴田鳩翁の嗣子、柴田遊翁（武修）は、維新後、『三則説教幼童手引草』（明治六年一二月）、『三則説教心学道しるべ』一編（明治六年一〇月）・『同』二編（明治七年一二月、一・二編は合本）と、合計二冊の三条教則衍義書を著わしており、これら二冊については、すでに「明治聖徳記念学会紀要」復刊第二五号（平成一〇年一二月）中の「三条教則関係資料（11）」において翻刻収録（『三則説教幼童手引草』一二四頁～一二九頁、『三則説教心学道しるべ』一編一二九頁～一三九頁、『同』二編一三九頁～一四七頁）した。〈『同資料集』上巻『三則説教心学道しるべ』一編・二編は二三七頁～二五四頁、『三則説教幼童手引草』は二六七頁～二七二頁に収録した〉
また、その他の心学関係者のものとしては、河野省三によれば、大阪在住の平沢伝五郎に『説教心の要《かなめ》』（明治七年版行）なる石門心学からの三条教則衍義書があるとしており（「心学と神道」『講座　心学（研究篇）』第四巻所収　雄山閣　昭和一七年五月）、事実、同氏の架蔵にかかり『河野省三記念文庫目録』にもその名が見えるが、この『童蒙教諭説教心の要』は内容を検討したかぎり、残念ながら三条教則の衍義書とは言い難い書物である。なお、平澤傳五郎については、本書第三編第一章の附録資料「心学社中教導職拝命一覧」（心学参前舎所蔵）によると、「明治六年二月八日、十四級試補、大阪、京町堀三丁目、平澤傳五郎」とある人物である。
(62)(63)(64)(65)(66)(67)『明治仏教思想資料集成』第二巻（同朋舎　昭和五五年）三七六頁。〈(62)(63)『同資料集』上巻二一七頁下、(64)『同資料集』上巻二一七頁下～二一八頁上、(65)(66)(67)『同資料集』上巻二一八頁上〉
(68)(69)同右、三七七頁。〈(68)(69)『同資料集』上巻二一八下〉。なお、筆者架蔵本（村尾次郎博士より譲り受けたもの）では、註(62)～(69)に該当する箇所は「説教大意」一丁～三丁の中にある。
(70)『三則私言』の内容については、註(62)の前掲書の解題部分（四四〇頁）で佐原奏嶽の主張を整理しているほか、村尾次郎「大倉邦彦翁管窺」（『大倉邦彦伝』所収　大倉精神文化研究所　平成四年）が、この点を詳細かつ明解（八〇一頁～八〇八頁）に指摘し、論じている。

(71)註（62）の前掲書三七六頁。〈(71)『同資料集』上巻二一七頁上〉。筆者架蔵本では、該当する箇所は「三則私言序」二丁～三丁の中にある。

(72)(73)同右、二八七頁。「明治聖徳記念学会紀要」復刊第一七号（平成八年四月）八五頁。〈(72)(73)『同資料集』上巻七一頁下～七二頁上〉。なお、書名の読み方について、「明治聖徳記念学会紀要」では、「凡」をそのまま「ぼん」と表記してしまったが、「およそ」の読み間違いである。ここで訂正して御詫びする。

(74)同右、八八頁。〈(74)『同資料集』上巻三五〇頁下〉。なお、本書はすでに『行誡上人全集』（昭和一七年、望月信道編、昭和五二年、大東出版社）や『現代日本思想大系』七（昭和四〇年、筑摩書房）に収められている。

(75)同右、九三頁。〈(75)『同資料集』上巻三五五頁上〉

(76)註（62）の前掲書三一七頁。〈(76)『同資料集』上巻一三一頁上～下〉。なお、天草崇円寺良祐の姓は本来、「吉水」（よしみず）であるが、『同資料集』では「吉永」（よしなが）と誤記したので、ここで訂正しておきたい。（傍点は筆者）

(77)(78)『明治仏教思想資料集成』別巻（同朋舎　昭和五七年）一二三頁。

(79)同右、一二三頁～一二四頁。

(80)同右、一二四頁。

(81)(82)(83)同右、八〇頁。

(84)同右、一二〇頁。

(85)(86)同右、一六〇頁。

第三章　仏教僧による天神造化説批判

一　はじめに

前章の再言になるが、明治初年の仏教の制度的変化に関する動向については、従来の仏教書では次のような理解が一般的である。

廃仏毀釈の激しかった神祇省時期を経て、明治五年三月仏教側の政治的活動、為政者側のキリスト教対策という双方の目的が一致した結果、教部省の設置によって制度上は神道と対等となり、表向きは神仏合同布教となるが、大教宣布運動の流れを受けた三条教則が国民の思想善導を役目とする教導職に布達され、実態としては六年一月の大教院設立にいたって仏教は仏教的布教を許されず神道的口吻による布教を余儀なくされて困難な状況に立ちいたる。しかしその後の真宗などの政治的運動、教義的意見の具申などによって大教院からの分離運動は促進され、八年、大教院は解散して神仏は別布教となってゆく、というのが大方の記述概要である。

なかでも、大教院を離脱して神仏別布教となってゆく過程、すなわち、神道従属からの離脱というところに力点が置かれるのである。したがって、教部省下における神仏合同布教の共通指針として制定布達された三条教則

に対しては、仏教に課せられた難題であり、重荷としてマイナス評価となっているのである。たとえば『本願寺史』が、

真宗にとって三条教則は敬神の宣伝という宗義にふさわしくないものであり、実際において仏教無視の甚だ迷惑なものであった(1)。

と述べるごとくである。

もちろん迷惑であったことには相違ないだろうが、しかし、単にそれだけで片づけてはたしてよいのだろうか。つまり廃仏毀釈による打撃という実態史の故に、被害者的側面からしか見ていないのではないか、という疑問が起こるのである。なぜなら、仏教への打撃と国民の教導を目途とする三条教則とは本来は別の次元の筈である。したがって、これを切り離して文献を通して再度検討することが必要となる。

斯様な視点に立ち、前章において、三条教則に関する仏教側の衍義書の若干の検討をしたので、本章では島地黙雷を含め「敬神」解釈をめぐる神道側と仏教側の論戦内容を振り返ってみよう。端的に言えば、仏教の三条教則に対する問題提起でもある。なお、この問題は維新政府の政治的・人事的動向とも深く関連しているが、この小論では教義的側面に限定する。

二　神仏双方の「敬神」の解釈

三条教則は言うまでもなく、「敬神愛国」「天理人道」「皇上奉戴」「朝旨遵守」という内容語句から成るが、仏

教にとって難題となったのは第一条の「敬神」の一句だけであって、その他の語句は仏教界としても否認するところではなかった。つまり、明治初年の仏教界においては「敬神」解釈とその布教が問題となったのであり、教義上の神仏の相剋はこの「敬神」中の「神」とは何を指すのか、という一点に集約されるといってよいのである。では、神仏双方はこの「神」をどのように解釈したのか。最初に神道系から見てみよう。神道人の三条教則衍義書の一つ、田中頼庸の『三条演義』（明治六年四月）はこの点について、

此世界の最初は皇祖三神無始より天地造化《ムスビ》の本祖とし、世界を鎔造《ツクリ》し、神聖を化生し(2)

と述べている。このような神解釈が神道系では大体の標準であったようで、伊東経児郎の『三条説教講義』（同七年一月）には『古事記』『古語拾遺』の天地初発時に登場する天之御中主神・高美産巣日神・神産巣日神の三神についてのくだりを引いたあと、次のように述べている。

此三柱ノ御神ハ乃チ造化主宰ノ神明ニシテ支那ニテハ天帝ト称シ西洋諸国ニ所謂造物主ナルモ皆此御神ヲ訛伝スル所ナリ、此三柱ノ御神ハ則チ天地開闢ノ始メノ御神ニシテ実ニ造化ノ根元ナリ、此三神宇宙ヲ主宰シ賜ヒ万物ヲ生成発育シ給フ(3)……

このように神道人の神解釈は平田神道的解釈により造化三神を立て、三神は宇宙の主宰者で無始無終、全知全能で天地創造の絶対神であるとするのである。つまり、天地を創造したということは天地より以前の神なのであって、これはキリスト教の神概念ときわめて酷似していたのである。

一方、仏教徒の神解釈は、当然ではあるが決してそうではない。その一例として真宗大谷派佐々木祐肇（名古屋楽運寺住職）の『三条考證神教大意』（同六年六月）を見てみよう。

敬神トハ広クハ朝典ニ所載ノ大小ノ神祇ヲ指シ、略シテハ神教要旨ニ掲ゲ玉フ天祖天照大神ト産土神等ヲ敬マフ謂レナリ(4)

このように我々の祖先神としての天照大神を敬する中に一切の神々も含まれるというのであり、おそらく当時の仏教教団にとって、これが許容範囲の限界であったのであろう。天地創造の絶対神などは仏教としてはとても容認できるものではなかったのである。

もっとも、仏教側においても神解釈は一様ではなく、真宗本願寺派の東陽円月は『教則三章私解』（同五年六月）において、

敬神トハ、神ハ官幣大社ヲ始メトシテ郷社村社ニ至ル、皆コレヲスヘテ神ト云ナリ。コレヲ祭ルヲ敬神ト云フ(5)

とすべての神社の祭神を敬することであるという解釈もあれば、細谷環渓著で曹洞宗本山刊行の『三条弁解』（同六年四月）のように、

抑、天地ノ初発ヨリ在シマス三神ハ所謂造化神ナリ、……此三神ハ始メナク終リナク天地ナラザリシ前ヨリ

御在マシ天地日月星辰ヲ造化シ給エル三神ナリ(6)

と神道的解釈や口吻をそのまま臆面もなく受け容れたものもあった。これは時代状況の厳しさを如実に示したものと言えようが、その他、敬神は「敬愛天主」、天理は「天主造物の理」（傍点筆者）のことかもしれない（東陽円月）、などというような疑心暗鬼的な奇妙な理解も無くはなかった。それだけ混乱していたということであろうが、他方、神仏のどちらとも関係が深かった石門心学の方面では、柴田遊翁が『三則説教心学道しるべ』一編で、

……天照皇太神様を拝し奉る内に、一切の神々様への御礼はこもつてあるなり(7)

と述べるように、天照大神を敬することですべての神々を敬することになる、という解釈もあったのである。

このように、仏教その他は祖先神としての天照大神への崇敬が敬神の意であるとしたが、神道は造化三神による天地創造、万物生成を主張し、そこにはかなりの隔たりがあったわけである。それは「敬神」という語句自体がきわめて抽象的で漠然としていて解釈の幅があったからに他ならないからである。だからこそ十一兼題や十七兼題が相次いで出されていったわけである。したがって、そこでは神道と仏教の教義上の立場の相違が明確にあらわれて、仏教は神道的解釈に抵抗するのであった。

三　神仏双方の「造化」説の解釈

「神」解釈において神道に対する仏教の抵抗を明確に示すのは、草木国土、森羅万象にとどまらず、結局は宇

宙の創造、生成そのものという根源的な命題においてである。神道的に言えば「造化」説であるが、具体的には十一兼題中の「天神造化之説」にそれが看取できるのである。

神道人の大久保祥誉の『三則愚言附十一題略説』(同六年十二月)は、次のように述べる。

天神トハ高天原ニ在ス造化ノ三神ナリ……今日御照ショリ万物生々活々スルコト皆天神ノ御造化ヲ成シ置玉フトアレハ、最初ノ造化ノ三神ヲ必ズ敬シ奉リテ分々ノ諸業ヲ励ミ其実行ヲ尽ベシ、故ニ大教院ニモ造化ノ三神ヲ最初ニ祭リ玉フモ此謂ナリ(8)

このような主張に対して、加賀の僧倉谷智勇は『十一兼題私考』で、次のように反論する。

天神造化、コノ題モ曖昧トシタル題ニテ乱アリ、……問曰、コノ天神トハ何レノ神ヲサスヤ、答、造化ニモ天地造化ノ神モアリ、万物造化ノ神モアリ(9)、

まず、造化とはいっても天地の造化、万物の造化、国土の造化などの区別があるとし、次いで、

ソノユエハ吾神ノ天地造化ノ義ヲ成立セスシテハ、彼ノ天主能造ノ義ニ対向スルコト不能、ツイテハ神代巻并ニ古事記ノ説テハ、天地アリテ而後神アリ、依テ天神造化ノ義ハ全クハ成セザルナリ、……然ルニコノ三神古事記ノ所明テハ天地アリテ而後ニ生シタル神ナル故ニ、コノ三神ハ万物造化ノ義ハ成立スレドモ天地造化ノ義ハ成立セサルナリ、神代巻本文ノ説モ亦復然也、天地後ノ神ナリ(10)

と古事記、日本書紀では造化三神は天地が成った後の造化の神であって、したがって万物造化の義は成立するが、決して天地の前の神、すなわち天地創造の神とは言えない、と述べるのである。要するに、キリスト教との対抗上、キリスト教の神観念を援用して天照大神から諾冊二神、さらに万物の生成の根源までさかのぼって天地創造神（造化三神）なる神を神道では立てたのであろうが、文献上からはこれは誤謬である、と批判したのである。

また、天神造化説を厳しく批判したのが島地黙雷であることは有名であるが、ここでは島地の『三条弁疑』（「報四叢談」第八号附録、同八年一月）から、この点を見てみよう。

然レバ邦人ノ事ル神ハ我ガ祖先ニ事ル所ニシテ他教ノ如ク幽界冥趣ヲ説キ教ル者ニ非ズ、産出鎔造等ノ文字有ルモ皆艸莱ヲ開拓シ邦国ヲ建立セシノ功業ヲ云耳、神代巻ニ貌如葦芽化成スト云シハ是国常立尊ノ通常蒼生ニ傑出スルコト尚ホ一葦ノ蒙葺ヨリ逸出スルガ如シト云ノミ、又古事記ノ序ニ三神作造化之首ト云モ、下ノ二霊為群品之祖ニ対シテ共ニ乾坤初分ト陰陽斯開トノ二句ヲ冠リタレバ、天地開ケシ後此三神ガ最初ニ出現セリト云文ニテ、決シテ天地世界ヲ造出セシト云意ニ非ルコト断乎トシテ明カナリ(11)

このように、文献上からも造化三神の天地創造説は容認できないとした点は、先の倉谷と同様である。続いて、

然レバ本邦ノ神ハ吾ガ祖先ニシテ之ニ事ルコト尚ホ今ノ君父ニ事ルノ思ヲ以テセヨト云ハヾ必シモ現今諸宗ニ妨ゲナシト雖モ、近世一種三神ヲ以テ造物主ニ擬シ、別ニ一宗教ヲ立ントスルガ如キニ至テハ一ヲ信スル者ハ三ヲ信ゼズ、因縁生ヲ信ズル者ハ造化ヲ信ゼズ、何ニ依テカ神仏二宗ヲ並信スルヲ得ンヤ、抑敬神ハ各教ノ体ナリ、何ノ教カコレナキ者アランヤ、仏教因縁生ヲ説テ造物主ヲ立テズ造物ノ説ニ於テハ一多共ニ廃

ス[12]

と述べて、神道が造物主を立てるならそれは宗教そのものであって、それならば仏教も宗教としては「因縁生」による森羅万象の生成発展という「縁起説」を奉持するが故に、造物主は否定せざるを得ないとし、次のように断言するのである。

然レバ元来敬神ト云ハ我ガ奉ズル所ノ宗教所尊ノ霊体ニ帰敬スルヲ以テ当然トス……然リト雖モ天御中主尊等ノ三神ヲ以テ之ヲ造物主ノ位ニ置クトキハ是教法所基ノ神ニシテ即チ祖先ノ位ニ非ズ、造物者ヲ立ツルコトハ仏教ノ所破ニシテ仏者固リ之ヲ用ヒザル者ナリ[13]

島地による批判の要旨を簡述すれば、次のようにまとめることができるであろう。

「神」とは我々の祖先であり、その霊魂を祭ることである、よって皇室の祖先神としての天照大神まではその原点としてまた敬うことになり、その霊魂は一種の精神であるが故に仏教では霊体（阿弥陀如来）を敬することになり、そう理解すれば「敬神」の言葉も仏教者にとってはさほど問題ではなくなる、本来、三条教則はキリスト教防止の意図であるのに、神道がキリスト教と同じ全知全能の造物主としての天御中主尊をはじめとする造化三神を天地創造神として主張すること自体、かえって三条教則の本意に背くことになり、さらに、造物主と言ってしまえば一種の宗教論になってしまい、その次元では仏教では因縁生の縁起説を信ずるが故に、天神の「造化」説は信ずることができないのである、という内容である。

そして、このような批判反論の依って立つ根拠をよく考えれば、これは真宗の真俗二諦論からの論理であることは明瞭である。つまり、「敬神」における神祇不拝の問題の解決方法としては、これは宗教の次元ではなく、あくまで日常の現実生活における俗諦門としての行為であると把握し、それも祖先神としての天照大神への信仰というより尊「敬」すること、それが八百万神への「敬」にもつながるという解釈をして、「敬神」の語句を解決したのである。そして、真諦門の点からは神道の造化三神の天地創造説（天地鎔造説）は宗教次元のこととして「造化」説を断固否定したのである。端的に言えば、「敬神愛国」については俗諦レベルの範疇として解決した上で、今度は一転して相手である神道のキリスト教と酷似した考え方を宗教的教義であるとし、宗教的教義の次元なら対等の議論ができるとして自分と同じ土俵に引っ張り込んだ上で、これを徹底的に批判するというきわめて巧妙な論理であったのである。

一方、この造化三神を拒否された神道人の言としては、常世長胤の『神教組織物語』にわずかではあるが見出すことができる。

本願寺大谷氏及嶋地黙雷《ママ》ラ帰国シテ、六月大教院鎮祭ノ景況ヲ承リ、且本省ノ有志後楯トナリテ、神道ノ勢ヒ盛大ナルヲ以テ、万事不平ヲ抱キ、此模様ナル時ハ、昨年ノ計略無益ニ属シ、到底神道ハ吾ガ喰物ニナラザルヲ見切テ、第一ハ造化三神ヲ佐ミ、且ハ神道ノ非ヲ挙テ、頻ニ六宗ニ同意セシメン事ヲ促シ始メタリ(14)

教義的にみれば、大教院が解散する理由の一因として造化三神の天地創造説を主張したことが、神道にとってはかえって政府の認めざるところのマイナス要因となったのである。

既述のごとく、三条教則の「敬神」という言葉自体きわめて解釈の範囲が広いが、これを作成した中心人物は平田系大国隆正門下の津和野藩士福羽美静と言われている。その福羽美静は三条教則制定当時を、後年（明治三十四年五月）「福羽子爵談話要旨」において、次のように回顧するのである。

> 神祇を敬する道に、人の標準になる教を持たしむる必要は起これり。……但、仏法といひ儒教といふも、後世のものなりとはいへ、善きものは取らざるべからず。……昔の事を悉く起こさんとするはよろしからず。只に古に復するのみにあらずして、之より生じ出さるるべからず。一方に狭くすると棄つべき事も棄つるを惜しみて延ぶる事能はざるに至るるが故に、神祇の役所にて神典に関する事も仏道に関する事も入れ、文明の事業を入れ、誤らざらん事を旨とせるなり。これ消極的に守るに傾かず、積極的に延ぶる事を本旨となせしに依るなり。[15]（傍点筆者）

つまり、三条教則は宗教教義の普及というより、あくまで国民の道徳的規矩、大綱を示すのが本意であったのである。この点より見ても神道の天地創造という「造化」説は、結局受け入れられなかったのであろう。多くの神道関係者の中でも神道一辺倒の薩摩系とは異なり、きわめて開明的で、決して仏教排斥論者ではなかった福羽が当時の宗教行政の実務的首脳であったおかげで、ある意味では、逆に幸運にも仏教はその命脈を保持することが出来たと言えるかもしれない。

四　おわりに

神道従属下における仏教の大教院からの分離独立布教の獲得は、もちろん政治的運動の展開があったればこそであったが、以上の考察の結果、それと並行して教義的に見れば、三条教則が布達されたことによって、やっと仏教が神道に対して批判でき得る状況が生まれた＝造化三神による天地創造という「造化」説を否定し得た、ということも言い得るであろうし、神道側のこれに対する防御も弱かったということが言えよう。

冒頭でも述べたように、明治初年の仏教史はどうしても被害者的意識に立つ見方が通説のようになっていて、押しつけとしての三条教則であったとしか映らないが、教義的側面での仏教史・神道史（神祇行政史）を対等に並べ、これを宗教思想史的にみれば簡単にそうは言い切れないのではないか。

つまり、三条教則は仏教側からみれば、神道への従属から解放へとつながる制度史において、教義的にはこれを実現する一つの機会として、これを機に神道批判という攻勢に転じ、そしてそれを活かしたという意味において、反対に神道側からみれば、結局は仏教を意のままに従属させ圧迫し続けることができず、その手から離れていってしまったという意味において、三条教則の布達自体が分かれ目となった重要な契機であり、その後の明治期の仏教の基本的方向まで決定づけたターニングポイントであったのである。もちろん、当時の状況下においては、という限定付きではあるが、その意味において、仏教にとって全体的にはプラスの評価をしてもよいのではないか、という、従来から仏教関係者の誰もが、決して言わなかったこと、を粗描ながら提起する次第である。

前章に倣って附言すれば、島地黙雷の『三条弁疑』は、もちろん明らかな「批判」型衍義書であったことは言うまでもない。

註

（1）『本願寺史』第三巻（本願寺史料研究所編　昭和四四年）七一頁。

（2）『明治文化全集』第一九巻宗教篇（明治文化研究会編　昭和四二年）一〇頁。〈（2）三宅守常編　全二巻『三条教則衍義書資料集』平成一九年七月　錦正社　上巻一三六頁上〉。

(3)伊東経児郎『三条説教講義』(日本大学教育制度研究所所蔵)三丁~四丁。「明治聖徳記念学会紀要」復刊第二七号(平成一一年八月)六一頁上。〈(3)『同資料集』上巻三六二頁上〉。以後、閲読の便を考慮し、どちらでも見られるように、「同紀要」連載時の号数と頁数、次にそれらを一書に纏めた『同資料集』収録頁数を併記する。
(4)佐々木祐肇『三条考證神教大意』(同右所所蔵)二丁~三丁。「同紀要」復刊第一九号(平成八年一二月)六七頁下。〈(4)『同資料集』上巻一六八頁上〉
(5)拙稿「三条ノ教則から教育勅語へ」(「日本大学教育制度研究所紀要」第二一集所収 平成二年)一〇二頁。「同紀要」復刊第一六号(平成七年一二月)一〇一頁上。〈(5)『同資料集』上巻二七頁下〉
(6)細谷環渓(曹洞宗本山)『三条弁解』(日本大学教育制度研究所所蔵)二丁。「同紀要」復刊第一八号(平成八年八月)一一〇頁上。〈(6)『同資料集』上巻一四二頁下〉
(7)柴田遊翁『三則説教心学道しるべ』一編(同右所所蔵)一丁。「同紀要」復刊第二五号(平成一〇年一二月)一三〇頁上。〈(7)『同資料集』上巻二三七頁下〉
(8)大久保祥誉『三則愚言附十一題略説』(同右所所蔵)一四丁~一五丁。
(9)『明治仏教思想資料集成』第二巻(同朋舎 昭和五五年)三九六頁。
(10)同右、三九六頁~三九七頁。
(11)(12)同右、別巻「報四叢談」(昭和五八年)一一一頁。
(13)同右、一一一頁~一一二頁。
(14)大倉精神文化研究所所蔵本(転写本)を使用した。
(15)加藤隆久『神道津和野教学の研究』(国書刊行会 昭和六〇年)二九三頁~二九四頁。

第二編　教育勅語と仏教僧

――真宗僧の教育勅語衍義書――

第一章　多田賢住および赤松連城の教育勅語衍義書をめぐって

一　はじめに

明治二十三（一八九〇）年二月、地方長官会議で徳育問題が議題になり、我が国固有の倫理観に基づく徳育の振起伸長を意図した建議を内閣に提出し、これを受けて明治天皇が文部大臣榎本武揚に箴言《しんげん》の編纂を命じ、法制局長官井上毅、枢密顧問官元田永孚《ながざね》らが中心となって起草し、明治二十三年十月三十日、渙発発布されたのが「教育勅語」（以下、勅語と略称する）であった。直接的な契機はこのようであるが、思想史的に見れば元田の「教学聖旨」、これに対して伊藤博文の「教育議」、次いで元田の伊藤批判である「教育議附義」を皮切りに、森有礼の徳育政策、民間でも福沢諭吉の『徳育如何』（明治十五年）や加藤弘之の「徳育方法案」（同二十年）など、公開の論争ではなかったが、いわゆる徳育論争を背景にして、その終結点として勅語が成立したとされている。その内容は、周知のごとく、教育の方向性を明示しただけでなく、個別的に見れば、自己自身から家族・友人・社会公共・国家との関係などに対する倫理道徳に触れたものである。したがって、国民皆に呼びかけた倫理指針であったことは言うまでもない。その意味で、今風に評せば〈国民生活の日常における倫理的ガイドライン〉とでも言えるだろう。

以降、この解釈書、解説書、いわゆる勅語衍義書と呼ばれて渙発後に陸続と刊行された数多くの衍義書群の存在は知られてはいるものの、残念ながら、衍義書研究という点になると、今日まで純粋な意味で冷静に学問的に研究されてきたとは言い難い状況である。なぜなら、勅語成立の教育史的・政治史的な研究はすでになされているが、その後の勅語衍義書の研究となると、これは勅語自体の効果に関すること、つまり必然的に勅語普及にかかわる問題として映ずるわけで、その結果、これを近代思想史の視点でみるかぎり、結局はこれを是とするか、あるいは反対に特定の思想的立場に立つ否定志向によって一括して否として処理し位置づけるか、のいずれかになる傾向が多かったからである。よしんば研究対象となっても、各々主張するところの単に傍証材料か、附加的素材として意識されるだけであって、個々の衍義書の一字一句にいたる内容分析や執筆者などに関する研究はきわめて少ないのが実状であった。端的に言えば、勅語衍義書については従来いずれの立場でもきわめて主観的な研究しか為されず、仔細な検討をふまえた客観的な研究は少ないという状況である。

翻って考えれば、勅語は結局個人の心の問題に帰着するため我田引水的なものも多く、本来的には衍義書の存在などはあまり意味がないという考え方がある。また、当時の思潮を顧慮すれば、内容的に本音か建て前かが判然とせず研究対象とはしがたいという見方もなくはない。が、はたしてそうであろうか。たとえ内容が我田引水的で建て前論的であっても、逆説的に言えば、それこそが時代思潮や世相を如実に反映する一種の鏡であり、時代を例証する材料となるのではないだろうか。つまり、勅語衍義書の仔細な客観的研究こそが善くも悪くも、実は近代=明治期、の思想史的実態を浮きぼりにする格好の素材となり得ると思うのである。敢えて言うならば、これを従来の立場とは若干異なった第三の立場[1]と言ってよいかもしれない。

かかる視点と立場をもって、仏教者による勅語衍義書を通して明治中・後期の仏教界の動向の一斑をうかがう作業を試みてみたい。そして、ここでは仏教者による勅語衍義書を整理し、なかでも真宗僧の勅語衍義書に焦点をしぼり、仏教（真宗）と世俗倫理（勅語）との関係、およびその教義的根拠の考察などを通して仏教の世俗化にともなう仏教倫理と通俗道徳との関係などについて検討してみる。

二　仏教者による教育勅語衍義書の出現とその背景

勅語衍義書は明治期だけに限定しても相当数刊行されていて、学校用テキストとなっているもの、ある地域だけに出回ったものも含めると正確な実数はとても把握しがたい。しかし、ほぼその大半を蒐集し翻刻収録したとされる『教育勅語関係資料』全十一巻（日本大学教育制度研究所・精神文化研究所発行、昭和四十九年〜同五十八年）によれば、総計一六六種は存する。(2)

時期的には勅語渙発後一年を経た明治二十四年九月、文部省の依頼による半ば公的意味（政府の推薦）を持つ井上哲次郎の『勅語衍義』が刊行されると、種々様々な分野からの衍義書が急速に刊行されてくる。この著述者達を分野別にみれば、帝国大学・高師・女高師・師範・尋常小・中などの学者や教育者が最も多いが、それ以外にも国学者・漢学者・儒学者・神官や神道人・僧侶や在家居士の仏教者、珍らしいところではキリスト教（本書第三編で述べるロシア正教）の牧師や心学者（石門心学者、本書第三編に収録）などの思想界・宗教界からのアプローチもあった。

では何故仏教界からも出現したのか、という理由について箇条的に見てみよう。

まず第一点目として、勅語そのものが有する内容的性質が挙げられよう。教育史・思想史の視点で言えば、徳育論争の一種の終結点として勅語が登場することになるが、起草の中心人物の一人であった井上毅は熟慮の末、

勅語起草の心構え七ケ条（明治二十三年六月二十日付「教育勅語ニ付総理大臣山県伯へ与フル意見」）を提出する。それによると、

第二、此勅語ニハ敬天尊神等ノ語ヲ避ケザルベカラズ何トナレハ此等ノ語ハ忽チ宗旨上ノ争端ヲ引起スノ種子トナルベシ

第三、此勅語ニハ幽遠深微ナル哲学上ノ理論ヲ避ケザルベカラズ何トナレハ哲学上ノ理論ハ必反対ノ思想ヲ引起スヘシ……

—（中略）—

第五、漢学ノ口吻ト洋風ノ気習トヲ吐露スヘカラズ

第七、世ニアラユル各派ノ宗旨ノ一ヲ喜ハシメテ他ヲ怒ラシムルノ語気アルヘカラズ(3)

と、特定の哲学理論や宗教上の争いになるような言葉は使用すべきではないと考えたのである。もちろん、これらの点を克服し満足させることは容易ではなく、井上自身、

此ノ数多ノ困難ヲ避ケテ真成ナル王言ノ体ヲ全クスルハ実ニ十二楼台ヲ架スルヨリ難事ニ可有之候歟(4)

と、かなり苦慮しているが、その成果としての勅語の内容は、神儒仏から東西の哲学や倫理思想を考慮し、いずれにも偏しない中立的立場をもって日本の風土や文化で醸成されてきた道徳観や国家観を明確に顕現化したのであった。ということは、種々の立場からのアプローチが可能であったということである。逆説的に俗な表現をす

れば、種々の分野や立場からの我田引水ができるように作成されたのが勅語であったということでもある。したがって、仏教僧の勅語へのアプローチ、すなわち、勅語衍義書も本質的に可能であったわけである。

第二点目に、当時の仏教界の置かれた状況、を挙げることができる。維新後の廃仏毀釈を打開する一つの傾向として、仏教界では護法即護国の論を展開して当時の仏教国害論や僧侶遊民論を払拭しようとする「仏法国益論」の系譜があった。すなわち、それが勅語渙発に出会えば維新以来の教勢挽回、失地回復の絶好の機と考えて勅語に接近し、仏教と世俗倫理の合致を衍義書によって明示し、歴史的実績面を根拠に仏教の有用性を唱えるのは必然的な成りゆきであった。制度的にみても、初期はキリスト教防止政策の一環として仏教は神道と共に教部省に組込まれるが、明治八年大教院離脱、神仏合同布教差止、信教自由の口達、同十五年神官教導職兼補廃止と、次第に当面の課題であった神道とは離れてゆく。そして条約改正、内地雑居、帝国憲法による信教自由の問題などに関連して、今後は異教防禦というキリスト教排撃面に仏教徒の主たる目標が転換していった。もちろん、この破邪（キリスト教排撃）が顕正（仏教の存続維持）につながるという思想は仏教の伝統的姿勢でもあったが、この時期、特に勅語という強力なインパクトによって、他への攻撃排除が同時的に自身の正当性を立証するという傾向をより強めていったことは否定できない。その具体的行為の一つの結果として仏教者による勅語衍義書があらわれたのである。

第三点目として、これは第二点目と表裏一体の関係を持っているが、勅語渙発後から起ったキリスト教徒による一連の不敬事件（内村鑑三や熊本英学校事件、八代高等学校事件等）、それに続く井上哲次郎とキリスト教徒との間に惹起した「教育と宗教の衝突」論争を直接的要因として挙げることができる。周知のごとく、これは日本の国体に関するキリスト教の立場についての井上哲次郎の批判（『教育時論』二七二号　明治二十五年十一月五日）、それに対するキリスト教側の反論から端を発した両者の論争であるが、この状況に対して仏教（全仏教界の意ではない)は第二点目で述べた事情を考えれば黙している筈がないわけで、この論争に言わば便乗するかたちで井上擁護の側に立って絶好の機会としてキリスト教攻撃を展開するのは必然的な傾向であったといえよう。

これらを一言に約して言うならば、教勢回復を狙う仏教にとって自己の教理からも解釈可能な勅語が登場し、その勅語に対して常に敵対関係にあったキリスト教が問題をおこしたとなれば、護法即護国の意識を証明するためにも、たとえそれが仏教界のわずか一部であったとしても勅語に接近してゆくのは必然的な帰結であった、というような思想的背景が存したということである。島地大等は『明治宗教史』において、

> 明治二十三年の国会開設も、教育勅語も、仏教は、基督教と共に、無関心態に立ち得ないものであつた。得ないにしても、如何ともすることも出来なかつた。(5)

と概観し回顧しているが、仔細に見ればこのような傾向が存したことも見逃してはならないであろう。

このような状況下において仏教者による勅語衍義書があらわれてきたのであるが、一体それは数量的に何種ほどであったのか、この点について前述の明治期一六六種の範囲内に一応限定して、仏教者の勅語衍義書だけを抽出してみた。それが左の表1である。

表1　仏教者の勅語衍義書一覧

No	書名	著述者名	発行年月	発行所あるいは発行者	宗派等
①	『普通教育勅諭演讃』	多田賢住	明治24・3・18	開導書院	真宗本願寺派

②	『勅語衍義』	赤松連城	同　24・4・2	清水精一郎	真宗本願寺派
③	『日本倫理学案』附「勅語略解」	井上円了	同　26・1・7	哲学書院	通仏教系
④	『勅語と仏教』	加藤熊一郎（咄堂）	同　26・1・23	護法書院	在家　禅系
⑤	『勅語奉体記』	東陽円月	同　26・4・29	阪本楳次郎	真宗本願寺派
⑥	『勅語と仏教』	太田教尊	同　27・2・10	哲学書院	真宗大谷派
⑦	『教育勅語説教』	寺田福寿	同　28・6・20	法文館	真宗大谷派
⑧	『教育勅語通俗説教』	土岐善静	同　33・3・31	其中堂書店	真宗大谷派
⑨	『教育勅語義解』	釈　雲照	同　33・5・8	目白僧園	真言宗
⑩	『教育勅語の淵源』	釈　雲照	同　34・12・28	金港堂	真言宗
⑪	『勅語玄義』	井上円了	同　35・10・31	哲学館	通仏教系
⑫	『勅教（語）玄義』	田中巴之助（智学）	同　38・2・1	天業民報社	在家　日蓮系
⑬	『日本国民教育の本義』	釈　雲照	同　41・3・30	夫人正法会	真言宗

（表中の井上円了の③は明治三十三年にこれを単著として刊行しているが、内容は同じなので早い時期の意で③として表示した。④の内容は厳密に見れば衍義書としては疑問があるが、勅語中の諸徳目との関連で多少論述した部分もあるので、一応この中に入れた。）

さて、一六六種のうち、仏教者による勅語衍義書が計十三種ということは全体の約八％にあたる。人数的にみれば、井上円了が二冊、釈雲照が三冊あるので、仏教者による勅語衍義書の著述者は、多田賢住・

赤松連城・井上円了・加藤咄堂・東陽円月・太田教尊・寺田福寿・土岐善静・釈雲照・田中智学の計十名（表1を参照）である。

さらに、この十名を出家・在家の別、および宗派別に見ると、次のとおりである（表1を参照）。

○出家者

浄土真宗本願寺派（西）↓多田賢住・赤松連城・東陽円月の三名

真宗大谷派（東）↓太田教尊・寺田福寿・土岐善静の三名

真言宗↓釈雲照の一名

計七名

○在家者

井上円了（通仏教系）

加藤咄堂（禅系）

田中智学（日蓮系）

計三名

（井上円了は承知のごとく、大谷派の出身ではあるが、その活躍した内容より見て在家的な通仏教系とすべきであり、田中智学もこの時点ではすでに脱宗しているので、ここでは在家者の中に入れた。）

これをわかり易くしたのが、左の図1・図2・図3である。

すなわち、全十名のうち、出家と在家の割合は七対三（図1）であり、当然のことながら出家者の方が多いことが一目瞭然となる。また、出家者だけによる宗派別の点では全七名のうち、真宗（本願寺派三名・大谷派三名）が六名、真言宗が一名で、圧倒的に真宗が多い（図2）。これは出家・在家を合わせた全十名のうちでも六割（図

3）を占めていることになり、いかに真宗系の僧侶達による勅語衍義書が多いかがわかるであろう。

では何故、真宗僧の勅語衍義書が多かったのであろうか。

これは教義的にみれば、元来が出家中心主義の真言宗等とは異なり、発生当時から、そして、また、特に近世江戸期にいたって、次第に妙好人などの存在や生き方を教団が強調してきたことからもわかるように、信仰集団の主役は出家側にあるのではなく、あくまで世俗の中での信仰生活を実践する在家の側に存するという在家中心主義の仏教であったことに起因している。これは肉食妻帯の点からもわかることであろう。そして在家仏教を標榜するかぎり、出世間の道ではなく、日常社会生活における倫理性、道徳性をともなった精神生活という側面が重要となる。したがって、世間道徳を明示した勅語とは同一の地平に立脚することができるわけである。真宗僧の勅語衍義書が多い最大の要因は、このあたりに求めることができるだろう。

さらに、もう一つの理由が考えられる。それは真宗、特に本願寺派と明治政府の要路の関係の深さ、という点である。江戸期に大谷派は徳川幕府と関係が深かったが、反対に本願寺派は長州と関係が深かった。そして、長州出身の維新の志士達は倒幕から新政府へという政治方面で活動し、同じく長州における本願寺派の末寺僧達

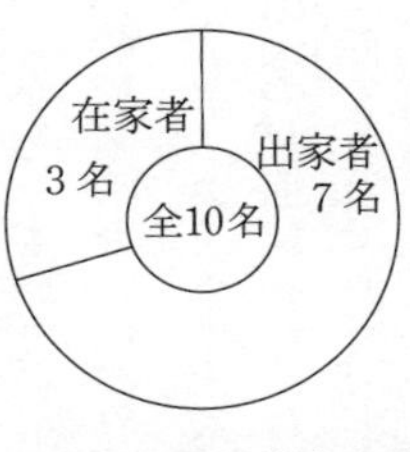

図1　勅語衍義書を書いた仏教者の出家・在家区分

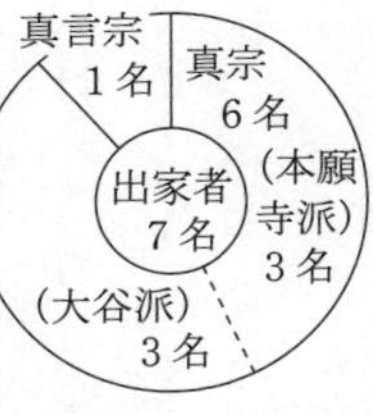

図2　勅語衍義書を書いた出家者の宗派別区分

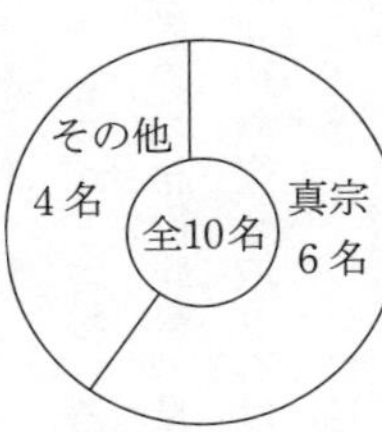

図3　勅語衍義書を書いた真宗僧侶とその他の区分

（島地黙雷・赤松連城・大洲鉄然等）は京都の西本願寺の本山改革の方面においてそれぞれ活躍していて、一見政治方面と宗教方面は別物のようにみえるが、実は元々は仲間であり同志でもあった。つまり、当時の本願寺派の首脳と明治政府の要路者はきわめて密着した関係を持っていて、いわゆる裏で充分相通じているのである。したがって、明治政府の政策に対していち速く反応し対応し得たのは真宗、特に本願寺派であった。この点を表1で見ると、

①が明治二十四年
②が同　二十四年
⑤が同　二十六年
⑥が同　二十七年
⑦が同　二十八年
⑧が同　三十三年

と渙発後十年の間に真宗系は刊行されていて、その対応、反応の早さを如実に示しているが、さらに言えば、その中でも①②⑤が本願寺派、⑥⑦⑧が大谷派と、丁度大谷派が本願寺派のあとに続くという状況となっていて、この点からも本願寺派の対応する姿勢の早さを立証することができるであろう。

一般に明治期の仏教界をリードしたのは真宗（特に初期は本願寺派）であったと言われるが、その所以の一端はこのあたりからも充分に看取できるかもしれない。その意味でも真宗僧の勅語衍義書の量と早さの事実は、明治仏教史の裏面におけるひとつの典型であったと言えよう。真宗僧の勅語衍義書を取りあげる理由は、実は、この点に存するのである。

三　多田賢住の経歴

勅語渙発以後、仏教界で最も早く勅語衍義書を刊行したのは多田賢住であろうと思われるが、赤松連城や井上円了に比べると知名度は決して高くない。そこで、最初にその経歴を振り返ってみよう。何故ならば、著述内容はその人の経歴からくる思想を如実に反映するものとして、書物理解の一助たるを失なわないからである。以下、経歴については、二三の辞典、(6)『築地本願寺遷座三百年史』、加えて『多田勧学臨終法話』(7)(真光寺発行)一編を綜合して見てみよう。

多田賢住は、東京築地の浄土真宗本願寺派真光寺(当時は東京市京橋区築地三丁目八十九番地、震災後に現在地の太田区萩中に移転)住持二十三世で、天保二(一八三一)年真光寺住持二十二世、助教多田賢悟の子として生れ、東叡山慧澄に師事して天台を学び、ついで京都専修寺の勧学堀川勧阿について宗乗を受けた。明治元年十一月三十八歳の時、福田行誡・鵜飼徹定と共に諸宗同徳会盟に参画し大いに時事を議した。同二年、連枝本誓院の東上にしたがい、安国淡雲・香川葆晃と共に奔走尽力し、また、九条家よりの内命を弾正院が受けた下総国小金原の開墾にしたがい、同地開教のため、芝にあった正満寺を移転建立し兼務。同三年六月、越中富山藩の合寺断行に際し同地へ出張、三ケ月滞在し当路に種々画策し、ついに合寺令を撤回せしめた。同五年十一月大教院議事となり、同六年二月、権少講義から権中講義に、三月築地寺務布教課長、七月真宗局議事となり、同七年六月、東京府下教導職取締に任ぜられた。この頃から布教の一環として監獄教誨活動も始め、佃島・多摩・小菅・市ケ谷等で明治二十九年六十七歳頃まで二十余年に亘って続け、首席教誨師にも任命されている。また、築地別院を中心に大内青巒らと共に「和敬会」を設立したのもこの頃である。同八年八月、中講義となり、島地黙雷の「白蓮教会」にも尽力し、同九年九月、権大講義、十月に仙台寺務出張所長、同十年に積徳教校設置に参画し、同十一年八月には助教となった。そして、同十二年四十九歳の時、北畠道龍を中心とするいわゆる本願寺改革事件にかかわり、『本願寺史』によれば改正事務局出仕としてその名が見える。(8)この事件も長州閥による本山占有の打破ということが根底の一つにあったと言われ、その意味で、後述の赤松連城とは同派中の逆の立場に在ったことになる。ついで、同十四年十月、常在会衆、同二十一年、築地別院内の「令女教会」創設にあたり、毎月十六日に赤松や島地らと交互に法話を担当。そして、同二十三年、勅語渙発となり、翌二十四年三月、六十一歳で輔教の時、本書をあらわすのである。同年夏、「正満寺縁起」を成し、十二月に司教に任ぜられた。同二十九年、安居副講として『大乗起信論』を講ずるが、この時、赤松も副講として『二門偈』を講じている。(9)この頃、明如宗主の命を受けて九条家に参仕し、九条節子姫（のちの貞明皇后）に御進講申上げている。同三十四年、特選会衆、同四十一年六月、七十八歳にして勧学職となり、翌四十二年、安居《あんご》本講を命ぜられるが病のため辞し、翌四十三（一九一〇）年三月二十二日八十歳にて示寂した。諡号示法院。

文筆活動はあまりない様子であるが、同時に、本書の存在もいずれを見ても記載がなく知られていないのである。『多田勧学臨終法話』中の略伝でさえ、

著書は伝わらないが、論稿に「三世因果の弁」「現生十益章」等がある。(10)（傍点筆者）

と、雑誌（「令知会雑誌」および、のちの「三宝叢誌」）寄稿の文を記するのみである。(11)ただ、明治六、七年頃の大教院時代（多田は権中講義）には同派の原口針水らと筆記帳程度であるが、「顕幽分界之説」「神徳皇恩之説」の二点（『顕幽分界之説』と題する写本一巻に所収、國學院大學所蔵）を草しているようである。がそれはさておき、本書は

おそらく多田賢住の生涯唯一の著書であったかもしれないのである。

ともかく、以上の経歴より評せば、宗乗に通じ、宗務にも関与し、愛山護法の意識を根底に有し、築地別院を中心に活躍した同派内でも有数の学僧であり、同時に、在家居士とも交渉を持った幅広い活動家であり、他方、教誨説教に見るごとき社会教化の方面における活動家でもある僧侶であったと見てよいであろう。

そしてこの点を踏まえて、次に多田の勅語衍義書を見てゆきたい。

四　多田賢住の教育勅語衍義書

『普通教育勅諭演讃』は、刊本、洋装、仮綴、縦十八・四糎、横十二・五糎の四六判で、卍模様の枠を配した表紙に「輔教　多田賢住師著　普通教育勅諭演讃　全　東京　開導書院発兌」とあり、奥附に「明治廿四年三月十七日　同年同月十八日　著述兼発行者　東京府平民　多田賢住　東京市京橋区築地三丁目八十九番地　印刷人　大分県平民長岡乗薫　東京市日本橋区久松町一番地寄留　発行所　開導書院　同番地　印刷所　秀英舎　東京京橋区西紺屋町廿六七番地」とある全三十一頁よりなる小冊子である。(12)

まず、本書著述の動機については、末尾に、

> 時に明治二十三年、十二月十八日、釈賢悟助教、二十三回忌辰、弟妹孫児団欒して、法会を営なみ、誦経の後、此宝勅を拝読し、謹で朝旨を服味し、以て共に忠孝二田を耕耘し、現世日月清明、国家安康の良花報を期すと爾云(13)

とあるごとく、前住持の二十三回忌の折であったと、その因縁を語っている。この点よりみても、本書は多田の真情を吐露したもので、頒価のないことも含め、親族や檀家程度のごく内輪の範囲であり、広く世間に出回ったものではないと思われる。しかしそれにしても、本書の発行が明治二十四年三月十八日であることを思えば勅語渙発後わずか五ケ月足らずのことになる。これは井上哲次郎の著作より約半歳も前のことである。勅語衍義書全体からみても、やはり素早い対応であったと言うべきであろう(14)。

次に、本文は内容からみて前後二段に大別される。前段で勅語の字義字解をなし、後段で歴史上に見る仏教と勅語、端的に言えば朝廷、とのかかわりを説くにいたるのである。よって前段は省略し、以下、後段での論述論法を概観してみよう。

此御勅語、拝読の意旨を讃すれば、第一章皇室皇祖、忠孝仁義の神徳を以て、臣民祖先の心田に、忠孝仁義の良種を植へ、此種横に此花を開かせ、此花竪に此実を結ぶ事を詔し給ひ、第二章は、臣民皆忠孝仁義の華徳を以て、皇室国幹の樹体を扶翼荘厳することを詔し給ひ、第三章は、今日臣民の忠孝仁義は、往昔各自祖先の遺訓なれば、此遺訓たる国実を、遐代永遠に、亡失せざらん事を希望すと詔し給ふ(15)

まず勅語を三段に区切り、その意をまさに「演《の》」べ「讃《さん》」じ、次いで、支那と日本の相違についてふれ、

堯舜禅譲を除くの外は、攻伐刧奪、智力腕力、勢力を以て侵掠し、暴逆を以て強迫する、恰も禽獣の弱肉強食の類に近く、縦令事を左右するも、我帝国より之を見れば畢竟温良謙譲の忠孝とは、曰く言ひ難きなり……然るに本朝の如きは、在天在地の元帥、神人一系の帝位、統御まします事百二十有余代、皇祖汝の祖先を撫

育し、皇宗汝の父嬢を保護し、汝の父母あり、安寧にして、汝の今身を産出し、祖々親々、及子子孫々、二千五百五十有余年、君たる者仁に令己れを信ずる事厚く、民たる者忠に令恩を思ふ事深く、万歳一日、万世一君、天地と共に始終を期する、不動不移の君臣倫あるは、恰かも梵天王界の、天地と君臣と起滅を共にすると同じく、純然たる温良の妙倫、今日猶存するは、独り我が帝国而已(16)

として、

とあるごとく、彼れを「露店寄寓の忠義」、我れを「温良謙譲の忠孝」と明確に峻別している。そして、その理由として、

而して我が帝国而已、開国以来、天地一轍、神人一軌、天然の倫理、今日猶存して、上下共に、恩義に厚くして、事に忍びざるの心深く、千歳一日の如く、太古降天、神聖遺伝の良心永続するは、全く上古仏法東漸いて、三世因果の妙倫、宇内に弘布し、上下に薫染する事深厚なるに依る(17)(傍点筆者)

と述べるように、世道人心が遵守されてきたのは三世因果の妙倫と言われる仏教が渡来以降、広く民間に受容され、かつ深く薫染した結果に外ならない、として、さらに続けて具体的に、次のごとく論述している。

其昔し厩戸皇子勅を奉じて、十七憲法を製し、天下に令し給ふ、其憲体憲法、支那と名同義異、彼れは一世利名上、此は三世因果上、依て憲法本紀に、推古天皇衆中の為に、皇太子に勅して曰く、願大王、乃㆓製憲法㆒、弘蒙㆓今来世㆒せしめよと宣し給ふ、乃ち其憲法の文に曰く、儒也五常之宗、五倫之源、為㆑人不㆑学之、則落㆓禽獣㆒消息と、又云竪有㆓五倫㆒、立㆓人世㆒、横有㆓五常㆒、作㆓人道㆒、と又云儒五常、仏五大と、又云仏

五善と云云す、此倫常は仏説過度人道経の、五大善を以て所依とし給ふならん、此経仏法東漸の始じめ、宮中講経の最初なれば、皇室に最とも御由緒あり、而して彼経の五大は、実相為体、因果為宗中の、一人道実相の因果を広説するなり、凡そ彼経の明すところの大意は、人倫を全ふするの身は、人常を守るの心より成ずると……(18)（傍点筆者）

この中で引用された、聖徳太子「五憲法」は偽撰である。がそれはさておき、ここで多田の主張したことは、まず第一点として、古へより仏典の宮中講経がなされたという歴史的視点による仏教と朝廷とのかかわりの深さである。そして、第二点は仏教教理上、この『仏説阿弥陀三耶三仏薩楼仏檀過度人道経』二巻（呉支謙訳）、すなわち、『無量寿経』系の異訳のひとつである『阿弥陀経』の中に説く五善（五大善）が、儒教でいう五常とまさに一致しているということである。

この五善（五大善）とは言うまでもなく、五善五悪のことであり、何も今さら喋喋する必要はないが、多田の論述の仏教的根拠であるゆえ、敢えて述べてみよう。

五善五悪とは、端的に言えば在家五戒（不殺生・不偸盗・不邪婬・不妄語・不飲酒その他の諸過）のことであるから、殺生を主とするものを第一悪とし、偸盗を主とするものを第二悪とし、邪婬を主とするものを第三悪とし、妄語を主とするものを第四悪とし、飲酒その他の諸過を兼ねるものを第五悪とするのである。これを世間道である儒教の五常（仁・義・礼・智・信）に比定すれば、殺生は不仁の至極であり、偸盗の最たるものは不義であり、邪婬は不礼の甚しきものであり、妄語は口業の四悪（両舌・悪口・妄語・綺語）を束ねたもので不信のゆえであり、飲酒その他の諸過は意業の三悪（貪欲・瞋恚・邪見）を束ねたもので無智の極ということになる。すなわち、逆にみれば、仁＝不殺・義＝不偸盗・礼＝不邪婬・信＝不妄語・智＝不飲酒その他の諸過、となり、五善（五大善）

は五悪の反対として五戒を遵守する五正行であり、同時に五常でもある。無論、五善＝五戒＝五常の同異については諸説ないわけではないが、一般的には対応し合致するとして差支えない。そして、五悪の因によって受ける報果を五痛（五悪により現世に罪せらる苦果）、五焼（五悪により来世に罪せらる苦果）であるとするのである。

この点を多田が引き合いにした『阿弥陀経』下巻（下巻だけ『仏説阿弥陀経』下、という表題になっている）では、仏が阿逸菩薩に対して広く諸天人民の五悪五痛五焼の事を説く箇所で、次のごとくある。

今我於是世間作仏。為於五悪五痛五焼之中作仏。為最劇教語人民。令縱捨五悪。令去五痛。令去五焼之中。降化其心。令持五善。得其福徳度世長寿泥洹之道。仏言。何等為五悪。何等為五痛。何等為五焼中者。何等為消化五悪。令得五善者。何等為持五善。得其福徳長寿。度世泥洹之道。……故有自然泥犂禽獣薜茘。蜎飛蠕動之属。展転其中。世世累劫無有出期。難得解脱痛不可言。是為五大悪。五痛五焼為勤苦如是。比若火起焼人身。人能自於其中。一心制意端身正行。言行相副所作至誠。所語如語心口不転。独作諸善不為衆悪者。身独度脱得其福徳。可得長寿度世上天泥洹之道。是為五大悪。(19)

また、『無量寿経』巻下にも、これとほぼ同様の箇所がある。

今我於此世間作仏。処於五悪五痛五焼之中。為最劇苦。教化群生令捨五悪。令去五痛。令離五焼。降化其意令持五善獲其福徳度世長寿泥洹之道。仏言、何等為五悪。何等五痛。何等五焼。何等消化五悪。令持五善獲其福徳度世長寿泥洹之道。……故有自然三塗無量苦悩。展転其中。世世累劫無有出期。難得解脱痛不可言。是為五大悪五痛五焼。勤苦如是。譬如大火梵焼人身。人能於中一心制意。端身正念。言行相副所作至誠。所語如語心口不転。独作諸善不為衆悪者。身独度脱。獲其福徳度世上天泥洹之道。是為五大善也。[20]

すなわち、この箇所において、「群生を教化して五悪を捨てしめ、五痛を去らしめ、五焼を離れしめ、其の意を降化し、五善を持ちて其の福徳度世長寿泥洹の道を獲せしめん」と説き出し、以下、「譬へば大火の人身を梵焼するがごと」く、「其の中に展転して世世累劫に出期あることなく、解脱を得がたく、痛み言うべから」ざる五悪のいちいちの相を説き、五悪は痛焼の苦果を招き、反して五善は福徳度世長寿泥洹の楽報をもたらすものであるとし、よって、「一心に意を制し、身を端し、念《おも》い（行）を正しくし、言行相副い、所作至誠」にすれば、「身独り度脱し」て五大善にかなうものである、ということを知らしめているのである。

このような経典中の根拠によって、多田は、

之を守るを五大善とし、之に悖るを五大悪とし、守る者の結果に三別あり、初めに現世度世の福を得、次に後生上天の楽を得、後に泥洹の道に登ると、又悖る者の結果に亦三別あり、初めに現身に悪名を得と、後囚獄の苦を受との二報、現世にあり、三に後身に地獄梵焼の攻を受るとなり[21]

と述べ、次いで五逆と関連させて、

而して見真大師、又此釈尊の開示に依て、原の本願の五逆を釈するに、最勝王経、智周の疏に、五逆と分って二とするの釈を引て云く、恩田に背き、福田に違するを逆とすと云云、其恩田とは、又は経田と云、五大善中の体倫にして、忠孝也、其福田とは、又は悲田と云、五大善中の宗常にして、仁義也[22]

という論法で、仏教（ここでは特に五善）と勅語（人倫の道）の関係を展開するのである。

続いて、

> 是の如き現在世に利益あるの法なるゆゑに、嵯峨天皇の朝、天下に七箇の大厄難あり、調伏の法を伝教大師に勅し給ふ、其勅答に普ねく天下に勅して、南無阿弥陀仏を唱へ令給へと奏上すと、唯口に唱ふる猶災厄を除く、況や、之を信じ之を行ずるに於てをや、故に慧燈大師は内心に深く、仏語を信じ、外に仁義礼智信を守り、王法を以て本とせよ、是真宗の教憲なりとの給ふ(23)（傍点筆者）

と、今度は世間の道徳的方面の教法である俗諦教義より、蓮如の消息を引いて明確に述べている。この二諦相依中の俗諦教義は、明治以後、特に強調されてきた概念である。もちろん、古くは覚如の『改邪鈔』にも、

> ソレ出世ノ法ニヲイテ五戒ト称シ、世法ニアリテハ五常トナツクル仁・義・礼・智・信ヲマモリテ、内心ニハ他力ノ不思議ヲタモツヘキヨシ師資相承シタテマツルトコロナリ(24)

とあるごとく、師資相承された教旨であり、挙げれば枚挙に遑がないが、ここでは『蓮如上人御文』中（第二帖第六通）にある、

> コトニホカニハ。王法ヲモテオモテトシ。内心ニハ。他力ノ信心ヲフカクタクハヘテ世間ノ仁義ヲモテ本トスヘシ。コレスナハチ当流ニサタムルトコロノオキテノヲモムキナリト。ココロウヘキモノナリ(25)

すなわち、社会生活面では為政者の法を重んじ、個人の内省面では他力の信心を深く保ち、世間の価値基準である仁義をもって日常の規範とすべきであり、それが真宗の教旨であると述べた消息、あるいは『同』書中（第三帖第十二通）の、

コトニマツ王法ヲモテ本トシ。仁義ヲサキトシテ。世間通途ノ儀ニ順シテ[26]……

や、『同』書中（第三帖第十三通）の、

夫。当流門徒中ニヲイテ。ステニ安心決定セシメタラン人ノ。身ノウヘニモ。マタ未決定ノ人ノ。安心ヲトラントオモハン人モ、ココロウヘキ次第ハ。マツホカニハ王法ヲ本トシ。諸神諸仏菩薩ヲカロシメス。マタ諸宗諸法ヲ謗セス。国トコロニアラハ。守護地頭ニムキテハ疎略ナク。カキリアル年貢所当ヲツフサニ沙汰ヲイタシ。ソノホカ仁義ヲモテ本トシ[27]……

などを念頭に置いた論述であると考えられよう。

ともかく、真俗二諦の教相中、国法を遵守し、人道を履行し、罪悪をつつしむべき旨を規定する世間的教法としての俗諦教義である王法為本・仁義為本の立場を、多田は明確に堅持したのである。したがって、ここでいう王法とは、多田からすれば、

其王法とは、今回の御勅諭是なり[28]

すなわち、勅語そのものだったわけである。

本書はこのあと、真宗と朝廷との関係について、

一二を讃述すれば、光格天皇は、真如堂の弥陀尊像を摸して勅作ましまし、常に日課念仏し給ふと、又孝仁天皇は、皇考勅作し給ふ弥陀尊像を以て、御黒戸に安置し、朝礼暮拝し給ふと、又孝明天皇は皇祖皇考の遺蹟を守らせ給ひて、見真大師六百年の忌辰に当り、大師嘆徳の文を宸翰し給ひ、本願寺教祖像前へ奠供し給ひ、又阿弥陀経を宸翰ましまして、東本願寺へ納経し給ふ、是の如く本尊経巻、皇室に御由緒深き妙宗なれば、永く日本臣民たる者、奉持服膺して、共に徳器を成就すべきの妙法なり(29)

と、明治維新に至るまで宮中における仏式による皇霊の祭祀をおこなった一種の持仏堂でもある「御黒戸《おくろど》」のことなどを実例として挙げ、その因縁浅からぬ由を述べ、最後に、

依て知る真宗の信徒、既往を咎めず、将来を謹み、同朋互ひに勧誨して、常に懺悔滅除し、早く社会を清むべし(30)

と述べて結ぶのである。

要するに、本書を一言で約せば、仏教（ここでは五善五悪）が在家中心であるが故に、儒教と相並んで一般に弘通し、人倫の道を扶翼荘厳してきたわけで、まして王法為本・仁義為本を基調とする真宗の教義的性格からみても人倫の道を説き明かした勅語に対しては、教理上あるいは歴史上からも密接不可分の存在である、と多田は主

張したわけである。

そして、このような本書の特徴を箇条的に列挙すれば、左のごとくである。すなわち、

○第一に、歴史的視点による仏教と国家の密着度という実績を強調した点

○第二に、五善五悪（五戒）という仏教教理を前面に出し、世俗的意味における民衆への滲透度という実績を主張した点

○第三に、その背後に王法為本という宗乗に立論の根拠を置き、朝廷との関係における他との優越性を暗暗裡に強調した点

○第四に、本書全体を通じて極めて仏教術語が多く、まさに羅列したかの感を受ける点

などである。

その中でも、通仏教的な五善を述べながらも結局自派経典や自派教義を使用した点、当然ではあろうが、やはり本質的には自派中心的立場そのものであったということが大なる特徴であり、全体を覆う傾向でもある。それは示寂に際して、

国王は国民を治め……仏智の不思議を信じたる上にて報恩の心得より読経説教等をするやうにならねばならぬ云々(31)

と臨終法話をした多田の愛山護法、護法即護国の意識からしても、これまた当然のことであったかもしれない。

また、本書の題名には「普通教育」とあるが、これはいかなる意味であろうか。一般に普通教育といえば、それは個々の専門教育とは異なり普通一般人の育成に必要なる一般的教育や教養を指すわけで、その対象もまた幅広いという考えが通常である。多田の意図が那辺にあったか、断定はできないが、少なくとも本書の内容そのものが即「普通教育」であるという意味ではなかろう。それは、すでに述べたごとく、宗門意識が濃厚な「仏教教育」による「勅諭」の「演讃」という性格の故である。やはり、この点についても、勅語の普及ということそのものが国民当為の「普通教育」であり、僧侶といえども世俗問題に対して関心を示してゆかねばならないという立場においての、仏教側からの「勅諭」の「演讃」であると多田賢住は捉えた、と見るのが妥当な考え方であろう。

そして、このように観ることこそ、本書における多田のパッショネイトな意識や意図を看取して把握理解する一助となるのではないだろうか。

五　赤松連城の経歴

一方、赤松連城については、維新後仏教者として海外渡航し、廃仏毀釈に対抗し、また宗門の中枢として明治期に幅広く活躍した真宗本願寺派の僧侶として夙に有名なので多言を要しないが、多田との関連もあるので簡述してみよう。

赤松は天保十二（一八四一）年金沢（富山ともいわれる）の俗家に生れ、仏門に入り、栖城について宗乗を学び、縁あって徳山の徳応寺住職となった。維新後の明治五年、島地黙雷らと共に欧州へ留学するが、これは真宗僧の海外留学の嚆矢である。帰朝後、政教分離の理念により神仏の分離を説き大教院廃止にいたらしめ、また長州系の人材として本山の要職に在って諸改革を実行し、仏教大学綜理ともなり宗門に力を尽した。その中にあって明治二十四年勅語衍義書もあらわし、同三十六年勧学職となり、大正八年十月自坊において八十歳で示寂した。

これを前述の多田の経歴と比較すると、一層興味を引くのである。以下、同異両点を整理して箇条的に列挙してみよう。すなわち、

○第一に、両者とも浄土真宗本願寺派として同派であること。

○第二に、多田の衍義書は六十一歳の時、赤松の衍義書は五十一歳の時であり、両者あまり年令の差がないこと。

○第三に、両者とも同派最高学階である勧学職となり、学徳円満の僧であったこと。

○第四に、赤松は本山の要路として学林等の宗門教育改革まで広く活躍した宗門の枢軸であり、一方多田も築地別院を中心とした積徳教校や「令女教会」等の教育活動に加え、教誨説教にみる社会教化活動まで幅広く活躍し、さらに、特選会衆や常在会衆と、やはり宗政面にも関与出来得る立場であったこと。

○第五に、両名とも「令女教会」での交互の法話や安居副講が同年度であったことをはじめ、当然面識があったと思われること。

○第六に、赤松は海外留学の経験を有し諸外国の宗教事情に通じた、いわゆる宗門の新知識であるが、多田の場合はその経験がなかったこと。

○第七に、一時的ではあろうが、明治十二年の北畠道龍事件において赤松（本山側）と多田（改革派側）は反対の立場に在ったと考えられること。

○第八に、その両者が勅語渙発後約半歳前後にして、時勢に敏、対応の早さとして奇しくも時（両書の発行日の差はわずか半月程度である）をほぼ同じくして、それぞれ勅語衍義書をあらわしたこと。

などである。このような事蹟に見る両者の同異を念頭に置いて、次に赤松の勅語衍義を見てみよう。

六　赤松連城の教育勅語衍義書

『勅語衍義』は、刊本、洋装、絲綴、縦二十一糎、横十五糎で、表紙に「勅語衍義　赤松連城述　全」とあり、巻頭に勅語を掲げ、奥附に「明治二十四年四月一日印刷　明治二十四年四月二日出版　版権所有　著作者　山口県平民赤松連城　京都市御前通西洞院東入蛭子水町第六十一番戸寄留　発行者　兵庫県平民　清水精一郎　京都市油小路北小路上ル玉本町第六番戸寄留　印刷者　京都府平民　山本留吉　京都市油小路御前通下ル第五番戸（印刷業）」とある全二十八頁よりなる小冊子である。(32)

まず、冒頭に、

恭テ勅語ノ義意ヲ敷衍シ、之ヲ同朋ニ告ケ、子弟教育ノ一助ト為サント欲ス(33)

とあるごとく、本書の発行部数や使用の程度は定かでないが、学林内での教育を意識した子弟に対する教育のためという読者対象、および同朋への普及という刊行目的が明確に見られる。

そして、勅語については、

首トシテ我カ固有ノ国体ヲ明示シ給フ、……此レハ教育ノ根抵ヲ明ニス(34)

と述べ、これに対する赤松自身の立場については、

然レバ則チ、法律ニモアレ、宗教ニモアレ、凡百ノ制度文物、必固有ノ国体ヲ顧ミ、之ニ順応シ、之ヲ輔翼スルコトヲ忘ルベカラズ、吾儕宗教ニ従事スル者、深ク聖旨ヲ服膺シ、以テ道徳ヲ涵養スルコトヲ怠ラザルベシ(35)

さらに、本書末尾にも同じく、

吾儕宗教ニ従事スル者、其ノ責任タル、道徳ノ衰頽ヲ挽回シ、群類ヲシテ心ヲ至道ニ安シ、身ヲ至徳ニ致サシムルニ在リ、願クハ同朋ト共ニコレヲ勉メント云爾(36)

とあるごとく、あくまで一宗教者としての立場において世俗の道徳問題にたずさわるという意識が濃厚であり、事実、本書の内容をみても、そこには仏教者による仏教的立場からの立論という色彩は極めて稀薄である。敢えて仏教と勅語との関係に言及した箇所を挙げると、「斯ノ道ハ……倶ニ遵守スヘキ所」の衍義部分において、

斯ノ道トハ、君臣ヲ経トシ、四倫三徳ヲ緯トシ、国体ヲ組織スル者ニシテ、神儒仏等ノ一ヲ以テ名クヘキ所ニアラス、……或曰ク、述スル所ニヨレバ、斯ノ道ハ即チ神道ニアラスヤ、曰ク、皇祖ヲ尊崇シテ天ト称シ、神ト号スルノ義ナレバ、皇道トイヒ、神道トイフ、其ノ義異ナルコトナシ、然レドモ彼ノ儒仏ヲ斥ケ仏ヲ排シ、別ニ一家ノ私言ヲ立テヽ、自ラ神道ト称スル者トハ、其ノ相距ル、豈啻霄壌ノミナランヤ、之ヲ要スル

ニ、斯ノ道ハ儒仏ノ至理ヲ該摂スルノ大道ニシテ、儒仏ヲ排斥スルガ如キ小道ニアラザルナリ(37)

と、勅語にあらわれたいわゆる国体観を形成してきた思想的淵源（斯ノ道）について「儒仏ノ至理ヲ該摂スル」ものとして、やや仏教に弁護的な姿勢をみせた部分、あるいは、

儒仏二教ノ我カ邦ニ入り、忠恕ヲ説クガ如キ、博愛ヲ教フルガ如キ、世道人心ヲ維持スル、其ノ功頗ル多シト雖モ、二教ノ未入ラザルニ先タツテ、君臣ノ大義、固ヨリ明ニ、人倫ノ正シク行ハレシコト、古史ニ昭々タリ、是即チ皇祖皇宗ノ御遺訓ナリ、而シテ儒仏ノ之ヲ扶翼スル、亦斯ノ道ノ範囲ヲ超ヘズ、故ニ国体ニ応ゼザル説ノ如キハ、夙ニ之ガ峻拒スル所トナレリ(38)

とあるごとく、歴史上に見る人倫道徳を維持してきた仏教の立場を充分認めて評価しながらも、それはあくまで輔翼的役割りを出ずるものではないと述べる程度であって、決して仏教的意識や立場を前面に顕示した論法ではないのである。同時に、暗にキリスト教批判をしていることも、これよりうかがえよう。

また、本書にはいわゆる仏教術語が極めて少ない。それらしい用語としては、「同朋」・「因果感応」・「開導」程度である。

さらに、仏教を「慈悲」と言わず、敢えて「博愛」の教え、と他教との関係を意識してのことか、従前とは異なる表現で簡潔に明示しようとした意図がみられる。その意図が那辺にあったか、まさにその辺が字間の奥に潜むものとして本書の一大特徴につながることであろうが、ともかく、表面に見える本書の特徴を約せば、

○第一に、多田の衍義書に比べて文章が極めて平易であること。
○第二に、仏教的色彩を打ち出していないこと。
○第三に、よって仏教術語をほとんど使用していないこと。

などが挙げられよう。

極言すれば、本書は著者名を伏せれば仏教僧の手によるものとは思われない、こう見ることも出来得る性格を有するといっても決して過言ではない。おそらく、赤松自身本書においては意図的に仏教色を出さなかったと推測してもよいのではなかろうか。

七　おわりに

以上、明治仏教と勅語をめぐる問題の第一階梯として、仏教系の対応の最も早いと思われる多田賢住と赤松連城の勅語衍義書を材料に、両者の経歴比較も含め両書の論述内容を対比的に概観し、かつ検討してきた。そして、ここで取りあげたのはいずれも本派であった。これは、維新前後より長州と深い関係を有し明治政府の要路とも交渉があり、その方針に大派より多少共早く対応していったのが本派の方であったということに多少なりとも関係があるのか、はたまた、まったくの偶然であるのか、俄に喋喋することは出来ないが、ともかく、両者それぞれの立場において時代認識をしたという共通の基盤が根底にあったわけで、その上に成り立つものとして教育勅語が存在したのである。そして、その結果が時期的にも早く対応し、アプローチした勅語衍義書というかたちであらわれたわけである。しかし、その内容には共通点は認められるものの、相違歴然とする部分が存したのも事実であった。

これを再度整理すると、その根底意識および基本的姿勢として仏教の朝廷や世俗民衆への定着化、それによって生ずる世道人心の維持扶翼という歴史上の功績度については、当然のことであろうが両者共通であった。

相違点は、多田の場合、自派正依の経典や伝統的宗学をそのまま勅語に援用したかたちで歴史上の特定の宗門の、いわば優越性だけを強調して論述した多少我田引水的な傾向も認められるが、反対に、赤松の場合は自派の経典や宗乗に依らないばかりか、仏教的立場さえあまり表面に出さず、広く一般的に宗教者として世俗の倫理道徳の涵養に従事してゆくという態度での論述であった。これは海外経験も多少は影響している可能性も否定できないだろう。したがって、その内容よりみる限り、赤松の方が「普通教育」的とするにより近い。そして、このような姿勢や方法論の決定的相違は、やはり前述のごとき両者の経歴にも起因し、実はそれが雄弁に物語っているのではあるまいか。

端的に言えば、多田の場合、仏教者として最初のものであるという意義は有しつつも、やはり従前の伝統的護法意識の枠内のみで捉えたということである。

もちろん、この両者の経歴および衍義書の内容だけをもって、一概に保守的あるいは開明的という概念で位置づけることは出来ないが、少なくとも伝統的宗乗だけからの意識構造と、それを承知した上でしかもそれを超えて拘泥しない意識構造とでは、おのずから異なってくるのも、これまた止むを得ないことである。

すなわち、両者それぞれ、在り方の一典型ではあるが、それは同時に、仏教系からの勅語への対応のひとつである勅語衍義書の内容という点では、ひとくくりにできず、早くも二つの類型を現出したと言えるのではないだろうか。

註

（1）『海後宗臣著作集』第六巻（昭和五六年）に「教育勅語の衍義」という一文があり、山本哲生「教育勅語衍義書の教育史的一考察―明治二〇年代の場合―」（「日本大学精神文化・教育制度研究所紀要」第六集所収　昭和四九年）がある。また、長江弘晃「教育勅語衍義書の一考察（1）―西洋人名記載書を中心として―」（「日本大学教育制度研究所紀要」第二〇集所収　平成元年）、同氏「同（2）」（「同紀要」第二一集所収　平成二年）には、勅語衍義書の書名、執筆者、内容等における西洋人名の、人数・国別・徳目別数値などについて、統計学的手法を用いて分析を加えたユニークな研究報告がある。

（2）『教育勅語関係資料』（古田紹欽編　日本大学精神文化研究所・教育制度研究所発行　創文社制作）第一一集（昭和五八年）末尾の「総目次」に収録全書目名一六八種が記載されているが、その中に「勅語歌」が二種入っている。よってこれを省き一六六種とした。

（3）『井上毅伝』史料編第二（井上毅伝記編纂委員会編　國學院大學図書館発行　昭和四三年）二三二頁～二三三頁。

（4）同上、二三二頁。

（5）『明治宗教文学集（一）』（『明治文学全集』八七　筑摩書房　昭和五二年）三八四頁。

（6）『仏教大辞彙』（龍谷大学編）、『真宗大辞典』（岡村周薩編）等。

（7）明治四三年発行。内容は「多田勧学臨終法話」「略伝」よりなる九頁の小冊子で、「明教新誌」に関係した山本貫通が編集したものである。

（8）『本願寺史』第三巻（本願寺史料研究所編　昭和四四年）一八五頁。（尚、三島了忠『明如上人血涙記』には一部これと異なる部名・人名を配置していると『本願寺史』にはあるが、筆者は未見である。よって、取り敢えず本書所載の記録によった）

（9）『龍谷大学三百年史』（龍谷大学代表足利瑞義編　昭和一四年）中、巻末年表の四七頁。

（10）『多田勧学臨終法話』九頁。

（11）「三世因果の弁」は「令知会雑誌」三九号（二〇六頁～二〇九頁）に所収。また、「現生十益章」は「三宝叢誌」

一七六号（六頁〜一〇頁）・一七七号（八頁〜一四頁）・一七八号（一〇〜一二頁）に連載で所収している。
(12)本書は註（2）の前掲『同資料』第九集（五九頁〜七三頁）にも翻刻収録しているが、以後、引用に際しては原文の体裁を重んずるため、その台本となった原本（龍谷大学図書館所蔵）を使用した。尚、原文中のルビはすべて削除した。
(13)多田賢住『普通教育勅諭演讃』三〇頁〜三一頁。
(14)渉猟した範囲で言えば、教育勅語衍義書全体で最も早いものは、筒井明俊『勅語私解』であるが、これは写本で自序に明治二三年一〇月三一日とあり、渙発の翌日である。したがってかなり疑問があるが、おそらく明治二三年中の手と思われるので最初期のものであることだけは間違いないだろう。これは前掲『同資料』第一集（一頁〜一〇頁）に翻刻収録している。これを除いて刊本で最初期の衍義書は、内藤耻叟『勅語解釈』（明治二三年一一月六日刊）、内藤の弟子の奥山千代松『勅語釈義』（明治二三年一一月二四日刊）、小林虎吉『絵入勅語義』（明治二三年一二月四日刊）、関口隆正の『聖諭訓義』（明治二三年一二月五日刊）、内藤耻叟『勅語俗訓』（明治二三年一二月二三日刊）などが明治二三年中の衍義書で、以後、明治二四年一月が二点、同年二月が三点、同年三月に入って三点目に当たる。要するに多田の勅語衍義書は衍義書全体の最初から数えて第一四番目となる。渙発からわずか四ケ月半のことである。やはり極めて早いものと言って差し支えないだろう。
(15)多田賢住『普通教育勅諭演讃』一二頁。
(16)同右、一五頁〜一七頁。
(17)同右、二四頁〜二五頁。
(18)同右、二五頁〜二六頁。
(19)『大正新脩大蔵経』第一二巻（宝積部下　涅槃部全）三一三頁下〜三一五頁中。
(20)同右、二七五頁下〜二七七頁中。
(21)多田賢住『普通教育勅諭演讃』二六頁。
(22)同右、二六頁〜二七頁。

(23)同右、二七頁～二八頁。
(24)『真宗史料集成』第一巻（石田充之・千葉乗隆編　同朋舎　昭和五八年）六五六頁。
(25)『大正新脩大蔵経』第八三巻（続諸宗部一四）七八一頁中。
(26)同右、七九四頁上。
(27)同右、七九四頁上～七九四頁中。
(28)多田賢住『普通教育勅諭演讃』二八頁。
(29)同右、二九頁。
(30)同右、三〇頁。
(31)『多田勧学臨終法話』四頁～五頁。
(32)本書は註（2）の前掲『同資料』第一集〈二二一頁～二三二頁〉にも翻刻収録しているが、以後、引用に際しては原文の体裁を重んずるため、その台本となった原本（日本大学教育制度・精神文化研究所所蔵）を使用した。尚、原文中のルビはすべて削除した。
(33)赤松連城『勅語衍義』二頁。
(34)同右、一頁～二頁。
(35)註（33）に同じ。
(36)同右、二七頁。
(37)同右、二三頁～二五頁。
(38)同右、二四頁。

第二章　東陽円月の教育勅語衍義書をめぐって

一　はじめに

明治二十三（一八九〇）年の勅語渙発というインパクトに対する種々の不敬事件、続く井上哲次郎とキリスト教徒の間にみる教育宗教衝突論争の惹起は、維新以来キリスト教に対峙し排耶意識を有した仏教にとって、対外的にみれば護法即護国観を立証して教勢を挽回する好機であった。また、仏教自身の立場から言えば、仏教の実践道徳と勅語中の諸徳目との関係を、世俗民衆への普及教化の面でいかなる理由や教義的根拠からもって対応し、かつ合致せしめるかが課題でもあった。そして、これを明らかにし得る素材のひとつとして仏教者の勅語衍義書群（前章中の表1「仏教者の勅語衍義書一覧」を参照）が有るわけである。しかし、仔細に見るとそれらの論調は必ずしも一様一律とは言いがたいのである。そこで、仏教僧勅語衍義書なるものを逐次検討し、明治中期の仏教者の一動向、その意識や立場をうかがう一視点としてこれらを類型化する作業を始め、前章では多田賢住（真宗本願寺派）と赤松連城（同）の衍義書を検討した。

そして、その結果、

○第一類型↓多田賢住の衍義書にみる自派教義の伝統的宗乗を根拠とした立場。
○第二類型↓赤松連城の衍義書にみる非仏教色（一宗教者としての）的立場。

の二類型に分類した。

そこで、次が同じく真宗本派の僧侶である東陽円月の勅語衍義書の順になり、これがはたしてどの類型に属するのか、という問題を、その経歴や勅語衍義書の内容、さらには全体の著述傾向や教義的根拠などの側面を通して検討し考察するのが本章の目的である。

二　東陽円月の経歴

最初に、著述内容はその人物の抱懐する思想の反映として内容理解の一助たるを失なわないという意味で、まず東陽円月の経歴を見てみよう。

東陽円月は文政元（一八一八）年、豊前国宇佐郡水崎村の真宗本願寺派西光寺に生まれた。幼少時、父の東陽円超に就いて習字・経書を学び、天保三（一八三二）年十五歳より、同国の儒者で広瀬淡窓門下の恒遠精窓の門に学ぶこと五ケ年、ここで長州の煙渓、のちの海防僧月性と同門同室になっている。これについては円月自身、晩年の明治三十四年六月、高松興正寺別院夏期講習会における談話会の席上で、

若ひ時に恒遠の塾で、先日御話しのありた長州の煙渓（清狂道人月性）と同室に居りましたが、あの人は詩は其時から至て上手な方でありたけれども字が書けぬので、詩稿を先生に出す時にはいつも私が代筆して居り

ました位で、(1)

と語る間柄で、月性の方が一歳上ではあるがほぼ同年令、これはのちの円月の思想形成上、何らかの影響を有しているとも考えられる。

次いで天保九(一八三八)年二十歳の時、同国の覚照に就いて初めて宗学を学び、天保十一(一八四〇)年二十三歳で、同派中の豊前派の大家と言われる月珠(天明五年〜安政三年)に師事して本格的に宗乗を研究した。その後、弘化元(一八四四)年二十七歳の時、学林に入って宝雲に余乗を学び、また、京都粟田口の雷雨律師に天台を受けている。さらに、弘化四(一八四七)年三十歳で肥後に遊学し、断鎧、一専と共に慶恩に就いて宗義を研鑽している。

そして、円月五十歳の時、明治維新となり、以後明治四(一八七一)年五十四歳で助教、同七年五十七歳で司教となるが、その前に明治五年の「三条教則」布達にさっそく敏感に反応した結果、同五年から同六年にかけては「三条教則」に関する衍義書も述作している。そして、同十二年六十二歳の時、本願寺改革事件がおこり、北畠道龍を中心とする東京築地別院内に設置した改正事務局の一員として、『本願寺史』に、

改正事務局総理　北畠道龍
出仕　井上宗寛
出仕　多田賢住
出仕　築地重誓
出仕　武田篤初

出仕　河野善綱

以上教政部

出仕　勧学　原口針水

出仕　東陽円月

出仕　鬼木沃洲

以上宗学部(2)

とあるごとく、宗学部にその名が見える。この中には仏教僧による勅語衍義書の嚆矢である多田賢住の名も見えるが、この時、対する本山側には長州閥の赤松連城（仏教僧による勅語衍義書の第二番目）が居たわけで、この三人が後年勅語衍義書を出すのも同派中の事件とはいえども因縁浅からぬものを感ずる。と同時に、本山と多少異なった立場を持つ円月の一面がこのあたりにもあらわれているように思われる。

また、この頃から郷里宇之島の素封家小今井乗桂翁の設立した乗桂校に聘せられ、十数年にわたり教鞭を執り化育に尽力している。

次いで、同二十年十一月十二日七十歳にして勧学職となり、晩年七十三歳の時、勅語渙発に逢うのであるが、この年七月に本山の安居《あんご》本講で『二巻鈔』を講じたとき、摂仰二門、信後造罪、いわゆる一念滅罪論の問題が起こり、聴衆（受講の僧侶）の反対を受けて本山の安心調理《あんじんちょうり》という本人への質疑応答の取調べがなされ、結論は「安心に不正はないが、義解穏かならず」、として停講を命ぜられ、郷里へ帰るのである。この点については本章の主題とも密接に関連する円月の宗乗義解（特に滅罪論）と世俗倫理（勅語中の諸徳目）との重要な問題になるので、のちに詳述する。

爾来、十有余年にわたり、自坊に先代円超の創立した東陽学寮（名称は嘉永三年より明治四十一年七月まで、同四十二年五月二十一日より修道院と改め、大正十四年二月十八日に閉鎖）を再興して後学の指導教育に尽力し、時に各地に巡錫して教化の実を挙げた。また、この間の著述量も相当数にのぼるが、その中に本章の主題である勅語衍義書も含まれるのである。そして、明治三十五（一九〇二）年十二月十七日に示寂した。享寿八十五。諡号は浄満院。門下には嗣東陽円成をはじめ、相当数輩出している。

ともかく、一言に約して東陽円月を評するなら、宗義に違背するが故に本願寺派本山では優遇されなかったが、真宗教学豊前派の大成者と言われるごとく、月珠の説を継承して発揮するところが多く、宗乗においてはあらゆる問題に一家の見識を有していた明治期における宗乗学の大家の一人であったということができよう。

三　東陽円月の教育勅語衍義書

東陽円月の勅語衍義書は、書名が『勅語奉体記』（一冊）で、刊本、洋装、仮綴、縦二十二糎、横十五糎、表紙に「勅語奉体記　東陽円月述　全」とあり、冒頭に「勅語」、次いで「芳川顕正訓示」を掲げ、奥附に「明治二十六年四月二十八日印刷　明治二十六年四月二十九日出版　正価金拾銭　版権所有　著述者　大分県宇佐郡封戸村百七十二番地東陽円月　発行者　大分県宇佐郡長洲町三百八十六番地阪本楳次郎　印刷所　大分県宇佐郡長洲町三百八十六番地長洲活版所」とある全三十一頁より成る小冊子である(3)。

内容は前後二段に大別され、前段は「初ニ国体ト政体トノ関係ヲ弁ス」「次ニ政体ト教育トノ関係ヲ弁ス」の二章より成り、後段は勅語の字句の衍義部分より成る。

最初の「初ニ国体ト政体トノ関係ヲ弁ス」では、我が国の政体と国体との関係に見る君主政治について論じているが、これは他の一般の衍義書もほぼ同趣旨なので省き、以後、宗教あるいは仏教に関係する叙述部分を抽出してその要旨を見てみよう。

「次ニ政体ト教育トノ関係ヲ弁ス」では、

儒仏二教ノ未タ至ラサル已前ニ教ナクンハアラス勅語ニ皇祖皇宗ノ遺訓トノ玉フ是ナリコレスナハチ神道ノ教ナルコトハ無論而シテコレ不言ノ教ナリ応神帝ノ御代ニ儒道初メテ来リ欽明帝ノ御宇ニ仏法次ニ渡ル而シテ推古帝ノ御時豊聰皇子ヲ立テ皇太子トシ玉ヒ政務ヲ委ネ玉フ皇太子初テ憲法ヲ設テ神儒仏ノ三教ヲ以テ政家ノ裨輔トシ玉フ儒仏ノ二教ハ外国ノ教ナリト雖彼長ヲ取テ我短ヲ補ヒ三教和合スルコト琴瑟ノ如クニシテ人民ヲ教化シテ国ヲ治ルノ機関トシ玉フ(4)

とあるごとく、儒仏二教以前に「皇祖皇宗ノ遺訓」という神道不言の教えが存し、儒仏渡来後は外国の教えとはいえども長を採りて短を補い、三教が一致和合して治国の思想的機能を能くはたしたと述べる。その場合の長とは、

彼三綱五常ノ名ヲ仮リ来テ人道ヲ教ヘ玉フ又神道固ヨリ勧善懲悪ノ教アリト雖仏教ノ因果業報ノ理ヲ取リ来テ人ヲシテ善道ニ進マシメ玉フ(5)

すなわち、儒の三綱五常、仏の因果応報の理であり、反対に受け入れなかったのは、

儒ニハ禅譲放伐ノ蹤アリ仏ニハ不拝王公ノ儀(6)

であったとし、

儒仏二教ノ如キハ久シク人心ヲ化育シテ国政ニ裨益アリ(7)

と述べて仏教の民衆への滲透、思想善導の功が大であった歴史的実績の面を強調するのである。この点は他の仏教僧の勅語衍義書と当然ではあろうが共通点である。

また、

彼洋教ノ如キハ独一ノ真神ヲ揑造シテコレヨリ外ニ神ナシソノ神アリト云モノハ仮神ニシテ真理ニ非ス真神ヲ崇メテ大君トシテ帝王ヲ以テ仮ノ君ト云フ是則ソノ安心ノ性質国体ニ反対スルヲ以テコレヲ信スルモノハ皇太神宮ヲ軽蔑シ一系不易ノ神ノ御末ノ尊位ヲ悔慢スルニ至ル靴杖ヲ以テ大廟ノ神殿ヲ汚スカ如キ学校ノ教員ニシテ至尊ノ聖影ヲ拝セサルカ如キノ類新聞紙上ニコレヲ掲ケテ頻々数フヘカラス(8)（傍点筆者）

と述べるごとく、丁度、教育宗教衝突論争の真最中であったこともあって、内村鑑三や熊本英学校事件、八代高等小学校事件等、種々の不敬事件を非難し、教義的にはキリスト教の真神のみが唯一独一の真神でこれを大君として崇め、帝王を仮君としている点を排撃している。この点は井上哲次郎のキリスト教批判と同趣旨である。そして、次には一転して、斯様な洋教が濫入して教意に化せられ、帰すべからざるの宗教に帰することの責任は他でもなく教導の任に在る者の責任である、[9]とも述べるのである。

次に、後段の勅語の字句の衍義部分では「公益世務」の衍義箇所において、

国益ヲ成セス世ヲ利スルニ非サレハ国家ノ冗物ナルノミタトヘハ僧侶ニシテ説教ヲ巧ミニスト雖他ヲシテ後世ノ幸福ヲ招キ今世ノ安寧ヲ得セシメス虚ク信施ヲ受ルヲハ不浄説法ト名クルカ如シ[10]

と仏教僧侶自身に対する自戒警鐘を発しており、「国憲国法」の衍義箇所では、

信教自由ヲ有スト雖臣民タルノ義務ヲ欠キ国体ニ矛盾スルカ如キハ皆勅旨ヲ奉体セサルモノナレハ唯効ナキノミナラス国体政体ニ害ヲナス豈可不慎乎[11]

とキリスト教を批判し、「一旦緩急」の衍義箇所では、

彼蒲萄牙ノ瓜哇ヲ亡ホセシヤ先ツソノ宗教ヲ闌入シテ人心ヲ化シ而後ニ兵ヲ以テコレニ向フニ至テソノ信徒皆戈ヲ倒ニシテ起リ一挙ニシテ亡ヒタリ[12]（傍点筆者）

という例を挙げ、したがって、

神仏二教徒ノ協和シテ国体ヲ維持センコトヲ希フモノコレカ為ノミ然ルニ神官ハ僧ヲ擯斥シ僧侶ノ中諸宗互

ニ攻撃シ同宗ノ中亦各党派ヲナシテ宗教者中ソノ心一致ナラス豈慨歎セサルヘケンヤ(13)

と述べるごとく、神官による僧侶排斥、仏教諸宗および同宗中の党派の不和を止め、神仏二教協和一致して洋教防御の任にあたるべきであると弁じて本書を結ぶのである。

このような本書を概観すると、勅語の字義解釈を別にすれば、仏教と勅語の関係というより、勅語に関連させて僧侶の自戒や神仏協合を説き、かつキリスト教を非難した、いわゆる排耶書の一種という感を受ける。これは維新以降、常にキリスト教と対峙してきた仏教にとっての根源的意識の表出であると同時に、のちの条約改正から内地雑居につながるキリスト教蔓延の危機感から出たものであろうことは想像に難くないが、前述のごとく、時はまさに教育宗教衝突論争の喧しかった頃でもあり、おそらく、これを反映して一仏教者としても勅語に仮託してキリスト教排撃の意を顕示したものと考えられよう。否、それこそが東陽円月の本書著述の本意として浮かんでくるのである。

しかしながら、その論調は国家主義的立場よりキリスト教は我が国にとってただ不適切であるという一般的な国害論を述べているに過ぎず、一歩進んだ仏・基の思想的対論のような特徴的な部分はもとより、肝心の仏教と勅語との関係、およびその教義的根拠とも言うべき点も、残念ながら本書からは明確に浮かんでこないのである。

そこで、さらに視点を広げて本書の前後、すなわち、東陽円月の著述傾向を観察し、その思想的立場を通してこの問題を追求してみよう。

四　著述傾向から見た東陽円月の思想的立場

『真宗学匠著述目録』によると、東陽円月の著述は極めて多いが、ここでそれらを挙げてみよう。

『阿弥陀経再録』　『見真大師伝絵指要鈔』　『真俗二諦弁』
『安楽集略解』　『玄義分応玄録』　『十七題略解』
『一枚起請文記』　『外学五条示蒙篇』　『正信偈北天章記』
『易行品略解』　『原人論講弁』　『四身四土記』
『王本願聴記』　『五悪段録』　『十類記』
『往生論註愚哉録』　『五部九巻綱要』　『四法大意稟承記』
『往生要集備忘』　『小川翁ノ法話集ヲ読ム』　『正定滅度対論記』
『興御書柳浦録』　『五願六法蠡測』　『信心獲得章護山録』
『観経依釈』　『三誓偈録』（或聴記）　『浄土論註略解』
『改悔文略釈』　『三心釈弁定録』　『十二題草案』
『帰命の義相』　『三経文類二十五論題』　『四教義講並台学階梯』
『教育宗教適合論』　『三大教則私考』　『正因報恩義』
『行信両巻大旨』　『散善義深信釈』　『真俗四論題記』
『捃拾私記』　『最要鈔講録』　『宗乗五論題』

『愚禿鈔禾人録』
『七釈大綱』
『正信偈三思録』
『宗要百論題』
『真宗掟義』
『精斎翁病床慰問之記』
『選択集水月記』
『選択集竜蛇録』
『大悲代受苦説』
『大学林法話会記』
『第十八願亀川録』
『大経明治録』
『たすけたまへの総括を読む』
『タノムタスケタマヘ義』
『第十八願海西甲刹録』
『大行義』
『勅語奉体記』
『論題集』
『信心獲得章亀川録』
『天台論題』
『読行信私憂弁』
『内学六条示蒙篇』
『二種深信詳解』
『二諦妙旨談』
『二諦の精神』
『二巻鈔二種深信講義録』
『二巻鈔講弁』
『二河譬弁』
『二河譬喩詳解』
『二門偈録』
『二種深信記』
『八囀声記』
『八番問答己丑録』
『不断煩悩義』
『弁駁類及雑記』
『真宗安心異同弁』
『本典大綱会読記』
『本典大綱彦山玉津会筆記』
『本典仰信録』
『宝章五十題』
『宝章論題後篇』
『本願成就論要四十題』
『本典詮要百二十題』
『宝章自問自答章記』
『末代無智章十一記』
『文類聚鈔非己録』
『耶蘇三教異同弁』
『余力随筆』
『蓮如上人御一代聞書類文述要』
『六字釈講義録』
『六字釈長久録』
『六字釈録』

以上、九十四点[14]であるが、このうち『二諦妙旨談』は前編（明治二十五年）・後編（同二十六年）・続編（同三十三年）の三部作であることからして、全著述は九十六点程になる。また、刊行したものだけでも三十七点程を数える。そして、刊行したものだけを年代順に見ると、明治二十三年本山の安居本講における安心調理以前が三点、それ以降が三十四点と圧倒的に以後が多い。すなわち、この出来事が円月にとって一大転機になったとみるべきであろうが、これは郷里で著述活動に専念したことの証左であると同時に、安心調理された宗乗義解に関する自説の正当性を本山や周辺に対して披瀝する行為のあらわれとして著述活動が在った、ということを意味するものと考えられよう。事実、その大半が宗義宗乗に関するものであるが、中でも特徴的なのは、『二諦妙旨談』（前・後・続）、『不断煩悩義』（明治二十四年）、『二種深信講義録』（同三十三年）、『二種深信詳解』（同三十四年）、『二諦の精神』（同三十四年）等、いわゆる真俗二諦論、特に俗諦教義に関する著述傾向が濃厚なことである。

周知のごとく、これは信仰面と日常の倫理道徳方面、仏法と王法、端的に言えば、仏教と社会体制および国家を連結させて説く場合、江戸期以降特に強調され、幕末から明治期にいたって極めて効果的に多用された真宗教義の一つであるが、これに関する著述が多いということは円月自身が特にこの宗義を意識して強調したと見るべきであろう。ということは、斯様な意識を形成し志向した思想的背景が、著述としてそれ以前に存する可能性があると想定されるのである。

そこで、再度前掲の『真宗学匠著述目録』を一瞥すると、はたしてこれを見出すことができる。すなわち、『十二題草案』、『耶蘇三教異同弁』[15]、そして『三大教則私考』、『十七題略解』等の著述がそれである。

たとえば、『十二題草案』について考えるに、辻善之助が『明治仏教史の問題』で、

明治四年の頃、九州其他の地方に於て、宣教使下向の際、十二問題なるものを提して、諸宗僧侶を試みるも

のがあつた。若し僧侶が答ふること能はざる場合には、還俗せしめ、寺は古跡にせらるるといふやうな噂が立ち、地方の寺々から、本山へ伺を立てるものがあった。[16]

として養鸕徹定の試案を載せているごとく、明治二年設置の宣教使の目的はキリスト教防止と維新精神の昂揚にあったが、祭政一致の強調により、趨勢の赴くところ、仏教を圧迫し、「仁法二教」「神仏本迹」「仏法国益」「神明帰仏」「鎮護国家」「生死感業」「三世因果」「須弥有無」「葬式益無益」「法事弔勤」「浄教新古」「二法一双」という十二の問題を提示して僧侶を難詰した。円月も九州は豊前国に在ったことから考えると、おそらく『十二題草案』なる著述は、この宣教使の十二問題に対する答弁の草案ではなかったかと想像される。

また、『三大教則私考』は明治五年四月二十八日、宣教使にかわる教導職に対して布達された「宣布大教詔」(同三年正月三日)に基づく「三条教則」(「敬神愛国ノ旨ヲ体スヘキ事」「天理人道ヲ明ニスヘキ事」「皇上ヲ奉戴シ朝旨ヲ遵守セシムヘキ事」)に関する著述である。

さらに、『十七題略解』は「三条教則」に関する実際教化の目標として明治六年に発布された「十一兼題」に続く、「十七兼題」(「皇国国体説」「道不可変説」「制可随時説」「皇政一新説」「人異禽獣説」「不可不学説」「不可不教説」「万国交際説」「国法民法説」「律法沿革説」「租税賦役説」「富国強兵説」「産物制物説」「文明開化説」「政体各種説」「役心役形説」「権利義務説」)に関する著述であり、『耶蘇三教異同弁』も、おそらく排耶書の類に属する著述と考えて間違いはない。

このように、維新直後の宣教使時代、さらに、大教宣布の意に基づく三条教則を基調とした大教院時代の著述が存するということは、明治中期にいたって護法即護国意識のあらわれとしてキリスト教を批判しつつ、同時に、仏教の国家にとっての有益性や国益論を展開する東陽円月の思想的背景および基盤が、すでに、この明治初期の時点において胚胎しており、かつ確立していたと見るべきであろう。

なお、筆者が西光寺東陽閣の筐底で発見した数種類の三条教則関係の衍義書は、もちろん先述の著述目録には入っていない。したがって外に出ず、これまでまったく人に知られることが無かった貴重な資料なので、若干を除いて『三条教則衍義書資料集』全二巻（平成十九年刊行）に翻刻して収載しておいた。

そして、明治二十六年の『勅語奉体記』、続いて、同二十八年の『教育宗教適合論』の著述となる。これは、教育と宗教が「衝突」（キリスト教）しないで、「適合」（仏教）する論を述べたものである。これについては円月自身が、

頃日井上博士教育宗教衝突の論を発して耶蘇教を判して非国家主義にして国家主義に非ずと云へり吾仏法も若真俗二諦の宗義を能く体得して自行化他するに非ざれば恐らくは非国家主義にして耶蘇教と異なることなしと評せられん[17]

と語るところからでも明らかなごとく、やはり、円月にとってはキリスト教排撃が一方の眼目になっていたことは間違いないところである。

以上のような著述傾向から見たとき、『勅語奉体記』は、勅語渙発に便乗したという意味での、単に偶発的にあらわしたものではなく、少なくとも維新期からの一貫した思想傾向に沿ったもので、その延長線上に位置する著述として捉えるべきであろう。また、斯くのごとき思想的立場は『東陽詩集』中、「観清狂道人剣舞図有感」で、

海防講策彼一時　艨艟頻圧大洋来　先皇御咏法王歌　臣民誰不唱攘夷　深慨是誰僧月性　酒間剣舞血涙迸

狂豈狂哉奮起人　幾人為国軽身命　月公嘗著護国論　勤王主義在応変　彼以教来以兵襲　我以教拒以兵戦
今也聯邦結和親　万里波濤若比隣　西去東来交貿易　妖教無端誘我民　君不見蠱惑曾有織田氏　神祠仏閣尽
破毀　皇国々体果如何　我奉我教報国耳(18)

と詠じていることでも了解し得る。

この点より見ると、多田賢住の場合とまさに一致することではあるが、明治初期の大教院に関係する、あるいは、三条教則およびその周辺に関する著述がある者は、後年の勅語渙発にも対応してゆくという傾向を有していたとも言えようし、逆に言えば、すべてではないが勅語衍義書をあらわした僧侶を遡れば、大教院等に多少なりともかかわりがあったということを指摘し得よう。また、このことは同時に、「三条教則」と「教育勅語」が、時代や状況、旨趣や対象という別次元の懸隔はあっても、思想史的にはどこかで一脈相通じていると見ても、当たらずとも遠からず、ではないだろうか。

ともかく、東陽円月の場合、仏教と勅語との関係を連結させる教義的根拠の中心は、自派教義である真俗二諦論中の王法為本・仁義為本に依る俗諦教義からであったことが明らかとなった。しかし、それだけでは他とまったく異なるところがなく、特徴とすべき部分もない。そこで、前述の安心調理された円月の独特の宗乗義解である滅罪論の問題が浮かんでくるのであり、実は、この東陽円月の滅罪論（一念滅罪）こそが宗義と多少異なった点より仏教と勅語の関係を明示した円月流とも言うべき、鍵を握る教義的根拠だったのである。

五　一念滅罪論と教育勅語

東陽円月の滅罪論をうかがうとき、資料としてはまず最初に東陽円月調査の記録が挙げられるが、これは『東陽越路調査録』[19]（写本）の中に入っている。それは左に掲げるような内容より成る。

「自問自答」（東陽円月）
「自督鈔」（東陽円月）
「法話会筆記」第一（明治二十三年七月二十八日夜、安居本講の演説）
「同　筆記」第二（同　年同月二十九日夜、安居本講の演説）
「法話会質問」第一（同　年同月二十八日夜）
「同　質問」第二（同　年同月二十九日夜）
「東陽円月調査記事」（明治二十三年九月十日発行本山月報第八号掲載文）
（同　年八月二十八日原口針水の教誡文）
（同　年八月二十九日大洲鉄然の譴責書）
「東陽円月調査筆記」
第一回（明治二十三年八月十三日）五十二問答
第二回（同　年同月十四日）三十二問答
第三回（同　年同月十五日）七十六問答

第四回（同　年同月十九日）七十四問答

（計二百三十四問答、質問者は赤松連城・利井《かがい》明朗《みょうろう》の二名[20]

「越路卓梁調査筆記」

このように、問題となった滅罪論の解義や経緯などについて詳細に記録している点で貴重な資料と言えるが、その要旨を抽出すると、

　倩私ガ近来ツラ〳〵思考スルニ耶蘇教ハ維新以来漸々弘マル貌チニナリテアル外国ノ噺シヲ聞クニ耶蘇教ノ本国ニテ却テ耶蘇教ハツマラヌモノト云ヒナス様子ニテ新聞或ハ雑誌上ニ於テ往々コノ事実ヲ認メマスル……日本ニテモ現今追々哲学ガ盛ンニナリマスレバ外国ト同様ニ耶蘇教ガツマラヌト云フ様ニナルニ相違ナシコレヨリ自己反省スルニ真宗デ安心ヲ勧ルモ悪アリ乍ラ往生ナリ善根モ入ラズ功徳モ入ラズ其儘御助ケヂヤト説教致シマスガ此ヲ局外者ノ聞ク処デハ如何様ニ聞取リマショウカ悪アリ乍ラデ此儘御助ケナリ御浄土参リ也ト中シテハ阿弥陀様ノ御慈悲トカ願力ナドト申シテモ局外者ヨリ云ヘバヤハリ道理ノツマヌコトナリ如此ノ道理ノツマヌ噺ヲスレバ哲学ニ合セズ故ニ哲学ヲ修メタモノナレバ真宗ノ教ハツマラヌト云ヒ彼耶蘇教同様ニ打落トサルヽニ相違ナシ[21]

と述べ、キリスト教に対比させて真宗の説教の仕方にも問題があると説きはじめるのである。そして、「自問自答」で、

他力ノ信ヲ得タル後モ其機ハヤハリ地獄行ノ機ナリト云モアリ此義云何(22)

と、自らの問いに対して、

是レ理ニ違シ文ニ違スルノ説ナリ……信ヲ得ルトキハ地獄行ノ機ガ其儘正定聚ノ機トナル信巻ニ至心信楽ノ願正定聚之機ト票シ玉フ是ナリ何ゾ一人ノ上ニ於テ地獄行ノ機ト正定聚ノ機ト二種ノ機アルベケンヤ若シ強テ二種ノ機アリト云ハヾ白大豆ノ中ニ赤大豆ノ交ハリテ一ツニナリタルガ如シト言ハザルヲ得ズ若シ爾ラバ仏心凡心二物相合地獄行ノ機遂ニ地獄ヘ行キ正定聚ノ機ノミ往生ヲ得ルトセンヤ若シ会シテ地獄行ノ機ナレバ命チノアランカギリハ悪ヲ造ルトイヘドモ命終ノ時願力ニ牽カレテ往生ヲ得トイハヾ滅罪ノ益ハ臨終ニアリトスルノ義トナルベシ然ラバ過去未来現在ノ三世ノ業障一時ニ罪消エテトハ戯論ナルベシ又転悪成善ノ益ハ有名無実ナルベシ(23)

と述べて、信後は正定聚の機であり地獄行きの機ではない、と論ずるのである。この信後造罪の問題については、

有人問云　初起一念ニテ罪皆消ルヤ云何
東陽氏答云　爾リ宗意ニハ一念滅罪ナリ六趣四生ノ因亡シ果滅ス但シ貪等ノ相ハ猶存セリ(24)

とあるごとく、一念滅罪論を展開するが、このような円月の論調は随所に見られ、たとえば、次のようにも述べている。

又信後ノ造罪ハ如何トイフニ付テコノ煩悩悪業ヲ信后デモ昔ノ通リ悪アリ乍ラ御助ケト申シテ可ナルモノカトイフニ私ハ昔ノ通リトハ思ハレマセヌ何トナレバ信ヲ得ヌサキハ其造悪ガ地獄種餓鬼種畜生種デアリシナラン爾ルニ信ヲ頂タ上ハ御文章ニノ玉フ如ク不可称不可説不可思議ノ功徳トイフコトハカズカギリモナク大功徳ノコトナリト一時ニツミキエテ等ト云云今迄ノ地獄種トナリテアリシ煩悩悪業ガタノム一念ノ立チトコロニ不可称不可説ノ大功徳ヲ貫ヒテ其大功徳ガ行者ノ身ニミテリトノ玉フコノコヽロハ御一代聞書ト同ク功徳ガ身ニミチ〳〵テアルトノ玉フナリ……若シ悪アリ乍ラ助カルトイハヾ弥陀ハ罪ヲ消シ玉フニ及バザルベシ悪ハ浄土参リノ邪魔ニナル故ニ消シ玉フナリ如此一念ノ立トコロ処有罪ハコト〳〵ク消シテ下サル曾テ無一善ノ者ガ大善大功徳ヲ頂キ此ノ世ニアル中カラ已ニ正定聚不退転ト云フ身ニナシ玉フトアレバ信后昔ノ如キ地獄種ガオコル筈ハナキナリト私ハ心得テオルサレバ信ズル一念ガ処有罪ノ消ヘタトキニシテマタ此一念ガ善根ノ出来タトキナリ故ニ信后死スル迄悪オコレドモ此ヲ以テ死スル迄ガ地獄行ナドト云ハレヌト思フ此ノ処ガ真俗二諦ノ御宗意ニ於テ深キ味ヒノ存スル処ナリ(25)

また、これに関連した二種深信についても、

如此信機信法ヲ二種一具トハ申セドモ機ノ方ハイツモ地獄行法ノ方ハイツモ御助ケトイフ人アレドモ私ハ合点ノユカヌ所ナリ何トナレバ一念帰命ノ立処ニ地獄種ガ消ヘネバナラヌ唯地獄種ノミナラズ五道六道ノ迷ノ一種ガ一時ニ消滅スベキ筈ナリ消滅セバ其場ヨリ地獄行トイフ名モ消滅セネバナラヌ訳ナリ爾レバ地獄種ハアロウトイフテモアラレヌ故ニ信後ニ地獄行ノモノヲ御助ケト信相ヲ述ルノガ私ノ心得ガタキ所ナリ私ハ一念ノ時ニ地獄行ノ種ハキヘ光明ノ中ニスム身トナリ処謂南無阿弥陀仏ニ身ヲ丸メラレテトノ玉フヨリ見レバ

如此ノコトハナイコト〻存ズ爾レドモ后続デ地獄行ノモノヲ御助ケト申スノハ憶持不忘デ初起ヲ取出シテ喜ブモノト存ジマス此レガ二種深信ノ相続デアル[26]

と述べるごとく、無有出離の機と正定聚の機という二種の機が同時にある筈はなく、無有出離の機は信の一念において正定聚の機となるのであり、よって信巻では転悪成善の益を明示し、六趣四生の因が滅すと説いているのである。すなわち、初起一念の時に地獄行きの種は滅尽し、阿弥陀仏の光明の中にすでに住する、これが二種深信の真意である、と主張するのである。さらに、この点に関しては、

問　信ヲ得タル上ハ無有出離ノ機ヲ転ジテ正定聚ノ機トナルト云ハヾ信後相続ノ歓喜ハ正定聚ノ機ヲ御助ケトヨロコブナリヤ[27]

という質問に対し、

答　不然信ノ一念ニ地獄行ノ機ガ正定聚ノ機トナルトイヘドモ初起ノ一念ニ地獄行ヲ御助ケト領受シタルマ〻ヲ信後ニ取出シ〱喜ブヲ憶念相続ト云フ憶ハ憶持不忘ニシテ地獄行ノ機ヲ助ケ玉フコトノウレシヤ難有ヤト臨終マデ思出シ〱シテ喜ブノミ後続ニ至テ更ニ地獄行ヲ御助ケト信ズルニ非ズ地獄行ト信ズルモ御助ケト信ズルモ初発ノ一念ニアリ后続ニ至ツテハ地獄行ヲ御助ケニ間違ナキヲ忘レズシテ喜ブ之ヲ相続ト云ナリ[28]

と答えるように、信後は地獄行きを御助けと領解した初起一念、すなわち二種深信を取り出し、思い出し、かつ歓喜追憶して相続（憶念相続）するのみであるが、これが重要であるとしたのである。このような解義は、近世にいたって民衆の現実生活に則したかたちで念仏行者の理想像として登場した妙好人のあり方を意識して志向し、また勧奨する傾向に一脈相通ずるものである。それは端的に言えば、真俗二諦論の強力な教義的根拠であるとも言うことができよう。この点については、左の質疑解答がその証左となるだろう。

問　前来論ジ来ルトコロ大ニ真俗二諦ノ法義ニ関係アルニ似タリ請更ニ之ヲ論ゼヨ

答　此尋ネノ旨誠ニ肝要ナリ俗諦トハ世間通途ノ義ニシテ神仏諸宗ハ申ニ及バズタトヒ耶蘇教ノ徒タリトモ人身ヲウケタルモノニシテ豈人倫ヲ守ラザルベケンヤ皇国ノ人民ニシテ皇上ヲ奉戴シ朝旨ヲ遵守スベキハ言ヲ待タザルナリ然レバ我宗ニ局ルモノニ非ズ特ニ真俗二諦ト名ケ之ヲ真宗ノ法義トスルトキハ別途不共ノ義アリ謂ク弥陀ヲタノメル人ハ南無阿弥陀仏ニ身ヲ丸メタルコトナリトノ玉フガ故ニ獲信ノ行者ハ起居動静南無阿弥陀仏ノ用キナリ故ニタトヒ商ヒスルトモ仏法ノ御用ト心得ベキナリトノ玉フ是以商業ヲスルモ念仏ヲ申シ〳〵之ヲ営ミ農業ヲナスモ称名モロトモニ之ヲスルガ故ニ自ラ王法人倫ニ違背セザル行儀ヲ成ズ御一代聞書ニ云信心治定ノ人ハ誰ニヨラズ先見レバ尊クナリ候コレ其人ノ尊キニアラズ仏智ヲ得ラルヽ故ナリトノ玉フ只法席ニアリテ肩衣ヲ掛ケ珠数ヲツマグリ法味ヲ談合スル時ノミ殊勝ナルニ非ズ鋤鍬ヲ携ヘ算盤帳簿ヲ持チタル姿モ自ラ尊ク見ユル是即チ一念帰命ノ刹那ヨリ光明中ニ在テ時々尅々往生浄土ノ道行キナルガ故ニ然ラザルコトヲ得ンヤ此ヲ二諦相資ノ義トスルナリ(29)

このように主張した東陽円月の滅罪論、端的に言えば、一念滅罪論、ならびに二種深信や不断煩悩義などに関する解義を整理して一言で約するならば、すなわち、信後造罪の問題は初起の信の一念において無有出離の縁の地獄行きの者も不思議の願力によってあらゆる罪業を消滅されて入正定聚不退転の人となり、信後続位の心相においては御助けと領受したままを取り出し憶持不忘して歓喜する憶念相続により、もはや地獄行きの機にあらず、それは口々夜々、浄土へ向かってゆく姿であり、二種深信、初後一貫、等流相続の相である、そしてすでに信の一念に仏因が充満するが故に、滅罪生善の徳はことごとく我が身のものとなる、これが信巻に現生十種の徳の中に至徳具足や転悪成善の益を掲げる所以であり、よって信の当体ならびに信後に通じて衆生の実際に得る顕益としての「滅度密益」であって、単なる法徳だけにとどまるものではない、という、いわゆる「体滅相存説」の解義を有していたのである。(30)

これに対して当時円月の論争の相手であった足利義山（文政七年〜明治四十三年）は、これを「法徳の得益」と「性得の機相」とに分別し、もし法徳の得益からいえば、たしかに信の一念においてすでに三世の業障を滅尽したのであるから六趣四生の因が亡し、果が滅して正定聚等覚の人であって決して地獄行きの機とは言えない、しかし、これは『蓮如上人御一代聞書』にあるごとくあくまで「密益」である、これを性得の機相からいえば、依然として旧をあらためざる愚人であり貪瞋具足の凡夫なるが故に、かならず地獄行きと言わねばならない、すなわち、信後続位においても依然として地獄行きの機と言うべきである、と主張したのである。(31)さらに義山は、無始已来もち来たった煩悩や悪果を惹起する悪業が信心獲得の一念においてことごとく消滅されるというのは信心の徳をもって予決について言うことである、すなわち、滅罪の利益は実際には命終の時のことであるが、その利益を得ることの予め決定するは信の一念に存するが故に、後に得る利益の信の一念に引きあげて言ったものである、とも述べている。(32)

このような「滅」「不滅」や「一念」「多念」に関する説は古来真宗学匠の間に種々論義があり、「体滅相存」

「種滅現存」「理滅事存」「法滅機存」「密益顕相」等の諸説があるが、あくまで宗義の正意は、信の一念における滅罪は往生浄土の因法としての名号の徳についてのことであり、成仏までは語り得ず、滅度の果報は極楽浄土に往生して得るものと定め、この世界における信心の現益としては正定聚の地位に住するもの、と定めているのである。したがって、この穢土（現実世界）において〈密《ひそ》かに滅度を証《さと》る〉と主張した東陽円月の滅罪論（一念滅罪）は、浄土門の埒外に出たいわゆる「滅度密益の邪義」として真宗における邪説の一種と調理（取調べ）されたわけである。

しかし、東陽円月の特徴はこの「滅度密益」の義を俗諦教義、すなわち、王法との関係において求め、勅語中の人倫道徳と結節させて語ったところにある。左に、その点を著述中より抽出して見てみよう。

まず、『二諦妙旨談』後編においては、

その法徳是密益なりと雖些も見つべき無きものに非ず故に信ある人は見るさへ尊し……受たる名号内より薫じ照護し玉ふ光明外より触る、なりかくの如き法徳を蒙りたるものは自ら人道に乖き王法に戻るの所作なきに至る故らに思ふて尊とむ体殊勝ふりをするには非ざれども尊とく殊勝に見ゆるなり(33)

と述べ、『二諦の精神』でも同様に、

至徳具足転悪成善の二益は名号を全貫したる徳なり心光常護の一益は光明の益なり名号は内に在て其徳外に顕れ光明は外より照して身心を柔軟ならしむ密益と雖その徳相全く見るへからざるものとは云へからす(34)

と述べ、さらに『二諦妙旨談』続編でも、

次に政化の裨益を成する否やを論せは至徳具足も転悪成善も密益にして全現には非さるも自ら外相に少しく顕現するものなれば顕密の二途とは云へからす翁[35]の現実と云ふは密益の顕現するの義なるへけれはその密益外相に顕はれて王法仁義の俗諦の行状を成するの義なりと云ふへし此乃政化の裨益を成するに非すや[36]

あるいは、

今家の宗意は我等ハ生死ノ凡夫カハとは云へとも矢張凡夫なり穢身妄念のそのまゝ好人なり妙好人なり何以然るとならは南無阿弥陀仏ノ主ニナルナリこれ滅罪生善の法徳を領受するなり豈王法人道に違するの行儀あるへけんや[37]

と述べるごとく、たとえそれが法徳としての密なる益ではあっても、心の徳相としてはまったく見るべきものがないとはいえず、その徳相が日常現実の行為行動として少しでも外相にあらわれた時、まさに「政化の裨益を成す」る俗諦門としての王法仁義を遵守することにつながると論ずるのである。これは前述の妙好人的存在というものをかなり意識して期待したものとも言えよう。

また、この俗諦門の成就の根拠は、

サレハ祖師聖人ハ世ノ中安穏ナレ仏法弘マレト思フヘキヨシ示シタマハリ然ルヲ仏法タニ信スレハ世教ハサ

モアラハアレナト心得マトヘルハカナシカルヘキ事ナリとこれに依るときは光明の力用に依て信後如実の行儀を成するなり然れは俗諦門の行儀を成するもの亦光明名号の益なりと謂ふへし(38)

と述べるように、弥陀の光明名号に依ることは言うまでもないが、

儒仏神の三道いつれの教にてもその教を受くるときは人道を守るへし今家の仏法とは如来回向の法なり上に引く所の弥陀仏智これなりこの仏智を全領するときは法徳内より薫して固より有する所の五倫五常の理自ら現行するなり喩は提燈に記号ありと雖暗夜にはこれを弁せす内に燭をともすときは定紋姓名鮮かに見ること を得るか如し提燈に記号あるは人の五倫五常の姓を有するなり暗夜に之れを見さるは一切の教導なきなり燭光内より照して記号を見るは法徳の威力内より薫するなり信心の行者自ら人道を守るへきこと可レ知(39)

あるいは、

仏法を宗とし称名を本業として世事をいとなむときは国政人道に違戻するの行状あるへからす(40)

そして、

単に真諦門の安心起行を勧むるも如教奉行するものは必ず品行正良にして政化に裨益あるべし是を真俗二諦の妙旨とするなり(41)

と論ずるごとく、あくまで日常の実践生活を意識し、「法徳内より薫して固より有する所の五倫五常の理自ら現行」し、「品行正良にして政化に裨益」がある人倫道徳を堅持して「国政人道に違戻するの行状あるへからす」と強調するのである。したがって、このような立場や論調は必然的に勅語中の道義道徳につながり、相呼応することになるわけである。

もちろん、円月自身、

> 然るに真諦を以て俗諦を資くるが故に亦俗諦を以て真諦を資くるものにしてその要真諦にあり[42]

と述べるように、その本質は真諦門に存すること言うまでもないが、真諦は如来回向の法、俗諦は人間本具の性として、二諦はその本質を異にしながらも、俗諦は真諦の法徳として密益ではあっても薫発されるという、いわゆる「俗諦薫発説」を主張したのである。

そして、このような解義による教義的根拠を基調に俗諦方面を強調して勅語に接近し、かつ仏教を勅語中の諸徳目（忠・孝・友・和・信、あるいは、仁・義・礼・智・信、等の世俗倫理）に比定し関係づけて対応し、勅語との一致を展開したのである。

もっとも、上来述べ来たったところは、あくまでも円月自身の宗乗義解より出た仏教による勅語服膺の根拠および関係であって、宗門としてはすでに明治二十四年五月二日、明如宗主自身の「総末寺中総門徒中へ御下附」[43]からも明確であるが、真俗二諦の王法為本による勅語服膺の方針は言うまでもないところである。よって、円月の否定されたところはその意図や目的では決してなく、あくまで宗乗解義の異義性という一点であったことが、これからもわかるであろう。

六　おわりに

以上、東陽円月の勅語衍義書およびその周辺をめぐって検討してきた点を整理してみよう。すなわち、円月の思想的・教義的立脚地を分析すると、

○第一に、『東陽詩集』による月性との関係や維新直後の宗教政策に対する追認対応、さらに、これに関する著述があることなどからみて、本来的に勤王意識あるいは国家的意識を具有していたことが挙げられる。

○第二は、仏教僧侶として異教防禦という点で増幅されたキリスト教批判に見られるごとく、あくまで国家の中における仏教の役割りという仏法国益論的傾向を常に有していた点である。

○第三に、真宗僧侶としては自派教義である真俗二諦論を積極的に活用して王法為本を強調し、就中《なかんずく》、その解義は真宗教学の一論題であり一種の異安心《いあんじん》でもある一益法門《いちやくぼうもん》に根拠立脚し、一念滅罪による密益の日常実践生活への顕現化が俗諦門としての勅語の普及につながり、ひいては、それが仏教の普及振興につながるという考えを具有していたのである。

というような点が認められた。

たしかに、勅語衍義書としての『勅語奉体記』そのものには排耶的意識しか認められなかったが、これら全体を綜合して、冒頭で述べた類型化という点でみると、独自異義の解義からとはいえ、その基礎は宗乗の真俗二諦論を極めて重視し、かつ依用していたわけである。

その意味で言うなら、大枠では自派教義の伝統的宗乗を基調に仏教と勅語の関係を説示した第一類型の範疇に属しつつ、仔細に言えば、第一類型の特殊型として位置するものであると見てよいであろう。

註

(1)『二諦の精神』(堀順乗編　法蔵館　明治三四年)一三九頁。
(2)『本願寺史』第三巻(本願寺史料研究所編　昭和四四年)一八五頁〜一八六頁。尚、三島了忠『明如上人血涙記』には一部これと異なる部名・人名を配置していると『本願寺史』にはあるが、筆者は未見である。よって取り敢えず本書所載の記録によった。
(3)本書は、『教育勅語関係資料』(古田紹欽編　日本大学精神文化研究所・教育制度研究所発行　昭和四九年〜同五八年)全一一集中、第四集(昭和五二年一月)に翻刻収録(四六九頁〜四八一頁)しているが、以後、引用に際しては原文の体裁を尊重するため、その底本となった原本(日本大学教育制度研究所所蔵)を使用した。
(4)『勅語奉体記』五頁〜六頁。
(5)同右、六頁。
(6)同右。
(7)同右、七頁。
(8)同右、六頁〜七頁。
(9)同右、八頁。
(10)同右、二二頁。
(11)同右、二三頁。
(12)同右、二四頁。オランダ以前のポルトガルのジャワ占領の件を指摘していて、一般に言う宗教による間接侵略のことを円月は言っているようである。なお、ジャワの漢字は「爪哇」で「瓜哇」はハワイである。宛字はよく似ているが、円月の原本の間違いとすべきであろう。
(13)同右、二五頁。
(14)『真宗学匠著述目録』(井上哲雄編　百華苑　昭和五二年複刻版)二九頁〜三一頁。
(15)著述はおそらく刊行されていないのであろうが、筆者は未見である。
(16)辻善之助『明治仏教史の問題』(立文書院　昭和二四年)一二六頁。
(17)『二諦妙旨談』後編(永田長左衛門発行　明治二六年)の「緒言」部分。
(18)『二諦の精神』附録　一三頁〜一四頁。
(19)『東陽越路調査録』は、龍谷大学図書館所蔵、一冊、全一〇六丁、末尾に「昭和八年七月十二日　広島県賀茂郡西条町教善寺武田智順氏所蔵本ヨリ転写ス　筆耕　平春生」とある書写本である。
(20)赤松・利井両名の東陽円月に対する質問の内訳は左の表のごとくである。

	赤松連城	利井明朗	両名合計
第一回	二九問	二三問	計　五二問答
第二回	二〇問	一二問	計　三二問答
第三回	三一問	四五問	計　七六問答
第四回	三一問	四三問	計　七四問答
計四回	計　一一一問	計　一二三問	計二三四問答

(21)『東陽越路調査録』一七丁〜一八丁。
(22)同右、一丁。
(23)同右、一丁〜二丁。
(24)同右、二八丁。

(25)同右、二〇丁～二一丁。
(26)同右、二三丁～二四丁。
(27)同右、一四丁。
(28)同右。
(29)同右、七丁～八丁。
(30)東陽円月の滅罪論については「龍谷大学論叢」第二九三号（昭和五年八月）所収の雲山龍樹「東陽円月師の滅罪論」があり、また、行信論については同氏「月珠師並円月師の行信論」（「龍谷大学論叢」第二八一号　昭和三年）や普賢大円「豊前学派の行信論」（「同」第二九一号　昭和五年）があり、信願論については藤枝昌道「月殊、円月の信願論」（「顕真学報」第一九号　昭和一三年九月）が詳細に論じている。
(31)足利義山の説については「伝道新誌」に寄せた自身の種々の文章から了解されるが、また、「龍谷大学論叢」第二九三号（昭和五年八月）所収の豊水楽勝「足利義山師の二種深信説」も参考となる。
(32)『真宗大辞典』（岡村周薩編　鹿野苑　昭和一一年）中の「一念滅罪」の項目に依った。
(33)『二諦妙旨談』後編　五二頁～五三頁。
(34)『二諦の精神』四四頁。
(35)ここで「翁」とあるは、願海院足利義山のことである。
(36)『二諦妙旨談』続編（松岡信忠発行　明治三三年）四一頁。
(37)『二諦の精神』六一頁～六二頁。
(38)同右、五〇頁～五一頁。
(39)同右、五六頁～五七頁。
(40)同右、六〇頁。
(41)『二諦妙旨談』後編　五三頁。
(42)『二諦の精神』六六頁～六七頁。

(43)『明如上人御消息集』下巻（本願寺派本願寺編　大正八年）中の「総末寺中総門徒中へ御下附」（一六二頁～一六五頁）には左のごとくある。

「……ことに昨年十月の勅語を服膺し国憲をおもんじ倫理を守り、本宗念仏の行者たるにそむかざるやうこゝろがけらるべきこと肝要なり。すでにさきつ年より護持の一念を設け資本も追々充実の場におもむけばいよ〳〵教会を実行して真俗につけ宗義を拡張し、すゝんでは王法を扶翼し、しりぞきては宗門を弘通せんと念願するばかりに候也。あなかしこ〳〵。

明治二十四年五月二日

龍谷二十一世寺務釈明如

総末寺中

総門徒中」

第三章　太田教尊の教育勅語衍義書をめぐって

一　はじめに

明治二十三年十月三十日「教育勅語」（以下勅語と略称）が渙発されると、教育・宗教界では種々の不敬事件の続発、井上哲次郎とキリスト教徒との間における「教育と宗教の衝突論争」と、宗教と国家に関する一連の事件が起ってくる。そしてこれに対応するかのように、仏教界からは一部ではあるが、勅語に便乗したかのごとく仏教者の勅語衍義書群が出てくる。

したがって、仏教者の勅語衍義書を主題として考察することは、明治中期の仏教者の一動向や意識をうかがうことだけにとどまらず、仏教の世俗倫理への対応、そして仏教と国家の関係を吟味することでもある。それは取りも直さず維新以来の護法即護国観を基調とする「仏法国益論」の思想的系譜を再考察することにつながるわけである。

如上の視点と見通しをもって、真宗僧の勅語衍義書の若干を検討し、第一章と第二章の考察検討によって

○第一類型↓特定宗派の伝統的宗乗（異義を含む）が根拠の立場（多田賢住・東陽円月）
○第二類型↓仏教的色彩がほどんどなく、一宗教者としての立場（赤松連城）

の二類型に大別できた。

そこで、次に、同じく真宗僧である太田教尊の勅語衍義書の順になり、これが果してどの類型に属するのか、という問題を、その経歴や衍義内容等の検討を通じて考察してみるのが本章の目的である。

二　太田教尊の経歴

太田教尊なる人物は仏教界においても著名な存在ではないため、知る人はほとんどいない。ただ『現代仏教家人名辞典』にわずか数行の記事を見出すのみである。

師は岐阜県海津郡石津村、真宗大谷派願海寺住職。哲学館出身にして、教育事業に従事して功あり。(1)

よって、調査した範囲で経歴の概要を述べてみよう。

太田教尊は明治二（一八六九）年、岐阜県海津郡石津村（現在は海津郡南濃町太田）にある真宗大谷派の願海寺に生れ、明治二十二（一八八九）年二十一歳の時、東京へ出て明治二十年に井上円了が創立した哲学館に草創期の学生として入学（普通科）する。翌二十三年七月十五日、二十二歳で哲学館普通科を修了し、ついで高等下級科に進むが、この年勅語が渙発されたのである。そして、翌二十四年七月十五日、二十三歳で高等下級科を修了し、さらに高等上級科に進み、翌二十五年七月十五日、二十四歳で高等上級科を修了して三ケ年の学生生活を終え卒業した。『東洋大学八十年史』によれば、

明治二十二年に従来の学制を改め、新たに東洋部、西洋部の二部が設けられた。東洋部では日本固有の諸学、すなわち国学、漢学、仏学の三科目、西洋部では哲学、史学、文学の三科目を教授し、総じてこれを普通科と称することとした。またさらにそのうえに二年制の国学科、漢学科、仏学科の三つの専門科を設け、東洋大学科を開設すべき計画を立てた。(2)

とあることからみて、おそらく太田教導は東洋部に在籍したものと考えられる。さらに、当時の講師については『同書』に、

論理学(演繹法)を文学士阪倉銀之助、同(帰納法)を清野勉、心理学(理論)を大学卒業生松本源太郎・同徳永(清沢)満之、同(応用並妖怪説明)文学士井上円了、社会学を文学士辰己小二郎、倫理学(歴史)を文学士長沢市蔵、同(批評)文学士嘉納治五郎、純正哲学(哲学史)を徳永満之、文学士三宅雄二郎、同(哲学論—唯物論唯心論等)を井上円了、教育学文学士国府寺新作、儒学(孔孟学)を岡本監輔、同(老荘学)を大学卒業生内田周平、仏学(仏教史)を織田得能、同(仏教論)を村上専精、国学を大学卒業生松本愛重、英学初歩を大学卒業生柳祐信、磯江潤など、主として文科大学卒業その他の新進気鋭の士を網羅した(3)……

とある草創期の講師陣の記録からみて、このうちの幾人からは講義を受けたと考えてよいであろう。

特に清沢満之とは同派であるためか、卒業後も交遊関係があったらしく、さらに清沢を通していわゆる浩々洞の同人である暁烏敏《あけがらすはや》・多田鼎《かなえ》・佐々木月樵らとも交際があったようであり、同時期の学生であった境野黄洋とも親しかったようである。(4)

また、明治二十五年七月の卒業であるから太田教導は哲学館第三期生（太田を含め二十六名）(5)であった。そして、卒業後二年目の明治二十七年二月、二十六歳の時、本章の主題である勅語衍義書『勅語と仏教』を刊行したのである。

その後、当時宮内省侍従職の侍従試補であった日根野要吉郎(6)の娘と結婚し、大阪へ行き民間に務め、一時は中国大陸へも渡り、のち郷里に帰って寺を嗣ぎ、大正二（一九一三）年十一月二十一日、自坊の願海寺において四十五歳の若さで示寂したのである。

斯様な経歴を見ると、丁度明治期そのものを生きた人であったが、一生を通じて仏教界あるいは社会的に幅広く活躍したという人ではなかったようである。また学問研究者でもなかったので、著作も管見の範囲ではこの勅語衍義書一点のみである。しかし、この衍義書著述という点において、太田教導の名が後世残ることになったのである。

三　太田教導と哲学館

ところで、太田教導が哲学館に在籍したのは明治二十二年から同二十五年までのわずか三年間に過ぎないが、太田教導の勅語衍義書を語る場合、哲学館、端的に言えば井上円了の存在はきわめて重要であり、それ無しでは語り得ないと考えられるのである。よって、哲学館および井上円了の方面へ少しく目を転じてみよう。

明治二十二年（一八八九）
六月　　東洋大学科（国学漢学仏教学）開設趣旨を発表、有志の寄附を募る
八月一日　　本郷区駒込蓬莱町二十八番地に校舎起工
九月十日　　暴風のため校舎倒壊
十月三十日　　再起工の校舎落成
十一月一日　　新築の教場で授業開始
十一月十三日　　私立哲学館移転式挙行
同二十三年（一八九〇）
四月十三日　　哲学館日曜講義開始（七月六日終了）
七月六日　　「哲学研究会」結成（会長加藤弘之、副会長井上円了）後「東洋哲学会」と改称
七月十四日　　第一回修業証書授与式挙行
九月十六日　　始業式挙行
同二十四年（一八九一）
七月十五日　　第二回修業証書授与式を挙行
九月十六日　　始業式挙行
同二十五年（一八九二）
七月十五日　　第三回修業証書授与式挙行(7)

これらの事項は太田教尊在籍中の哲学館のいわゆる学事的な記録であるが、太田の入学した明治二十二年頃は

校舎の変動だけでなく、哲学館の方針内容そのものが丁度変革の時期に当たっていた。すなわち、

かくして哲学館は、西洋哲学専修の学園ということから、百八十度の転換をして、日本学（東洋学）を主体とし、西洋学を客体とする根本方針を確立し(8)……

とあるように、それまでの西洋学主体を逆転して自国固有の学を中心に据える方向に転換した時期でもあった。それは明治二十一年五月から翌二十二年六月にかけての約一ケ年にわたる館主円了自身の欧米諸国での調査巡遊の結果であったことは、従来諸書の説くところであり、円了自身、帰朝後早々に発表した一文「哲学館ノ目的ニツイテノ意見」中で、

余欧米各国ヲ巡遊シテ且ツ感ジ且ツ驚キシモノアリ、即チ各国ノ大学ハ勿論其中小学ニ至ル迄皆其国固有ノ学ヲ以テ基本トシ、交ユルニ他邦ノ学ノ之レト関係ヲ有スルモノヲ以テス。其国ノ学ヲ保護シ愛重スルコト比ノ如シ、……是ニ於テ日本主義ノ大学ヲ設立スル必要起ル、其大学ハ日本固有ノ学問ヲ基本トシテ之ヲ輔翼スルニ西洋ノ諸学ヲ以テシ、其目的トスル所ハ日本国ノ独立、日本人ノ独立、日本学ノ独立ヲ期セザルベカラズ(9)。

と述べていることや、同年十一月十三日の「移転旨趣ノ演説」で、

其後未ダ一年ニ満タザルニ私ハ突然欧米周遊ノ途ニ上リ、彼地ノ学問ノ景況ヲ実際観察スルニ及ビ、当時彼

地ニ在リテ第一ニ感ジタルハ、各国皆其国固有ノ諸学ヲ愛重シ之ヲ保護シ之ヲ基本トシテ学校ヲ設立シ生徒ヲ教育シ自ラ其国独立ノ学風ヲ有スルコトデアリマス……私モ是ニ於テ帰朝ノ後ハ哲学館ヲ改良シテ、第一ニ我邦久来ノ諸学ヲ基本トシテ学科ヲ組織スルコト、第二ニ東洋学ト西洋学ノ両方ヲ比較シテ日本独立ノ学風ヲ振起スルコト、第三ニ智徳兼全ノ人ヲ養成スルコト、第四ニ世ノ宗教者、教育者ヲ一変シテ言行一致名実相応ノ人トナスコト、此諸点ニ力ヲ尽サウト思ヒマシタ(10)。

と述べていることでも明らかである。

そして入学した年に太田教尊は、この「哲学館ノ目的ニツイテノ意見」や「移転旨趣ノ演説」を見、かつ直接円了の肉声として聞いているわけである。このような状況からみると、一学生である太田教尊も何らかの感化影響を受けざるを得なかった、というよりも、深く感化を受けたであろうことは間違いないと思われる。何故なら、日本固有の思想や学問、古来の歴史や伝統を重視するということは、同時に教育勅語へも傾斜し接近してゆくことであり、それが勅語衍義書著述への大前提ともなったであろうからである。

加えて、館主円了自身の明治二十二年から同二十五年までの動向の一端を見ると、次のごとくである。

明治二十二年

六月　帰朝

大内青巒氏ト図リ、言論信教ノ自由ノ為メ、仏教徒ヲ激励シ仏教公認運動ヲ興シ、京都各本山ヲ歴訪ス

同二十三年

九月十三日　尋常中学郁文館設立セラレ之ガ顧問トナル
十二月二日　教育勅語ノ主旨徹底及東洋大学科設立基金募集ノ為メ、静岡、愛知、岐阜、滋賀、三重ノ諸県ヲ巡講ス
同二十四年
二月一日　ヨリ静岡、滋賀、和歌山及四国ノ諸県ヲ巡講ス
五月十日　ヨリ京都府、鳥取、島根各県ヲ巡講ス
同二十五年
一月二十一日　ヨリ兵庫、岡山、広島、山口各県ヲ巡講ス
五月　哲学会評議員トナル
七月十七日　ヨリ山形、秋田、青森、岩手各県ヲ巡講ス[11]（傍点筆者）

このように、館主みずから資金募集を兼ねたとはいえ、勅語渙発のわずか一ケ月後に勅語の旨趣敷衍のため、各地の講演行脚に出発したという事実は、一学生の太田教尊にとっての勅語への傾斜に関して、かなりのインパクトを与えたといっても決して過言ではないであろう。

したがって、太田教尊の哲学館入学なかりせば、という点で考えるならば、勅語衍義書の著述という出来事は、館主井上円了を盟主とする哲学館在籍三ケ年の成果としての所産であり、哲学館と深いつながりを持っていると見るべきであろう。

このような環境や状況を背景として、太田教尊の勅語衍義書は卒業後、わずか二年目にして刊行されたのであった。

四　太田教尊の教育勅語衍義書

太田教尊の勅語衍義書の書名は、文字どおり『勅語と仏教』である。四六判で全三百八十五頁。奥附に「明治二十七年二月十日発行、著作者　東京市小石川区指ヶ谷町弐番地太田教尊、発行者　仝本郷区本郷六丁目五番地井上円成、発行所　哲学書院」とあり、当時の太田の住居が知られる。また、井上円了の弟である円成の名儀による哲学書院から刊行しているが、この点からも前述の哲学館との関係の深さが証明できよう。

まず巻頭に「勅語」を掲げ、次に「開法蔵　明治二十六年冬　紫鳳題」（紫鳳は九条道孝の号）と、当時宮内省式部職掌典長であった九条道孝（天保十年～明治三十九年）の「題字」を掲げている。思うに、これは前述の宮内省侍従試補日根野要吉郎の娘との婚姻関係が縁になっているものと想像する。

次いで、碩果（南条文雄）[12]および「明治癸巳新嘗祭之日」と年月を記する藹々居士（大内青巒）の両名による「序文」が続く。この「題字」と「序文」に年月の記載があることによって、少くとも明治二十六年秋頃には太田は本書を脱稿していたと思われる。

そして本書は島田蕃根《みつね》の校閲となっている。

内容は「緒論」「勅語衍義」「王法編」「忠良編」「孝順編」「倫常編」「雑編」より成るが、このうち「王法編」以下、最後の「雑編」までが資料編として三百数十頁程あるので、太田自身の筆によるいわゆる本文は「緒論」と「勅語衍義」の計六十一頁である。

1　本文について

本文の要旨を述べると、まず「緒論」冒頭に、

仏教は支那日本に伝来して始めて国家を重むし忠孝彝倫を教えたるにあらす其根本の教理に於て既に之を論定したり教主釈尊は広く之を説きて躬自らも之を行ひ給ひぬ(13)

とあるごとく、仏教は国家や忠孝という概念を否定せず、逆に根本教理にそれを内包しているとし、よって仏教渡来後の道徳維持の功績がある要因はこの点に存すると断じ、伝教大師の叡山開創と鎮護国家、見真大師の真俗二諦の一致を述べて、仏教の歴史的功績度を強調している。この点は、他の仏数僧の勅語衍義書においてもほぼ同様の主張がなされている。ついで、外国の思想について触れ、西洋主義は人権平等説に偏する傾向があり、儒教においても湯武放伐の思想があり、キリスト教でも天帝が真君で現世の君を仮君とする根本思想を有していて、結局、仏教がその教理上、歴史上において日本の国柄に合致適合する、と因果応報における王の果報について説いている『法句経』『弁意長者子経』『仏祖統記』などを引用して述べ、仏教の優位性を主張するのである。(14)

そして、近時の話題である「教育と宗教の衝突論争」に言及したあとで

次に起るべき問題は仏教と国家と又其道徳と勅諭との関係即ち仏教は国家を無みするや否や其道徳は忠孝を重んぜざるや否やといふ一点を研究することの必要起りぬ(15)

と、一転して今度は仏教側についてもこの点を検証する必要があると述べ、

邦人中には仏教と国家と一致し忠孝を主とするといふは日本僧侶の附会より出てたるものにして教理上に於ては此事なしとの誤想を抱くものもあらん是れ余か茲に仏教の上より勅語の衍義を作り其考証をは深く蔵中に入りて経律論を探り博く和漢諸大徳の撰述に就て之を蒐集し以て一書となして之れを世に公にしたる所以なり(16)

とあるごとく、仏教と勅語との関係を仏典の一々をもって例証し、決して附会の説ではないことを証明する、と述べて本書著述の理由および目的を明確に提示している。

次に「勅語衍義」部分に入り、具体的に各徳目との関係を叙述している。

まず、「国ヲ肇ムル……深厚ナリ」の衍義箇所の「肇国」概念に対する解釈では、井上哲次郎の『勅語衍義』(明治二十四年九月)と同じく、記紀神話に基づく肇国、統治、他国と異なる優越性を述べている。(17)

次いで、特に国と王(君)との関係に言及して、

将亦仏教にも四海に君臨せる帝王が国を治め民に仁慈を行ふことを説けりそは若し其国王として悪虐無道をなし治国の道に意を用ひず民に仁慈を施さゞれば其国は大に乱れて四海の万民は一日も安穏に生息することを得ざるを示し苟くも其身国の帝王たるものは国に徳政を布き民に仁沢を施して国是を確定し祖先を崇敬祝祭して先王の遺風を万代に伝ふべきことを奨励せられたり(18)

と述べ、具体的には『四十華厳経』中の所説をその根拠として例証するのである。すなわち、「入法界品」にあたる同経巻十一「入不思議解脱境界普賢行願品」中、賢王が種々の徳を具有し、正法に依住して国を治め、悪人を

治罰して其の過犯を鎖すること烈火のごとく、善人を安摂して快楽を与うること甘露のごとく、種々の方法をもって万民を調御し、其の訴訟を聴断し、其の孤弱を撫育し、其の惸独を憐恤し、民をして永く悪（十不善業）を捨て、善（十善業）をなすことを得せしむる、[19]ことを説く段のうち、賢王の内外二徳の保持を述べた箇所、

是故我王有二聖徳。何等為二。一者内徳。種族真正。仁慧深遠。二者外徳。如上略明後当広説。善財白言。云何内徳。願為説之。答言仁者。我国大王。種族尊勝。嫡嗣承襲。歴代相伝。入胎処胎。諸天護念。出胎已後。乃至受位。福慶交至。万国歓娯。聖徳日躋。博聞強記。仁智孝友。恭慈恵和。聴視聡明。具諸慚愧。有具足力。身無衆患。含垢忍辱。心無卒暴。尊賢重徳。愍哀庶類。於己財位。恒知止足。於他危難。常思救護。……威儀整粛。人咸畏敬。慰諭輔臣。撫育黎庶。憐愍衆生。……以慰国人。有或不順。返逆王命。酷害王民。動作非法。先以善言。如法開示。捨逆従順。王必慈恕。依所領処。不滅不奪。亦不駆擯。開命不悛。当加討罰。剋敵制勝。務在安人。[20]

を引用し、賢王の内徳とは、種族尊勝にして純正真潔、嫡嗣承襲して歴代相伝し、出胎以後受位に及びて福慶交々至り、万民歓娯して聖徳日に躋る点に存するとし、そのような賢王の性は、博聞強記、仁智孝友、恭慈恵和、聴視聡明であり、諸の慚愧を具し、具足力を有し、身に衆患なく、含垢忍辱、心に卒暴なく、賢を尊び徳を重んじ、庶類を愍哀し、己の財位に於て恒に止足を知り、他の危難に於ては常に救護せんことを思う、ような王である。よって人咸な畏敬するとし、さらに賢王は輔臣を慰諭し、黎庶を撫育し、衆生を憐愍して国人を慰むが、王命に返逆し、王民を酷害し、非法を動作するものがあれば、先ず善言を以って如法に開示し、逆を捨て順に従えば王慈恕して滅せず奪わないが、命を聞きても悛めざれば討罰を加えて必ず勝を制する、何んとなれば其の務と

するところは人を安んずるにあるからである、という一節を根拠としている。続いて、『同経』巻十二に、

我王円満如上種種法式清浄威儀。先入道場。礼敬賢聖。上祈福祐。沢潤含生。或祠祭祖宗。思報恩徳。教人孝敬。冥益万方。或出遊巡狩。撫俗省方。御衆班師。功成告謝。水旱災祥。省躬慶祐。祀祭之時。一心専念。恭敬無怠。如対目前。想其儀形。思其教誨。感涕薦奉。罄志無私。(21)

とある賢王の起居動作から祖先を祝祭し、人に孝敬を教えて万方を冥益し、俗を撫す、ることを説く箇所を挙げ、さらに、

一切衆生。及器世間。安立護持。皆是衆生自業果報。及諸国主徳力任持。劫初成時。此器世間。人皆化生。……自是至今。王化不絶。有欲之人。無主則乱。国有君主。一切獲安。故名王力能護衆生。(22)

と説く箇所を引用して、王の徳の外化について、一切衆生および器世間の安立護持は国王の徳力に依るが故に、国に君主あれば一切の人民は安楽を得るのであると述べるのである。

そして、このような仏典からの典拠を挙げた上で、太田教尊は、

されば仏教が国家を無みせざることの明白なるのみならず治国育民の方法を説くこと殊に剴切なるものあり(23)

と主張するのである。

次に「父母ニ孝……相信シ」の衍義箇所における「孝」の徳目については、

仏教に於て忠孝を重んずることの大なる所以は既に上に述べたる如くなるが亦兄弟夫婦朋友の道をも軽んずることなく兄弟相愛せず夫婦相和せず朋友と交はるに信を以てせざる等のことあるものは地獄餓鬼等の悪趣に堕して衆苦を受くることを示し至誠を以て各々其道を尽すべきことを奨励せられたり[24]

と述べ、その根拠を仏典に求め、具体的に『阿遬達経』『玉耶女経』『善生子経』『六方礼経』『優婆塞戒経』『雑宝蔵経』等の名を掲げ、仏教が人倫を重んずること大である所以を主張するのである。

次に「恭倹……世務ヲ開キ」の衍義箇所における「恭倹」と「公益・世務」の徳目については、前者を自己に対するつとめとしての「自利」、後者を社会人類に対するつとめとしての「利他」に配し、

此自利々他の極点に達し私欲煩悩を断尽して自他共に仏果菩提を覚了するは仏教最終の目的なり[25]

であると述べて、仏教と勅語中の徳目との一致を主張している。

次に「国憲……国法ニ遵ヒ」の衍義箇所における「国憲国法の遵守」の徳目では、

唯仏教が国法を蔑視せざる一二の経文を挙げん[26]

として『無量寿経』巻下で「五善五悪」[27]を説く箇所の一悪（一大悪）段中、

世有常道王法牢獄。不肯畏慎。為悪入罪受其殃罰。求望解脱難得免出。(28)

とある箇所、同じく二悪（二大悪）を説く段の、

今世現有王法牢獄。随罪趣向受其殃罰。(29)

とある箇所、さらに、三悪（三大悪）を説く段の、

亦復不畏王法禁令。如是之悪著於人鬼。日月照見神明記識。(30)

とある箇所などを引用して、悪を為せば今世において王法の牢獄が待っていると述べている。これは『無量寿経』所説の、前世に道徳を信ぜず、不善の行によって今悪を為せば、自然に三塗無量の苦悩があり、その中に展転して世々累劫に出期なく、解脱を得がたく、大火の人身を梵焼するがごとくであり、よって一心制意、端身正念して衆悪を止め、諸善を為せば、身ひとり度脱してその福徳度世上天泥洹の道を獲得する、(31)という脈絡より出た言葉である。そして、この「五善五悪」を勅語との関係、すなわち仏教の世俗倫理に対する根拠として持ち出すのは、ひとり太田教尊にかぎらず、多田賢住の場合と同様である。これは自派正依の経典の説示する教義として、浄土教系の僧がよく使用するのは当然のことでもあろう。

さらに、『摩訶摩耶経』巻上の、

世間之人犯於王法。罪応及死閉在囹圄[32]。

とある一文も引用し、かつ『阿弥陀経』『平等覚経』の名も挙げて、仏教の説く王法と現実の国法との関係を合致させて述べ、仏教が現世の国法を無視するものではない点を強調するのである。

次に「一旦緩急……扶翼スヘシ」の衍義箇所においては、『立正安国論』中の有名な一節、

而他方賊来而侵二逼其国一。自界叛逆而掠二領其他一。豈不レ驚哉。豈不レ騒哉。失レ国滅レ家。何所遁世[33]。

また、『宗門無尽灯論』の「流通第十」に、

彼常国之有二志気一者。互相謂曰。雖二我国乱一。不レ無二我君一。何効二匹夫之志一。煩受二他君之恵一。寧暴二尸於城門一。終不下以二己栄耀一換中仁義道上。須三是戮レ力早興二国家一。於レ是催二大軍一挙二義兵一。破二敵城一殺二叛臣一。平二不平一育二黎民一[34]。

とある箇所を例文として引用し、

以て仏教者が国乱に際して有せる観念の如何なるかを知るべし[35]

と、その根拠を主張するのである。

以上、「緒論」と「勅語衍義」の叙述要旨だけを概観してきた。これを全体的に見れば、仏法国益論的な考え方を基調とした教理的・歴史的側面を、多少附会的要素もないわけではないが、強調した傾向を看取することができる。同時に、井上哲次郎の半ば公けとも言える『勅語衍義』の「肇国」の概念、そして「孝」の解釈として、

国君ノ臣民ニ於ケル、猶ホ父母ノ子孫ニ於ケルガ如シ、即チ一国ハ一家ヲ拡充セルモノニテ、一国ノ君主ノ臣民ヲ指揮命令スルハ、一家ノ父母ノ慈心ヲ以テ子孫ニ吩咐スルト、以テ相異ナルコトナシ(36)

と述べる家族国家観を太田教導も踏襲している点も見出すことができる。さらに、このような考え方は井上円了も標榜しており、円了自身の数点におよぶ勅語衍義書とも本書は類似している点からみても、やはり、円了および哲学館の影響は、本書成立の一大要因として見落してはならない点であろう。

しかし、それよりも注目すべき特徴は、何といっても各徳目について仏典よりの典拠を他の仏教者の勅語衍義書に比べて数多く挙げている点であり、かつ、引用仏典も決して特定宗派のものだけに片寄っていないことであろう。

そして、この特徴が、次の「資料編」において遺憾なく発揮されるのである。

2 資料編について

前述のごとく、資料編は、王法・忠良・孝順・倫常・雑の五編より成り、計三百二十三頁に及んでいる。これは、勅語中に見られる諸徳目に合致すると太田教導が把握した三国（印度・中国・日本）の仏教系典籍を抄出（一行程度の短文もあれば、長いものでは数十頁にわたるものもある）し、各編が本文の「勅語衍義」の叙述にほぼ対応

し順ずるかたちで配列され明示されたものである。

端的に言えば、仏教は忠孝友和信などのいわゆる世俗道徳に対し、決して違背するものではないとする仏典中の根拠を集成したものとも言えよう。たとえば、最初の王法編では、国王の徳や治国育民などについて「経律論抄出」と題して、これを説く経典等を順次抄出して該当箇所を掲げ、次いで、「和漢諸大徳撰述抄出」と題して同じくこれを求め、抄出して順次明示するという具合である。

以下、多少長きにわたるが、太田教尊の努力の成果であり、かつ、本書の特徴でもある故をもって、各編の引用書目を順に列挙してみよう。(37)

王法編

「経律論抄出」

『八十華厳経』『四十華厳経』『地蔵十輪経』『薬師如来本願経』『金光明最勝王経』『大樹緊那羅王経』『大方便仏報恩経』『六度集経』『太子慕魄経』『前世三転経』『勝軍王所問経』『諫王経』『仏為勝光天子説王法経』『仁王経』『大薩遮尼乾子経』『大般涅槃経』『摩訶摩耶経』『梵志問種尊経』『正法念処経』『自愛経』『孛経』『天王太子辟羅経』『賓頭盧突羅闍為優陀延王説法経』『雑宝蔵経』『法句譬喩経』『王法正理論』『王法政論経』

「和漢諸大徳撰述抄出」

『飜訳名義集』『護法論』

『興禅護国論』『秘密曼荼羅十住心論』『立正安国論』『宗門無尽灯論』『性霊集』『秘蔵宝鑰』『正法眼蔵弁道話』『正法眼蔵随聞記』『玲瓏随筆』『十善法語』『栂尾明恵上人伝記』『夢中問答』『仏法護国問答章』

忠良編

「経律論抄出」

『八十華厳経』『四十華厳経』『大宝積経』『菩薩行経』『無量寿経』『過度人道経』『須頼経』『観無量寿経』『維摩詰所説経』『維摩詰経』『心地観経』『普曜経』『菩薩本行経』『六度集経』『太子須大拏経』『仏為勝光天子説王法経』『大薩遮尼乾子経』『摩訶摩耶経』『輪王七宝経』『孝子経』『自愛経』『四願経』『孛経』『天王太子辟羅経』『賓頭盧突羅闍為優陀延王説法経』『雑宝蔵経』『法句譬喩経』『瑜伽師地論』

「和漢諸大徳撰述抄出」

『緇門崇行録』『阿弥陀経疏鈔問弁』『阿弥陀経疏鈔事義』『唐釈教文』『彦悰福田論』『山房雑録』『緇門崇行録叙』『輔教編』『序分義』『観念法門』『護法論』『大唐西域記』『人天宝鑑』『教行信証』『宗門無尽灯論』『信施論』『末法灯明記』『性霊集』『三教指帰』『秘蔵宝鑰』『元選禅師語録』『開目鈔』『御消息集』『蓮如上人御一代聞書』『実悟記』『蓮如上人御文』『蓮如上人九十個条』『正法眼蔵』『正法眼蔵随聞記』『玲瓏随筆』『十善法語』『栂尾明恵上人伝記』『夢中問答』『鉄眼禅師仮名法語』『破邪顕正抄』

孝順編

「経律論抄出」

『八十華厳経』『四十華厳経』『六十華厳経』『菩薩本業経』『諸菩薩求仏本業経』『大方広如来不思議境界経』『大宝積経』『無量寿経』『父子合集経』『菩薩行経』『日子王所問経』『観無量寿経』『地蔵十輪経』『大集会正法経』『維摩詰所説経』『不思議光経』『心地観経』『六度集経』『睒子経』『盂蘭盆経』『諫王経』『教化地獄経』『弁意長者子経』『妙法蓮華経』『大薩遮尼乾子経』『大般涅槃経』『摩訶摩耶経』『中陰経』『増一阿含経』『阿遬達経』『頼吒和羅経』『護国経』『長阿含経』『六方礼経』『仏開解梵志阿 経』『本事経』『興起行経』『正法念処経』『餓鬼報応経』『善悪所起経』『末羅王経』『四天王経』『進学経』『孝子経』『父母恩重経』『父母恩難報

経』『浄飲王般涅槃経』『孛経』『雑宝蔵経』『梵網菩薩戒経』『地蔵菩薩本願経』『摩訶僧祇律』『毘奈耶律』『弥沙塞律』『大乗宝要義論』

「和漢大徳撰述抄出」

『蘆山蓮宗宝鑑』『輔教編』『安楽集』『序文義』『護法論』『梵網経古述記』『法苑珠林』『釈氏要覧』『人天宝鑑』『盂蘭盆経疏』『諸経要集』『山房雑録』『緇門崇行録叙』『竹窓随筆』『僧訓日記』『阿弥陀経疏鈔事義』『竹窓二筆』『唐釈教文』『盂蘭盆経疏序』『菩薩戒経義疏』『仏祖統記』『緇門崇行録』『秘密曼荼羅十住心論』『選択集』『十法界明因果鈔』『信施論』『性霊集』『三教指帰』『元選禅師語録』『開目鈔』『最須敬重絵詞』『実悟記』『正法眼蔵』『玲瓏随筆』『十善法語』『蓮如上人九十個条』『夢中問答』『報恩記』『夢遊集』

倫常編

「経律論抄出」

『八十華厳経』『六十華厳経』『菩薩本業経』『修多羅了義経』『大宝積経』『平等覚経』『無量寿経』『過度人道経』『須摩提経』『荘厳経』『観無量寿経』『薬師如来本願経』『観仏三昧海経』『思益梵天所問経』『六度集経』『睒子経』『教化地獄経』『弁意長者子経』『妙法蓮華経』『大薩遮尼乾子経』『玉耶女経』『阿遬達経』『閻羅王五大使者経』『善生子経』『六方礼経』『仏開解梵志阿 経』『本事経』『興起行経』『遺教経』『餓鬼報応経』『長者子懊悩三処経』『所欲致患経』『忠心経』『孛経』『雑宝蔵経』『梵網菩薩戒経』『優婆塞戒経』『四十二章経』『地蔵菩薩本願経』『提謂経』

「和漢諸大徳撰述抄出」

『摩訶止観』『警世』『禅林宝訓』『飜訳名義集』『輔教編』『山房雑録』『緇門崇行録』『往生論註』『序文義』『観念法門』『人天宝鑑』

『守護国界章』『秘密曼荼羅十住心論』『往生要集』『選択集』『教行信証』『十法界明因果鈔』『性霊集』『三教指帰』『秒蔵宝鑰』『開目鈔』『改邪鈔』『慕帰絵詞』『蓮如上人御一代聞書』『蓮如上人御文』『玲瓏随筆』『十善法語』『蓮如上人九十個条』『修証義』『夢中問答』

雑編

「経律論抄出」

『八十華厳経』『観無量寿経』『妙法蓮華経』『遺教経』『四十二章経』『須頼経』『大般若経』『治意経』『堅意経』『治身経』『四自侵経』『新歳経』『諸徳福田経』『菩薩瓔珞本業経』『中阿含経』『平等覚経』

「和漢諸大徳撰述抄出」

『往生集』

以上の引用仏典を数値的に表示すると、以下のごとくである。

王法編

印度撰述　二十七部

中国撰述　二部

日本撰述　十三部

計　四十二部

忠良編

印度撰述　二十八部

中国撰述　十三部
日本撰述　二十二部
計　六十三部
孝順編
印度撰述　五十三部
中国撰述　二十二部
日本撰述　十七部
計　九十二部
倫常編
印度撰述　四十部
中国撰述　十一部
日本撰述　十九部
計　七十部
雑編
印度撰述　十六部
中国撰述　一部
計　十七部
総計　二百八十四部

但し、これらの中で各編に共通（同一の仏典でも抄出引用の箇所は異なっている）するものもあるので、この重複を除き、これをさらに三国別に表示すると

印度撰述　百五部
中国撰述　三十二部
日本撰述　三十六部
総計　百七十三部

を数えるのである。

もっとも、この中にはいわゆる「偽経」とされるものも相当含まれていて儒教的色彩（特に人倫道徳を主題とする経典）が濃厚なものもあり、純粋な意味で、仏典からの根拠としてはたして通用するか、という点では問題がある。

さりながら、これだけ数多くの仏教道徳に関する仏典を渉猟して収録した仏教者による勅語衍義書は、他（多くて十部前後である）にまったく類例を見ないのである。その意味で見るかぎり、本書は一種の〈仏典に見る仏教倫理関係資料集〉であると言っても決して過言ではないであろう。

本書の序において南条文雄《ぶんゆう》が、

仏教之書、巻帙広大……至于皓首、而不能周覧、今也詳述仏教之所以現存于皇国、且類集其要文、以欲明教育勅語所謂忠孝友和之道、編者之於此書也(38)

と述べ、大内青巒も、

哲学書院。新刊一書。題曰勅語与仏教。蓋考究仏教之与我国体之関係。以解釈教育勅語。質之経籍。而挙其典拠。以欲使世之従事宗教及教育者。確然有所依遵也。(39)

と評するごとく、本書資料編が、特殊な資料集的性格を有している点こそ、まさに、自説や解釈中心の、他の仏教僧の勅語衍義書に比べて、きわめてユニークな部分であり、本書の一大特徴として認められると思料する。

五 「教育と宗教の衝突論争」と太田教尊の教育勅語衍義書

従来、仏教僧による勅語衍義書の研究はほとんどなされていないため、これについて述べたものはないが、管見のかぎりにおいて本書の存在を記載した文が一点だけある。それは吉田久一論文「近代仏教の形成」(『講座近代仏教』第一巻所収)中の「第二章　国家主義の台頭と仏教革新運動」で、特に井上哲次郎とキリスト教徒をめぐる「教育と宗教の衝突論争」について叙述する箇所で、その名が登場する。それは次の一文である。

この論争の動機は仏教とキリスト教の関係から出発しているのではないが、井上哲次郎の最大の支柱は仏教であった。本件に対する仏教側の井上援護の中心的著書は、井上円了『教育宗教関係論』『忠孝活論』、村上専精『仏教忠孝論』、中西牛郎『宗教教育衝突断案』、藤島了穏『耶蘇教末路』、足立普明『耶蘇教亡国論』、太田教尊編輯『勅語と仏教』、卜里老猿『耶蘇教の危機』等である。(40)（傍点筆者）

元来、仏教僧による勅語衍義書とはいっても、その大半が内村事件以後の不敬事件に対応するかのごとく出ているわけで、キリスト教批判が衍義書著述の重要な構成要件となっていて、教勢挽回、失地回復を目的として教育宗教衝突論争に便乗したという側面を持っているわけである。その意味では、本書を「本件に対する仏教側の井上援護の中心的著書」の一つとした吉田久一の位置づけは妥当であろう。とりわけ、資料集的役割が高い本書は、仏教側の根拠を仏典より数多く提示している点において、この論争における仏・基対決の際の仏教側に対して一種の辞典的な参考書あるいは手引き書的なテキストとしての性格を持たせようと、太田教尊が意図したかのごとき著述としてとらえることが出来得るのである。それは、引用した仏教典籍が浄土教系経典を含みながらも、決して特定宗派のものだけではない点からも言えることであろう。

しかし、斯様な「排耶の書」という枠組みにとどまらず、逆に言えば資料的根拠が多いが故に、一歩進んで勅語衍義を媒介として能動的積極的に世俗道徳に接近していった、という見方も出来得るわけで、この辺も本書の性格および役割りとして看過してはならない一面であろう。

六　おわりに

以上、真宗大谷派僧太田教尊の勅語衍義書『勅語と仏教』をめぐる問題を、人物経歴、著述内容と形式、位置づけと役割りの面から検討してきたが、整理すると、太田教尊は地方の一僧侶であって著名な存在ではなく、かつ、衍義書著述の箇所も、きわめて特徴的な独自の解釈という点は見出し得なかった。

しかし、資料編で見たごとく、仏典資料を幅広く蒐集し、加えて各徳目毎に分類整理して掲示した資料部分は他に類例を見ない太田教尊独自の形式で、百七十数部に及ぶ数量からみても、このあたりに本書の持つ意義が存在すると思料できる。と同時に、太田教尊は大谷派ではあるが、井上円了および哲学館の影響か、収録した仏典資料は決して一宗一派に偏せず、いわゆる通仏教的立場に近いのである。

したがって、冒頭に述べた仏教者の勅語衍義書群の類型化という点では、本書は第一・第二のいずれにも属さないので、あらたに類型を設定し、

○第三類型→通仏教的に仏教と勅語の関係を説く立場

として、これに属すると見てよい、と考えるものである。

註

(1)井上泰岳編『現代仏教家人名辞典』(現代仏教家人名辞典刊行会　大正六年)一一五頁。
(2)『東洋大学八十年史』(昭和四二年)四四頁。
(3)同右、三八頁。
(4)願海寺の口伝による。
(5)東洋大学『創立百周年記念卒業生名薄』による。尚、相州大山阿夫利神社の祠官で、のち神道本局管長となった神崎一作も太田と同期卒業である。
(6)『職員録』甲(内閣官報局　明治二六年)一四頁。
(7)『東洋大学八十年史』附録　九二五頁。
(8)註(2)に同じ。
(9)『東洋大学創立五十年史』(昭和一二年)二八頁。
(10)同右、三一頁。

(11)同右、五二九頁〜五三〇頁。
(12)南条文雄の出身は美濃大垣の真宗大谷派誓運寺、太田と同派で同郷であることも序文執筆の縁であろうか。
(13)本書は古田紹欽編『教育勅語関係資料』第九集(日本大学精神文化研究所・教育制度研究所 昭和五六年)中、三七一頁〜四〇〇頁にも「緒論」・「勅語衍義」を抄出して翻刻収録しているが、以後、引用に際しては原文の体裁を尊重し、原本(国立国会図書館所蔵の改装本)を使用する。太田教導『勅語と仏教』(哲学書院 明治二七年)一頁。
(14)同右、一頁〜六頁。
(15)同右、八頁。
(16)同右、八頁〜九頁。
(17)同右、一一頁〜一三頁。
(18)同右、一三頁〜一四頁。
(19)『大正新脩大蔵経』第一〇巻 七一二頁、中〜下。
(20)同右、七一三頁、上。
(21)同右、七一四頁、上。
(22)同右、七一四頁、下。
(23)『勅語と仏教』一七頁。
(24)同右、四六頁。
(25)同右、五〇頁。
(26)同右、五三頁。
(27)「五善五悪」については、本編第一章「多田賢住および赤松連城の教育勅語衍義書をめぐって」中の「四 多田賢住の教育勅語衍義書」でも触れているので参照されたい。
(28)『大正新脩大蔵経』第一二巻 二七六頁、上。

(29)同右、同頁、中。
(30)同右、同頁、中〜下。
(31)同右、二七七頁、中。
(32)同右、一〇〇七頁、中。
(33)同右、第八四巻　二〇八頁、上。
(34)同右、第八一巻　六〇一頁、上。
(35)『勅語と仏教』五六頁。
(36)国民精神文化研究所『教育勅語渙発関係資料集』第三巻（昭和一四年）二四二頁〜二四三頁。
(37)『勅語と仏教』六二頁〜三八五頁。
(38)同右、冒頭の序文。
(39)同右。
(40)『講座近代仏教』第一巻概説編（法蔵館　昭和三八年）八七頁〜八八頁。

第四章　寺田福寿の教育勅語衍義書をめぐって

一　はじめに

明治期における仏教僧による世俗倫理への対応と接近というテーマのもとで、具体的に真宗僧による教育勅語衍義書の内容を順次検討している。その研究の理由、および具体的な意義や目的については、すでに述べているので、ここで再言はしない。

そして、これまでの検討結果については、左記の三類型に大別することが出来た。

○第一類型→特定宗派の伝統的宗乗を根拠にした立場（多田賢住・東陽円月）
○第二類型→仏教的色彩が稀薄で一宗教者としての立場（赤松連城）
○第三類型→通仏教的な立場（太田教尊）

そこで、次が寺田福寿の順になり、寺田の経歴やその勅語衍義書の内容、および思想的立場等の考察を通して類型の問題を検討するのが本章の目的である。

二　寺田福寿の経歴と交遊

寺田福寿の経歴については、遺稿として没後に境野哲（黄洋）の筆記によって刊行された『阿弥陀経通俗講義』（明治二十七年六月　哲学書院）に収載する「寺田福寿師小伝」[1]が、約十二頁にわたって、かなり詳細に記している。よって、これに依拠して簡述してみよう。

寺田福寿は真宗大谷派の東京駒込真浄寺第十五世住職で、本姓を石亀と称し、嘉永六（一八五三）年三月三日、越前国足羽郡舞屋村（現、福井市）に生まれた。幼くして父母を失い、他の扶助によって成長した。性は快闊、学を好み議論に長じた。明治三（一八七〇）年、僧学校を福井市西本願寺別院に起し、学長は青蔭雪鴻（福井、孝顕寺住職）であったが、ここに一年学び、翌年認められて教師となった。時に十八歳であった。ここで刻苦勉励、頭角をあらわし、学長雪鴻や三岡侗睡[2]（由利公正の実弟）の勧めによって、同六（一八七三）年はじめて東京に出た。寺田二十一歳の時である。丁度その頃は教部省の設置、芝増上寺における大教院設立の頃であり、寺田は試験を受けてここに入り教師となった。その時の試問員は原坦山[3]であった。しかし、同八（一八七五）年、周知のごとく、大教院は島地黙雷・赤松連城等を中心とする真宗本願寺派の行動による脱退、そして廃止となったため、寺田は再び資を得るの途に困り、衣服書籍を売却して日を送った。そこで東本願寺議事蓑輪対岳の斡旋もあり、一転して、大阪慶応義塾と徳島慶応義塾に入り、そこから東京の慶応義塾に移った[4]。のちに詳述するが、福沢諭吉との交遊関係も寺田が慶応義塾に学んだことに縁を発するのである。同九（一八七六）年京都に行き、渥美契縁[5]の門で仏学を研究し、大谷派留学生として再び上京し、西周《にしあまね》等より泰西の哲学を学んだ。そして、大谷派本山の執事であった石川舜台の選により、欧州留学の話が出るが、本山の議が変じて、御破算となったため、叡山に登って台学を学び、その後、東京に出て福沢の食客となった。そして、福沢のもとで学生に対して月次演説会を開き、仏教の一斑を演説したのが寺田の仏教演説のはじめであった。同十三（一八八〇）年十二月、大谷派教師教校生徒等が京都において仏教講談会を開くが、寺田はこれを東京で開催しようと考え、浅野慧深・土岐善静・平松理英等と議して本山に要請し、同十四年六月二十四日、明治会堂において第一回の仏教演説会を挙行した。この時、島地黙雷・渥美契縁等のいわゆる当時仏教界の大物が演説をしたが、開催の旨趣を演べたのが寺田であった。そして、この時の弁説の妙をもって、爾来、石亀（寺田）福寿の名が仏教界に知られるようになった。同十五年、福沢の勧めもあり、駒込の真浄寺[7]に入寺して寺田姓を名乗った。時に三十歳であった。同十六年真浄寺が放火によって堂宇庫裏悉く灰燼に帰したが、再建に尽力し、翌同十七年落成した。そして、同十九年七月二十八日、浅草本願寺における第一回貴婦人法話会の開催にも奔走している。また、同年東京府会による寺院への家屋税賦課の件について、府下の各宗が協議所を設立して運動し、府会の議決を撤回させているが、この時、寺田は協議所幹事となっている。

丁度この頃、井上円了が哲学館を開設するが、寺田も哲学館資金募集に参画し、同時に哲学館の所在地とは近かったこともあって、真浄寺で仏教会や徳育会を設けて演説し学生に徳義を奨励している。同二十一年九月、大谷派有志をはかり、真宗法話会を開設し、「のりのはなし」を発行した。同二十三年、寺院墓地を東京市との共同財産とする府令が出るが、寺田はこの時も当路者に説き、社寺上地官林の還付を実現させて寺院の経済生活の保護に尽力している。そして、同年十二月、三十八歳の時に権中助教となり、同二十六年十二月、真宗教導会を創設して青年僧侶に説教練習の要を説くが、同二十七（一八九四）年一月、病を感じ、同年五月三十日入寂している。年四十二。諡号は護法院。

著述等については、『真宗学匠著述目録』によれば、

『阿弥陀経通俗講義』　明治二十七年刊
『浄き御国』　明治二十六年刊　浄土論偈の和訳
『真宗大意』　明治十九年刊
『人生の目的』刊
『善悪標準』　明治二十六年刊
『人道教初歩』　明治二十八年刊　優婆塞戒経受戒品の和訳[8]

など（ただし、この中には『教育勅語説教』の名は見えない）があり、それ以外にも、寺田福寿編『貴婦人会法話』[9]（明治二十一年一月）、真宗教導会編『真宗教導会法話説教集』[10]（同二十七年二月）、桑山芳雄編『仏教十大家演説』[11]（同三十一年三月）等の中に寺田の仏教演説が収載されている。

このような経歴や著述などから見るかぎり、学僧というより説教演説など数多く主催した、いわゆる仏教による社会教化に努力した一種の行動的事業家肌の僧侶であったと評してもよいだろう。

この点については、『真宗の研究』の「先徳逸話」中、寺田福寿について述べた次の一節が的を射た評価をしている。

今より五十年程前の東京仏教界は、殆ど師に由りて動かされたものである、先天的の事業家で、如何なる場合に処しても忽ち妙案が湧き出たものである、師の平生は、毎日事業経営の為に奔走して、帰院して閑暇さ

えあらば、何時でも拘はらず睡眠した人である、曾て言はれた事に、私は何事か世間に起ると聞くと、之れを仏教にドー言ふ風に利用しやうと始中終考へて居ると、師が事業画策に妙を得て居られたのも有理である、併し晩年は大に読書に勉められた。

師の事業を一寸言つて見やうなら、先づ第一には自坊真浄寺を盛大にした事、書生を誘導助力して、仏教青年会などを盛大ならしめたこと、貴婦人に仏教伝導を創始せしこと、自坊附近の貧困者などの家を訪問しては、道話を為して感化を及ぼしゝこと等は重もなるものである、最も交際術に長けて、滑稽を言つて居る人で有つたけれども、居常最厳格で真摯で、人に向つて直言を憚らぬ人で有つた、犬養木堂氏の如きは、最も師を尊敬して居られた、又福沢先生も師を頗る愛して居られた。(12)

そして、さらに『阿弥陀経通俗講義』の中の記述が、より当を射た寺田福寿評を端的に語っている。

苦学の時代。事業時代。道徳実行の時代。此の三は。以て師の一生の階段をなせり。晩年専ら力を徳義に注き。著書演説。言の之に及はざるものなし。しかも事業を起すの力に於ては。蓋し師生得の特性。我仏教界に於て。恐くは唯一人のみ。……概していはしむれば。師は実に仏教を拡張せんかために は。有らゆる方向に向て其の全力を注きたり。学力の如きは、寧ろ師に取りて事業上の力に劣れりとはいへども。奇抜なる意見。嶄新なる解釈。未だ嘗て真宗部内。師に及ぶものあるを見ず。況んや事業家としては。全仏教界。なほ恐くは師と比肩すべきもの殆んと尋ぬべからず。(13)

斯様な寺田の性格からすれば、明治二十三年の勅語渙発後、勅語の衍義にアプローチしていったことは、充分に首肯されるところである。

寺田福寿の交遊関係は極めて幅広いが、ここでは寺田の真面目である演説の契機をつくった福沢諭吉と、寺田の世話を受けて深くかかわった境野哲の二人に絞って考察してみよう。

まず、寺田と福沢の関係については、前述のごとく、寺田が徳島慶応義塾に学んだ後、東京へ出て福沢家の食客となったことに始まるが、『続福沢全集』には寺田宛の福沢書翰が計二十二通収録されていて、いずれを見ても極めて懇意な間柄であったことが窺知できる。そこで、この中より書翰五点を抽出して見てみよう。

第一は、明治十六年真浄寺放火焼失の際のものである。

月迫相成益御清安奉拝賀候陳ば過般御災禍の後早速御見舞可申上存居候処弊家にても長女婚儀の事にて非常の取込労以て今日まで怠慢の段無申訳次第此品は差出候も如何敷候得共有合に任せ拝呈仕候御夜具の御用にも相成候はゞ難有奉存候右は延引ながら御見舞申上度未だ拝眉の機を不得候得共皆々様へ宜敷御致言奉願候早々頓首

十二月十三日　福沢

成真（ママ）寺様(14)　（ママは筆者）

見舞に兼ねた必要品送附のことでも寺田に対する福沢の心情が看取できよう。

第二は、明治十八年のことで日本流の葬儀全般について寺田に質問したものである。

日本ニテ火葬の起源如何夫ニ付テノ歴史其趣意仏説其取扱の実際

僧侶ハ何宗門ニ限ラス悉皆火葬ニスルカ天子ノ火葬ハ何レノ時代ニ始マリ又止ミタルカ
徳川ノ治世中其前ニモ武家ニテ火葬シタルモノアルカ本願寺ノ大谷ニ骨ヲ納ルトハ人民信者ノ自家ハ自家ニテ葬リ別ニ骨ヲ分テ大谷ヘ納ルモノカ或ハ大谷ニ納レバ自家ニハ葬式モセズ墓ナクシテ事済ムカ
高野山ニ骨ヲ納メテ所謂骨仏ヲ作ノ例アリト聞ク是レハ如何ナル事カ
大凡右ノ質問外国人の事に候得ば……。

十八年七月十一日　　諭吉

真浄寺様(15)

かなり難解な質問もあって寺田がいかなる返答をしたか、知る由もないが、福沢は仏教に関することは寺田に聞いていたようであると同時に、このような質問をすること自体、親密な関係であったことを証するのではないだろうか。

第三は、明治十九年福沢家の命日の読経に関する件である。

不順の時候に御座候益御清安拝賀陳ば本日八日は亡母十三回忌相当にて親類の者共小集致し候に付ては若し御閑も御座候はゞ午後六時前御来杖一遍の御読経相願度奉存候右願用のみ早々如此御座候頓首

五月二日　　諭吉

真浄寺様(16)

この点については、『明治の仏教者（上）』中の左の記述が、これを明確に証するであろう。

この寺の住職寺田福寿は慶応義塾の出身で、福沢諭吉には殊更に可愛がられ、絶大の信用があった。たとえば、福沢家の命日の読経は、この寺田の受持ちで、寺田は福沢家に行って、案内も乞わずに奥に上がって、仏壇の前でお経をあげ、また黙って帰るというふうであった。(17)

第四は、同年に起こったノルマントン号事件(18)のことで、寺田を通して浅草本願寺で追弔法会を勧めたものである。

……ノルマントン号死亡人の御供養いよ〳〵本願寺におゐて御執行相成候はゞ必ず参詣の人は多かるべし……何卒早々御著手被成度若し然らざるにおゐては耶蘇宣教師の方にて企て可申意味も内々承はり候止めば則止め行ふならば金と労とを憚らず一日も速に御著手所祈候要用のみ早々頓首

十一月十四日　諭吉

真浄寺様(19)

第五は、年未詳であるが、浅草本願寺における法談案内に対して寺田に事情を聞いたものである。

陳ば其節御案内被下候本願寺御法談の義家内共へ申聞候処難有感佩致し兼て弊家宗旨の義にも有之……就ては妻と娘両三人同道可致積り娘の方は西洋服にて靴をはき候義に付靴は御座敷に不都合ならん別に上靴（スリッパ）を持参可致や御都合奉伺候〇三十一日午後一時よりとの御案内是れは掛値なき時刻か正味何時より始まりて何時に終るか相伺度候……華族官員等の婦女が正賓にて他は其陪席抔申す如き本願寺流の俗会ならば拙家の妻児も拝参御断申度……内々御含全体の事情被仰聞候様冀望に不堪候〇此御法談は御布施にても持

参致す訳けに候や其辺も相伺度内々為御知奉願候

十月二十八日　　　　　　　　　　　　　　諭吉

真浄寺様　法座右[20]

これは、福沢自身の性格等を知る上でも仲々興味深いが、逆に言えば、本音でこれだけ明確に言い得る、ごく懇意な関係であったということでもある。また、その他にも、福沢の依頼で上海で暗殺された李氏朝鮮後期の政治家金玉均の法名を寺田が選んだり[21]、福沢が寺田を伴なって自身の墓地さがしもしていたようである[22]。このような関係からみて、両者共その信条や立場は異なるが、言論活動という点において寺田は、自然に福沢の感化を受けていたのではないだろうか。端的に言えば、寺田の仏教演説の遠因には福沢の存在があると思料できるのである。

次に、境野哲との関係であるが、周知のごとく、境野は明治二十二年に井上円了の哲学館に入学する。当時、寺田は哲学館資金募集にも協力しており、円了とは同派である縁からか、懇意であった。この辺の事情については、前述の『明治の仏教者（上）』中の境野黄洋に関する記述が詳細である。

井上はここにおいて、とりあえず自分と同宗派の知人であり、しかも哲学館とは目と鼻の近きにある駒込蓬来町の真浄寺住職寺田福寿に、この境野青年を紹介したのであろう。寺田福寿はこの頃仏教界の顔役で、その上、青年を可愛がる人であった。おそらく、こんなことで境野は真浄寺の小僧のような格好で、この寺に住み込むことになり、ここから哲学館へ通った[23]。

さらに、同書は次のように述べている。

彼は二十三歳で哲学館を卒業した。この頃、彼は前にものべたように、本郷駒込の真浄寺という東本願寺派のお寺の二畳の一室を借り、かたわらお寺の寺役を努めていた。……こういう関係から、境野は大谷派の僧籍に入り、哲海と改め、ついには大谷派の嗣講という学階までも受けるようになった。……また境野がこの寺田の世話になっていることが、村上専精に引き立てられる縁になったであろうことも想像される。とにかくこの寺田福寿はこの頃、東京の仏教界において、広い意味で影響力の強大な人であった。(24)

このように、境野にとって寺田福寿は日常面での世話を受けた恩人である。前述の寺田の「小伝」を収録した『阿弥陀経通俗講義』(25)は遺稿として、境野の編集になるが、その「序」の終わりに、先師寺田福寿に対して自身を「法弟子」と記したことでも、この辺の事情が了解できよう。

これに関連して、寺田と円了のかかわりについて附言したい。円了関係文献中の寺田に関する文献、反対に寺田関係文献中の円了と寺田の交遊を示す資料の有無については、筆者は未調査であるが、一つの想像は許されよう。すなわち、円了は勅語換発直後から哲学館資金募集を兼ねて、勅語普及の演説講演を開始し、次いで明治二十六年一月、円了最初の勅語衍義書である『勅語略解』(『日本倫理学案』附)を刊行するが、寺田と円了の間に深い交際があったとすれば、円了の勅語に関するこのようなアプローチが寺田の目に触れぬ筈はない。すなわち、寺田の演説、特に勅語に関する法話説教、そして勅語衍義書の刊行(ただし、後でも触れるが、これも寺田の勅語に対する説教をまとめた没後の刊行で遺著の類である)は円了と相通ずるのである。その意味で、寺田は円了の行動を意識しつつ、多分に感化を受けていたと考えても決して不思議ではないであろう。

以上、寺田の交遊関係についての叙述がいささか冗長に過ぎたが、要するに寺田の勅語に対する説教演説、そして衍義書の刊行は、裏面において、福沢や円了の言論・演説・著述等を通した社会的活動および思想的影響、そして境野の陰の力（遺著である故）などが背景にあって、はじめて可能であったと思われてならない。

三　寺田福寿の教育勅語衍義書

寺田福寿の勅語衍義書は『教育勅語説教』と言い、四六判である。巻頭に「通古今不謬施中外不悖」と記した南条文雄の題字を掲げ、次いで「勅語」を掲げ、さらに、井上哲次郎・境野哲海（境野哲の僧名）の「序」のあとに、弟子の松山哲英による「例言」、そして、寺田述の本文一二一頁が続く。

本書は、井上哲次郎の「序」に、

福寿師の一周忌已に近きにあるを以て師の遺稿に係る勅語説教を印刷に付し。以て生前の知己に配分せんとす。[26]

とあり、松山哲英の「例言」にも、

本書は故寺田福寿師の演述に係るものにして師生前之を公にせんとするの志ありしも遂に其機会を得ずして逝けり……。本書の原稿は本境野君の筆記に係るものなるを以て[27]……

とあるごとく、没後一年目の遺著として、勅語の説教演説を筆記（この出版にも境野がかかわっている）した体裁

となっている。したがって、

著作者相続人　寺田福恵[28]

の名をもって、明治二十八年六月二十日[29]、法文館より刊行している。

さて、本文は他の衍義書とほぼ同体裁の勅語中の各徳目毎の衍義がなされているが、以後、仏教との関係、および仏教的解釈を施している箇所のみを抽出して検討してみよう。

まず、「教育の淵源……」の衍義箇所では、

一軒の家では親が御本尊じや。一国の内では天皇様が御本尊じや。そこで其一家の内では。兄弟夫婦子供もあり。一国の内では皇族大臣学者議員役人もあり。士農工商それ〳〵の者もあるけれど。それはみな御本尊様の御脇立で。神様で云へば末社様じや。されば其末社はあとの事として御本尊様を拝めば末社様は其中に籠てある訳じや。人集まりて家をなす其家の本尊は親じや。家集まりて国をなす其国の御本社様は天皇陛下じや[30]。

と述べて、その基本的立場を明示する。この把握の仕方は、表現こそ異なるが、当時、半ば公の意味を持った井上哲次郎の『勅語衍義』に見られる、

国君ノ臣民ニ於ケル、猶ホ父母ノ子孫ニ於ケルガ如シ、即チ一国ハ一家ヲ拡充セルモノニテ、一国ノ君主ノ

臣民ヲ指揮命令スルハ、一家ノ父母ノ慈心ヲ以テ子孫ニ吩咐スルト、以テ相異ナルコトナシ(31)

と述べた、いわゆる家族的国家観を受けていて、これを寺社の本末関係の表現に置きかえているだけなので、特に独特な考えではない。なお、この家族的国家観については、ほぼ各衍義書も同様であり、当時においては一般的であったとも考えられよう。

次いで、世俗の道徳について、

一徳も一心も一体となるのじや。これを哲学といふ学問や仏法の上には絶待《(ママ)》の一といふのじや。……その絶待《(ママ)》の一をわかる様に云へば。これを仏法では無我平等とも。和合一致とも云ふのじや。……世界万物何から何まで因縁和合の一致で出来たのじや。そこでこの平等無我和合一致と云ふことが。万物の本だてになるので。これが修身の模範でこれが善悪の標準じや道徳の手本と云ふも此外にはない(32)。(ママは筆者)

と述べて、平等無我、因縁による万物の和合こそ道徳律の根源であると仏教的実践倫理の立場で説きはじめるのである。

次に、「父母ニ孝ニ……朋友相信シ」の衍義箇所では「孝」の問題については、仏教的立場をもって、

先づ父母に孝行と云ふことは。外国の宗教。殊に耶蘇教などでは。さほどやかましく云はぬと云ふことなれど。仏教などでは。中々細やかに御示しなされてありて。心地観経の中には。四恩を御説きなされてありて。其第一が父母の恩じや。其外に父母恩重経父母恩難報経。或は孝論などに。実に事細かに御示しなされてあ

るが。[33]

と述べている。ここで、寺田は『大乗本生心地観経』巻二の報恩品に、

我今為汝分別演説世出世間有恩之処。善男子。汝等所言未可正理。何以故。世出世恩有其四種。一父母恩。二衆生恩。三国王恩。四三宝恩。如是四恩。一切衆生平等荷負。[34]

とある四恩説（父母・衆生・国王・三宝）を仏教的根拠として述べている。しかし、この四恩説は特に明治期になって、仏教と現実の社会構造との関係を説明する時、特に強調された仏教教理であり、他の仏教者の衍義書でも多く用いられているので、これまた、独特の解釈とは言い難い。

が、次の段で、寺田はこれまで検討してきた仏教者の衍義書にはなかった独自の説き方をしている。それは次のとおりである。

なお又外の御経には。父母は最神なりと仰せられて。世界中に親程尊き者はないぞよと御示しなされ。梵網経の中には戒の体は孝順心なりとありて、五戒。八戒。十戒。具足戒十重禁四十八軽戒を持つも皆これ親孝行の為じやぞよと御意なされたことじや。然れば仏教に於て。親に孝行せねばならぬといふことはこれで訳るであらう。[35]

すなわち、この部分は、『梵網経』所説の、

爾時釈迦牟尼仏。初坐菩提樹下。成無上覚。初結菩薩波羅堤木叉。孝順父母師僧三宝。孝順至道之法。孝名為戒。亦名制止。仏即口放無量光明。是時百万億大衆諸菩薩。十八梵天六欲天子十六大国王。合掌至心聴仏誦一切仏大乗戒。(36)

とある箇所に依拠していること、言うまでもないが、とりわけ、「孝を名づけて戒と為」す、という一句を根拠とするのである。『梵網経』のこの箇所は、孝は善として諸仏の本源である戒から生じているという、いわゆる儒教的傾向が見られるが、ともかく、寺田は「戒」イコール「孝」と把握し、「戒の体は孝順心なり」として仏教実践倫理と世俗（勅語中の諸徳目）倫理の合致を主張するのである。

これに関連して、寺田は「恭倹」の衍義箇所で、

其財産の積様を御釈迦様は優婆塞戒経といふ御経に、段々此世の人道を守らねばならぬ事が説いてあるが。拙僧は之を和訳して。人道教初歩といふ本を著したことがある。(37)

とも述べているが、このように世俗倫理（日常実践道徳）を仏教的立場から説く場合、仏教における戒律の本質的精神をもって、これに比定するという論法は、これまで扱ってきた真宗僧だけでなく仏教者の衍義書には見られないところである。これが寺田独自とした所以である。

次に「国憲国法」の衍義箇所では、次のごとく述べている。

そこでこの憲法と法律を守るのが国を守るので……それは何故なれば。仏教の言葉に人法土一と云ふことが

ありて。人と云ふは天皇様のことじや。法と云ふは憲法法律のことじや。土と云ふは我此日本の国土のことじや。一といふは其人法土の三が。一になると云ふことじやが。なぜ一になるかと云へば。我此国土を大切と思へば。天皇様に忠義を尽さねばならぬ。その天皇様に忠義を尽すには。別に余計なことをするには及ばぬ。此憲法法律を守りて。家業家職を勤めるより外はない。どちらから云ふてもこの通りの事で。今此天皇様へ忠義を尽くしたいと思ふなら。此国を大事にせねばならん。此国を大事にすると云ふた迚外の事ではない。結局国憲を重じ。法律に遵ふより外はない(38)。

ここで、寺田は「人法土一」という教説を持出してくるが、これも他の衍義書ではまったく見られなかった論法である。

すなわち、「人」を「天皇」、「法」を「憲法・法律」、「土」を「日本国土」にそれぞれ配して、現実社会（世法）に人法土（仏法）なる教説を比定してこの三が一体であるとする、いわゆる三位一体的な論法をもって説くのである。これを簡略に図示すると、左のようになるであろう。

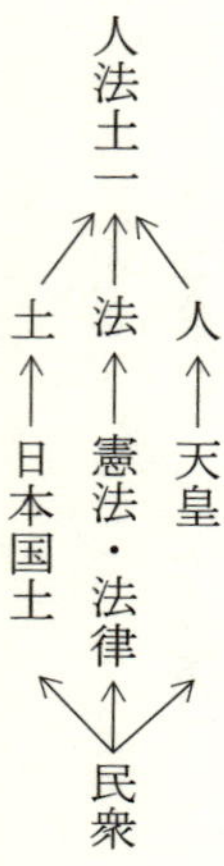

しかし、これは仏教と世俗倫理の関係というより、仏教と国家の関係を説明したという感が強いようである。

以上、寺田福寿の衍義書にみる仏教的色彩のある衍義箇所はこれだけである。してみると、四恩説は他と共通項であるとして省けば、仏教的根拠は、『梵網経』『優婆塞戒経』等を論拠にして戒律の精神との接点を説く箇所と、人法士一なる教説で説示した箇所の二点だけである。

そこで、今少し視点を広げ、寺田の他の著述等を通してこの点を追求してみよう。

四　寺田福寿に見る仏教と教育勅語の関係

前掲の『阿弥陀経通俗講義』には、前述の人法士一の教説に関して一歩進んだ解釈を述べている。

例せは国家という理想について。国と王と民と一なるを知らは此理自ら明瞭ならん。民ありて王あり。若し民なくば王不用なればなり。王ありて民あり。若し王なくば一国民とはいふべからざればなり。(今は須臾らく王国について言を立つ)王と民とありて国あるなり。若し王なく民なきときは一国といふべからす。三合して一を成し。一全くして三を開く[39]。

そして、さらに具体的に真宗の教理をもって説明している。

今弥陀法主と。極楽浄土と。極楽の衆生とは。三千大千世界。宇宙万有の上について。右の例の如き関係に於て。無量寿。無量光なるなり。此無量の光寿は。道理上にていへは真理の無量寿光なり。実際の人事上にていへは。阿弥陀仏といへる人の徳光と名寿と無量なるなり。例せは天皇陛下は日本帝国人民のあらん限りは。其徳光と名寿は無量なると一般なり。(人の方なり)法理上にていへは。南無阿弥陀仏といへる法の徳光と名寿との無量なるなり。例せは帝国憲法は。日本帝国と帝王と。人民とのあらん限りハ無量なると一般なり。（法の方なり）又土徳上よりいへは。極楽浄土の清浄と荘厳との無量なるなり。例せは日本帝国と名けたる国土ハ。日本帝王と日本人民とのあらん限りは無量なると一般なり。右にて。阿弥陀仏と人民との無量寿なることは分明ならん。因みに。極楽浄土も亦無量光明土なること。及ひ人法土一なることも明白なるべし。[40]

これも、簡略に図示すれば、次のごとくとなるだろう。

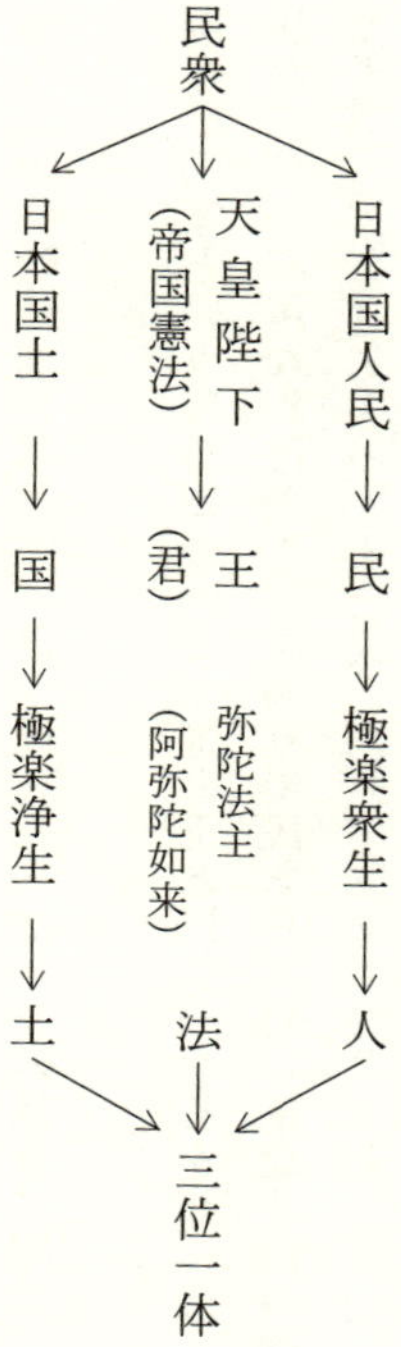

このように、人・法・土、すなわち、民・王（君）・国という概念に、各々教理上からは極楽衆生、弥陀法主（阿弥陀如来）・極楽浄土を配し、現実的には日本国人民・天皇および憲法・日本国土を配して三位一体の関係でありつつ、各々が無量寿・無量光であるとし、さらに、

此道理によるが故に国と民と君と全く三位一体の形を成就す。此理や。所謂竪には無量寿。横に。無量光な

る。道理的の理想なるべし。（これは法性法身なり）……これ亦竪に日本国を貫く無始無終の無量寿名。横に日本全国に遍満する無量徳光なる理想なり。（これは方便法身なり）[41]

と述べ、横竪共に無量であるとして、これが完全な形式で実際的な理想形態であると解釈し、王法と仏法との一致を力説している。

また、さらに「皇祖」について、

其初めなきにはあらざるべしと雖も。之を知ること能はざる天神七代。地神五代なる。無量不可思議の久遠より日本に存在し玉ひて。天壌無窮に帝位を垂れ玉ひたる。竪に無量寿命。横に無量徳光なる皇祖の在すは。恰かもこれ久遠の弥陀仏はこれか。……十劫弥陀仏の理。之によりて了するを得んか。[42]

と述べ、皇祖は無量不可思議の久遠より存在するが故に、竪に無量寿命、横に無量徳光を保持している、よって、皇祖は久遠の弥陀仏（十劫久遠、久遠実成の阿弥陀仏）と同体であると、左に図示するごとく主張するのである。

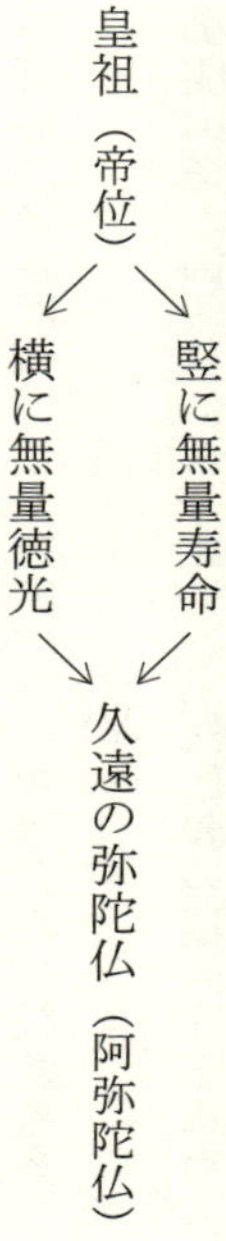

このような把握は、仏教と国家の関係を全体的に、かつ、歴史的に捉えた一種の仏法国益論の立場を、強力に、

そして、意図的に顕示したものと考えられるが、その教理的背景はもちろん「真俗二諦」論に基づき、中でも俗諦教義に相当比重がかかった解釈と言えよう。

この真俗二諦論について、寺田は真宗教導会の「説教考案」で次のように述べている。

御開山様の御言葉にも、此世の王法仁義の道の守られぬものならば、極楽にも行れんと仰せられたことがあり、蓮如さまは、王法を本とし仁義を先として、此世の御利益の方が先じやぞよ、本じやぞよと御示し下されてある、(43)

次いで、信心為本の真諦門、王法為本・仁義為先の俗諦門、この二門が相依り相資けて両輪両翼とし、今世と未来の二世の道徳の御利益を得る、(44)と述べたあと、世俗倫理の遵守については、

信心を決定して、心を浄土に遊ばせて、日暮の出来る道徳者となれば、世間通途の人道位は、造作なく守られる、世間通途の道徳が、造作なく守られる様になるのは、信心決定のその時、仏教無我の道理を明らめ、極楽参りといふ、絶待《(ママ)》平等円満の道筋が訳り、此世の世渡りといふ相待因縁和合の理が明らめられ、今死んでも浄土参りと安心して、此世五十年を渡るには、仁義礼智信、五倫五常の道迄守られて見れば、天下和順と、上も下も和熟して、何事も国のため人民のため、互に働き合ふ様になる故、何事にも手が届く様になることをいふのじや、(45)(ママは筆者)

また、

之を二諦相資といふて、未来に得させて貰ふ極楽の御利益を心に浮べさせて貰へば自ら此世の人道も守られる様になる、又此世の人道の守られぬ様な人なれば、まだ此世の御利益は得られんの故、未来の御利益も得られぬ道理、此世の御利益が得られる様なれば、いやといふても未来の御利益は得られる様になる。[46]

そして、さらに、

此世で人間五倫五常の道を守るといふ、正定聚道徳不退の一級生になりて居れば、未来は必ず極楽往生の卒業が出来る、[47]

と述べるごとく、正定聚不退転の人となれば世俗の五倫五常の遵守も造作なく、かつ、未来も極楽往生が必定であると、説くのである。

また、これに関連して、真俗二諦についての邪義とされる「一益法門《いちやくぼうもん》」[48]については、

ところがこゝに心得違のものありて、一益法門といふて、仏法は此世現世のための教にして、未来の教は此世の道徳を守らせる道具の様に思ひ、仮りに設けた方便の様に言ひなすものもあろうかなれど、これは因果撥無の外道のいふこと[49]……

であるとし、

片輪利益となり、切角得させて貰ふた一つの利益でさえ、一つでは間に合はぬ、片輪信者じやといはれる様になる[50]

と述べて第二章の東陽円月の論法を否定し、宗義の解義どおりの真俗二諦論を説いている。

このように、勅語衍義書以外の著述から見た寺田における仏教と世俗倫理の一致の根拠という点については、真俗二諦を基調とした自派教義中心の捉え方であったと見てよいだろう。

五　おわりに

以上、寺田福寿における勅語の説教演説の因由とその周辺、そして、その勅語衍義書および他の著述の内容を通して、寺田福寿の把握した仏教（出世間道）と勅語中の世俗倫理（世間道）との関係、および、その仏教的根拠等を概観してきた。

整理すると、いわゆる演説という形態については福沢諭吉の感化が多少なりともあり、勅語についての説教演説や思想的把握については井上円了の影響も裏面に存していることが認められた。

そして、衍義書の内容は『心地観経』『父母恩重経』『父母恩難報経』等に見られる「四恩説」、『梵網経』等に見る「戒」と道徳律である「孝」との関係、そして、「人法土一」なる教説など、その根拠としては、いわゆる通仏教的傾向が濃厚であった。一方、他の著述である『阿弥陀経通俗講義』や『真宗教導会法話説教集』に見られる解釈は、やはり自派教義中心の「真俗二諦論」が根拠であり、中心となっていた。

思うに、これは対象によってその説き方をある程度意識したためではあるまいか。すなわち、自派関係が対象の場合は、当然のことながら自派教義を優先させ、一方、勅語の衍義をする場合は、その対象や内容が一般向けである故をもって自派の伝統的宗乗をかなり抑え、意図的に、敢えて通仏教的な説教をしたというように思われるのである。端的に言えば、書名は単に『勅語説教』であるが、内容は『〈通俗〉説教』的傾向なのである。

したがって、自派教義が根底に存するのは当然のことであるが、あくまで勅語衍義の内容に限定して、冒頭に述べた類型化の作業仮設の点で捉えるかぎりにおいては、寺田福寿における勅語（世俗倫理）への接近の仕方は、

○第三類型↓通仏教的に仏教と勅語の関係を説く立場

に属すると見てよいと思料する。

註

（1）『阿弥陀経通俗講義』の一頁～一四頁。この小伝は寺田と同派の友人である品川正徳寺住職平松理英の筆になり、主として「明教新誌」に収載されたものである。

（2）東京府知事正五位由利公正の実弟。越前福井藩士三岡義知の次男で、初称は友蔵、字は澹庵。天保七年生れ、性剛直、剣を能くし、読書を好み藩に仕える。明治五年五月二四日病死。年三七。墓所は海晏寺。（大植四郎編『明治過去帳』　東京美術　昭和四六年　三八頁より）

（3）文政二年の生れ。曹洞宗僧侶で仏教学者。儒学・医学・禅を学び、明治一二年東京大学印度哲学の初代講師となる。東京学士会院会員。明治二五年寂。

（4）『慶応義塾百年史』（上巻）によれば、「明治六年十一月大阪に設けられた慶応義塾の分校が、それから二年後の同八年七月、矢野文雄の分校長時代、ついに閉鎖されて四国の徳島に移されたことはすでに述べた。すなわち、こ

ここにいう徳島慶応義塾がそれであって、翌九年（一八七六）十一月までつづいたのであった。」（五三六頁）とあることによって、寺田は、明治八年大阪慶応義塾に入り、閉鎖後、徳島移転と共に、徳島に移り、徳島閉鎖まで居たことがわかる。さらに、『真宗教導会法話説教集』（第一）の中で、寺田自身が「今を去ること二十年前、私が大阪と阿波と東京との三所を経て、慶応義塾を卒業……」（三頁）と述懐していることによって、徳島閉鎖後は東京の慶応義塾に入ったことがわかる。尚、当時の大阪慶応義塾は「安堂寺橋通三丁目」（のちに北浜通り）、徳島の方は「名東郡富田浦三番地」（のちに徳島市かちどき橋通五丁目三番地）に在ったとされる（『慶応義塾百年史』上巻五四三頁・『同書』下巻　八一一頁）。

(5)天保一〇年尾張生れ。明治初年議事となって真宗大谷派本山に出仕し、爾来前後三十年間、執事・寺務総長などに任じて各宗および政府との折衝にあたった。明治三九年没。年六八。

(6)天保一二年加賀の永順寺の生れ。明治初年欧州に遊学し、帰国後本山の要職を歴任する。昭和六年没。前註の渥美契縁と共に、その評価は功罪合わせて分かれるが、両僧とも、明治・大正期の大谷派の宗政における中心的人物であったことだけは間違いないところである。

(7)慶長一八年の創建。神田連雀町から、のち本郷金助町に移転。現在は文京区向丘。金玉均や桑木厳翼等の墓所でもある。

(8)『真宗学匠著述目録』（井上哲雄編　百華苑　昭和五二年復刻版）二一二頁。

(9)『明治期刊行図書目録』第一巻（哲学・宗教・歴史・地理の部）（国立国会図書館編　昭和四六年）三九六頁左。本書は寺田をはじめ、渥美契縁・小栗栖香頂などによる法話集である。

(10)同右、四二五頁左。本書も寺田をはじめ、井上円了・南条文雄・平松理英・土岐善静など大谷派による法話集である。

(11)同右、二六九頁左。本書も書名の通り、寺田をはじめ、南条文雄・吉谷覚寿・村上専精・小栗栖香頂・渥美契縁など大谷派一〇名の法話を収録したものである。

(12)本多辰次郎『真宗の研究』（雄山閣　昭和一一年）三七一頁。

(13)註（1）の前掲『阿弥陀経通俗講義』中、「寺田福寿師小伝」の一〇頁～一一頁。
(14)『続福沢全集』第六巻（慶応義塾編　岩波書店　昭和八年）七二五頁。
(15)同右、七二六頁。
(16)同右、七二八頁。
(17)常光浩然『明治の仏教者』上巻（春秋社　昭和四四年）九八頁～九九頁。
(18)ノルマントン号事件とは、明治一九年一〇月二二日、英国の汽船ノルマントン号が、横浜から神戸に向う途次、紀州沖で座礁して沈没した時、船長以下船員水夫にいたる西洋人は全員助かったが、乗客の日本人二三名と東洋人の水夫達は皆溺死した事件のことをいう。その際、短艇への移乗の言葉が日本人の言語不通と無智によるとして船長は結局無罪になったが、世論沸騰し、福沢も「時事新報」紙で、この結果を弾劾している。
(19)『続福沢全集』第六巻　七二九頁。
(20)同右、七三六頁～七三七頁。
(21)石河幹明『福沢諭吉伝』第三巻（岩波書店　昭和五六年）三九九頁。
(22)同右、第四巻　四一五頁。
(23)註（17）の前掲『明治の仏教者』上巻　九七頁～九八頁。
(24)註（17）に同じ。
(25)『阿弥陀経通俗講義』の「序」の二頁。
(26)本書は、古田紹欽編『教育勅語関係資料』第五集（日本大学精神文化研究所・日本大学教育制度研究所　創文社　昭和五二年九月）にも翻刻収録（一三一頁～一八四頁）しているが、原本の体裁を尊重し、以後、引用に際しては、その元となった原本（日本大学教育制度研究所所蔵）を使用する。
寺田福寿『教育勅語説教』「序」の二頁。
(27)同右、「例言」の一頁。
(28)同右、奥附。

(29)日本大学教育制度研究所所蔵の原本は改訂第三版（大正三年九月二五日）である。尚、再版は明治三三年一月一〇日である。
(30)同右、四二頁。尚、原文中のルビはすべて削除した。
(31)国民精神文化研究所『教育勅語渙発関係資料集』（昭和一四年）二四二頁～二四三頁。
(32)『教育勅語説教』四四頁～四六頁。
(33)同右、五二頁。
(34)『大正新脩大蔵経』第三巻　二九七頁上。
(35)『教育勅語説教』五七頁。
(36)『大正新脩大蔵経』第二四巻　一〇〇四頁上。
(37)『教育勅語説教』六八頁。
(38)同右、九三頁～九四頁。
(39)『阿弥陀経通俗講義』六七頁～六八頁。
(40)同右、六八頁～六九頁。
(41)同右、七〇頁～七一頁。
(42)同右、七一頁～七二頁。
(43)白川造酒江『真宗教導会法話説教集』第一（教導会　明治二七年）一六三頁。尚、ルビはすべて削除した。
(44)同右、一五八頁～一五九頁。
(45)同右、一六八頁。
(46)同右、一七三頁～一七四頁。
(47)同右、一七四頁。
(48)信心獲得の上に、利益である正定聚と滅度とを一益とするか、二益とするかを論ずる滅罪論（一念滅罪）に関しての真宗教学の一論題である。すなわち、正定聚と滅度とは同一の利益であって、滅度をこの娑婆世界（現世）において密《ひそ》かに得るのが正定聚であるとするのが一益説であり、これに対して、正定聚はこの娑婆世界において信心を得た即時に得る利益であって、滅度は命終して極楽浄土に往生して得る利益（来世）である、そこで正定聚は現益であり、滅度は当益であって、密かにもこの土（現世）の利益にはなり得ない、とするのが二益説である。端的に言えば、正定聚をもって、現生において信の一念に得る利益とし、滅度の証果は、来世浄土に往生して得るところの利益である、とする二益説が真宗の正統宗義であるが、正定聚と滅度とを一益として、信の一念に密かであっても直ちに滅度の果を得る、と主張するのが一益法門の説である。これは「滅度密益の邪義」として、真宗教学中、異義邪説の一種とされている。

尚、明治期において、この一益法門に立脚して安心調理された僧侶に豊前学派の東陽円月がいる。これについては、本編第二章「東陽円月の教育勅語衍義書をめぐって」の「五　一念滅罪論と教育勅語」を参照されたい。

(49)『真宗教導会法話説教集』第一、一五九頁。

(50)註（47）に同じ。

第五章　土岐善静の教育勅語衍義書をめぐって

一　はじめに

明治期における世俗倫理と仏教倫理の関係をさぐる方法として、明治二十三年渙発の教育勅語に対する各衍義書中、仏教者による勅語衍義書のなかでも、特に真宗僧の衍義書を対象に検討を加えているが、対キリスト教を意識したとはいっても、その衍義内容は必ずしも一様ではなかった。よって、各々を考察して、

○第一類型→自宗の伝統的宗乗の立場（多田賢住・東陽円月）
○第二類型→非仏教的立場（赤松連城）
○第三類型→通仏教的立場（太田教尊・寺田福寿）

の三類型に分類することができた。

そこで、次に土岐善静の勅語衍義書を取りあげて、その内容等より類型化の検討をしてみたい。

二　土岐善静の経歴

土岐善静は真宗大谷派の東京浅草等光寺の第十二世住職で、嘉永元（一八四八）年の生れ。文久三（一八六三）年十六歳の時、父の信暁院恵洞律師歿して寺を嗣いだ。慶応元（一八六五）年六月、十八歳の時、第二次征長の徳川家茂にしたがって藤沢の遊行寺まで行き、諭されて帰った。維新後、明治六（一八七三）年二十六歳の時、大教院分離運動に参画し、同十四年三十四歳の時、同派の平松理英等と仏教講談会を開き、以後、仏教演説で活躍。同三十二年五十二歳で『教育勅語通俗説教』を執筆し、翌三十三年刊行。そして、同三十九（一九〇六）年六月五日五十九歳で歿している。

また、文学や歌も能くし、連歌師として大谷派の中でも特に幕府御抱の柳営連歌の最後の宗匠でもあった。寂羅坊湖月・不及庵・松清居士等の号を持ち、詩文、茶、香、華、書画にも通じた文人でもあった。

同時に、仏教界においても当時の仏教演説の大家の一人とされ、加藤咄堂と共著『説教演説の心得』や、『真宗教導会法話説教集』『仏教十大家演説』等にも演説法話が入っている。このような演説法話に努力する中で、勅語に対する仏教的衍義書、すなわち『教育勅語通俗説教』が述作されたのである。

三　土岐善静の教育勅語衍義書

本書は明治三十三年三月三十一日、名古屋其中堂の発行、四六判である。巻頭に勅語を掲げ、次に「自叙」、そして一七二頁より成る本文が続く。

土岐は、先ず自叙において次のように述べ、著述の意図を開陳している。

教育ヲ論スルモノハ宗教ノ性質ヲ詳ニセス、タヽ絶対的ニ之レヲ撲滅セントシ、宗教ヲ論スルモノハ教育カ健全ナル宗教思想ヲ養成スルカヲ知ラス、徒ラニコレヲ忌諱ス……数年来、此勅語ニ、我真宗二諦相依合理的ノ宗教ヲ応用シ、布教ヲ試ミツ、アリシ腹案意稿……此原稿ヲ印刷シ布教術ノ一助ニセンコト(1)

これにより、基本的には教育と宗教の衝突論争を受けた排耶意識が根幹をなしていることがわかる。以後、世間の倫理的徳目を仏教的に衍義した箇所のみについて抽出してみよう。

先ず、「樹徳」の衍義箇所では『華厳経』普賢行願品中、賢王内外の二徳を説いた、

是故我王有二聖徳。何等為二。一者内徳。種族真正。仁慧深遠。二者外徳。……云何内徳。願為説之。答言仁者。我国大王。種族尊勝。嫡嗣承襲。歴代相伝。……或祠祭祖宗。思報恩徳。教人孝敬。冥益万方。或出遊巡狩。撫俗省方。御衆班師。功成告謝(2)。

という部分を引用し、よって、

仏説誠に我帝国のさまを明記したまふ(3)

と仏典による根拠を主張している。

次いで、『無量寿経』に、

世間人民。不念修善。転相教令共為衆悪。両舌悪口。妄言綺語。讒賊闘乱憎嫉善人敗壊賢明。於傍快喜不孝二親。軽慢師長。朋友無信。難得誠実。尊貴自大謂己有道。横行威勢侵易於人。不能自知。為悪無恥。自以強健欲人敬難。不畏天地神明日月。不肯作善。難可降化。(4)

とある部分を引き、これは今日の照魔鏡であるとし、よって、

人能於中一心制意。端身正念。……身独度脱。獲其福徳度世上天泥洹之道。是為五大善也。(5)

と、儒教の五常と合致するとされる仏教の五善五悪の教義を述べている。
次に、「忠」の衍義箇所では、同じく『無量寿経』の、

主上為善率化其下。転相勅令各自端守。(6)

『過度人道経』の、

臣孝其君。忠直受令不敢違負。……君臣人民莫不喜踊。忠慈至誠各自端守皆自守国。(7)

そして、存覚の『破邪顕正抄』中の、

仏法をもて王法をまもり、王法をもて仏法をあがむ。……このゆへに生々にうけし六道の生よりは、このたびの人身はもともよろこばしく、世々にかうぶりし国王の恩よりは、このところの皇恩はことにをもし、世間につけ出世につけ、恩をあふぎ徳をあふぐ、いかでか王法を忽諸したてまつるべきや。(8)

とある箇所、また、沢菴宗彭の『東海夜話』中の、

臣として君に忠節を存せすして、肩に衣、口に食ふものは、皆主君の物也、これ亦盗人に似たり。数年養はれて、一度君の用に立つへき身を、無行義、無養生して、終に一度の用にたゝす、身を果さは、数年の給はる所の所領、皆盗賊に同しかるへき也。……其望なくして徒に恩賞をうけて其禄を食ふは、盗人に異なるへからす、人たるもの之を恥ちさらんや。(9)

そして、慈雲尊者『十善法語』の「不偸盗戒」中の、

臣たる者は。大にもあれ。小にもあれ。其威勢官爵。朋友の交り。妻子眷属のはごくみまで。悉く君の賜なるに因りて。若忠ならぬは一家の盗じや。……此等の事は戒経律蔵の中に委く説て有じや。(10)

さらに、『御消息集』に、

詮じさふらふところは、御身にかぎらず、念仏まふさんひと〱は、わが御身の料はおぼしめさずとも、朝家の御ため国民のために、念仏をまふしあはせたまひさふらはゞ、めでたふさふらふべし。(11)

とある箇所などを根拠として引用し、王と民の関係を「恩」の概念を基調として把握し、報恩が世間的道徳律である「忠」と合致すると説くのである。

したがって、次の「孝」に対する衍義内容も、

父母恩者。父有慈恩。母有悲恩。母悲恩者。若我住世於一劫中説不能尽。(12)

とする、『心地観経』所説の有名な四恩説をもって説くのである。そして、加うるに『倶舎論』『盂蘭盆経疏新記』『増一阿含経』『観経義』『父母恩重経』『五道受生経』『六度集経』『法華経薬王品』『涅槃経』等の一節を引いて説く存覚の『報恩記』を長文引用して、(13)仏教、特に真宗における恩の主張を土岐自身も、さらに強調するのである。

次に、「朋友相信」の衍義箇所では、『十善法語』の「不両舌」および「不悪口戒」、さらには『蓮如上人御一代聞書』の、

同行善知識にはよく〱ちかづくべし。……あしきものにちかづけば、それには馴じと思へども、悪事より〱にあり。たゞ仏法者には馴ちかづくべき由仰られ候。俗典にいはく、人の善悪は近習ふによると、またその人をしらんとおもはゞ、その友をみよといへり。善人の敵とはなるとも、悪人を友とすることなかれといふ事あり。(14)

という言を引用して、これまた仏典による根拠としている。

次いで、「恭倹博愛」の衍義箇所では、自利自他を、

仏法にていへは、自利は恭倹、利他は博愛である。(15)

と、それぞれ配し、「恭倹」の具体的説明では同じく『御一代聞書』の、

よろず御迷惑にて、油をめされ候はんにも御用なく、やうく京の黒木をすこしづゝ御とり候て、聖教など御覧候由に候。又少々は月の光にても聖教をあそばされ候。御足をも大概水にて御洗候。……又御衣はかたの破たるをめされ候。……人はあがりくておちばをしらぬなり。たゞつゝしみて不断そらおそろしきことゝ、毎事に付て心をもつべきの由仰られ候。(16)

とある部分を引き、「博愛」については、『歎異抄』中の、

浄土の慈悲といふは、念仏していそぎ仏になりて、大慈大悲心をもて、おもふがごとく衆生を利益するをいふべきなり。(17)

の部分を引用して、有縁より済度して無縁におよぼすということは、勅語の「衆ニ及ホ」すことと同様であると主張するのである。

そして、「修学徳器」の箇所では、世界に最勝深遠な仏教を示す千載一遇の機会であるとし[18]、「一旦緩急」の箇所では、宗教（キリスト教）をもって人心を変ぜしめた外国の例をあげて法による信教自由の明示も注意すべきであるとし[19]、最後の「是ノ如キハ……庶幾フ」の箇所でも、

この世の君は、かりの君、この世の親は、仮の親、などゝ云ふ、宗教も舶来したさうじやから……[20]

と述べて排耶意識を表明し、同時に、『修証義』に、

愛語といふは、衆生を見るに、先づ慈悲の心を発し、顧愛の言語を施すなり、慈念衆生猶如赤子の懐ひを貯へて、言語するは愛語なり、徳あるは讃むへし、徳なきは憐むへし、怨敵を降伏し、君子を和睦ならしむること、愛語を根本とするなり[21]

とある一節を引用して、仏教をもって世俗倫理（孝・友・和・信などの諸徳目）を遵守する、あるべき基本姿勢を述べて本書を結ぶのである。

四　おわりに

以上、土岐善静の勅語衍義書を概観してきた。整理すると、本書における引用仏典は『華厳経』『無量寿経』『過度人道経』『心地観経』『御消息集』『破邪顕正抄』『報恩記』『蓮如上人御一代聞書』『歎異抄』『十善法語』『東

海夜話』『修証義』の計十二部であった。その内訳は、経典が四部（その中の二部が浄土教系経典）、宗派所依の典籍が八部（その中の五部が真宗系の典籍）であり、いわゆる自派所依の仏典は七部を数える。そして、禅宗系典籍も二部引用してはいるが、『華厳経』『心地観経』『十善法語』は、「仏法国益論」的な「恩」の概念を背景とした仏教と国家、仏教と倫理を語る場合、明治期においては必ずと言ってもよいほど例証される仏典として、宗派にとらわれない、いわゆる通仏教的仏典であり、事実、他の仏教僧の勅語衍義書においても引用頻度が高い。したがって、本書での土岐自身の独特な解釈は稀薄だと言うべきであろう。

土岐は仏教演説を得意としたこともあって、おそらく、通仏教的仏典や他宗派の典籍も、敢えて意識して引用したものと考えられる。本書の書名を『通俗説教』と題した所以も、おそらくはそのあたりに存すると想像されるが、数量的視点に立つかぎり、やはり自派経典中心で、かつ優越させた姿勢であったと言わざるを得ない。それは、すなわち「自叙」で「此勅語ニ、我真宗二諦相依合理的ノ宗教ヲ応用シ、布教ヲ試ミ」るという範囲のものであったのである。

よって類型化の点では、本書は、特定宗派の伝統的宗乗を根拠にした立場である第一類型に属すると見てよいと思われてならない。

註

（1）土岐善静『教育勅語通俗説教』序の二頁。（日本大学教育制度研究所所蔵、なお、本書は『教育勅語関係資料』第六集にも翻刻収録している）

（2）『大正新脩大蔵経』第一〇巻　七一三頁上～七一四頁上。

（3）『教育勅語通俗説教』一一頁。

(4)『大正新脩大蔵経』第一二巻　二七六頁下。
(5)同右、二七七頁下。
(6)同右。
(7)同右、三一六頁上〜三一六頁中。
(8)『真宗聖教全書』第三巻（真宗聖教全書編纂所編　大八木興文堂　昭和五五年）一七三頁。
(9)『日本の禅語録』第一三巻（講談社　昭和五三年）三五〇頁〜三五一頁。
(10)『慈雲尊者全集』再版第一一巻（長谷寶秀編　思文閣　昭和四九年）七四頁〜七五頁。
(11)『真宗聖教全書』第二巻（真宗聖教全書編纂所編　大八木興文堂　昭和五五年）六九七頁。
(12)『大正新脩大蔵経』第三巻　二九七頁上。
(13)『教育勅語通俗説教』四三頁〜五三頁。
(14)『真宗聖教全書』第三巻（真宗聖教全書編纂所編　大八木興文堂　昭和五五年）五六八頁。
(15)『教育勅語通俗説教』一二〇頁。
(16)『真宗聖教全書』第三巻（真宗聖教全書編纂所編　大八木興文堂　昭和五五年）五六七頁〜五六八頁、五七二頁。
(17)同右、第二巻（真宗聖教全書編纂所編　大八木興文堂　昭和五五年）七七五頁。
(18)『教育勅語通俗説教』一四〇頁。
(19)同右、一六五頁〜一六六頁。
(20)同右、一六七頁〜一六八頁。
(21)『曹洞教会修証義』中「発願利生」。

補章　真宗僧による教育勅語衍義書の諸類型

以上の六名の真宗僧の勅語衍義書を概観してきたが、いくつかの特徴や傾向が見られたので、これを整理してみよう。

まず、年齢的に見れば勅語衍義書を書いた年は、本願寺派の多田賢住が六十一歳、赤松連城が五十一歳、東陽円月が七十六歳、大谷派の太田教尊が二十六歳、寺田福寿が四十一歳、土岐善静が五十二歳の時であった。この中で、太田は学校を出たばかりの年齢なのでこれを別にすれば、本願寺派三名の中では一番若い赤松と大谷派で一番高年齢の土岐とがほぼ同年齢で、全体的に本願寺派の方がかなり高年齢であることがわかる。したがって、学階の面でも本願寺派の三名はいずれも勧学職であるが大谷派はそうではない。この年齢の差の原因はどこにあるのか。推測するに、前述の個人の経歴を見ると本願寺派の三名はいずれも同派内において学僧としてあるいは宗政においても功成り名を挙げた、言わば学僧学匠タイプの僧侶達である。これに対して大谷派の三名はもちろん学僧ではあるが、どちらかといえば、説教演説に巧みな仏教の社会教化、社会教育の方面で幅広く活躍した、言わば行動的事業家タイプの僧侶達である。とすれば、仏教演説等による仏教普及のための社会的活動は必ずしも高年齢であることを条件とするものではないので、幾分若いのも当然のこととして首肯されよう。同時に学僧学匠タイプが高年齢であるのも、これまた当然のことであろう。両派の年齢の差はこのあたりにあるのではなかろうか。もちろん、これはあくまで勅語衍義書を書いた、単に六名のみに限定した範囲内で言えることであって、宗派としての傾向では決してないことは言うまでもないところである。

次に、この六種を見ると、その教義的根拠や引用仏典等が同じものもあれば、そうではなく独自の解釈をしたものもあり、教育勅語に対応する立場は決して皆一律ではなかったという特徴を見出した。そこで、これら六種の立場を示す類型別を基本にして、それぞれが説いた教義的根拠と引用仏典を附随するかたちで整理し一括して纏めてみた。それが左の表2である。

各類型についてはあくまで作業仮設ではあるが、三種類の立場の相違があったので便宜的にこれを第一・第二・第三と分類してみた。この類型別の点で見ると、伝統的宗乗でもなく、通仏教的でもない、赤松連城の第二類型は非常に独特であるといえよう。

表2　類型一覧

類型別	著者・書名	派別	教義的根拠	引用仏典
第一類型 自派教義の伝統的宗乗を根拠に仏教と勅語の関係を説く立場（伝統的宗乗からの立場）	多田賢住 『普通教育勅諭演讃』	本派	真俗二諦による王法為本 五善五悪	『過度人道経』『蓮如上人御文章』『改邪抄』
	東陽円月 『勅語奉体記』	本派	真俗二諦による王法為本 滅度密益の一念滅罪論 （二益法門）	
	土岐善静 『教育勅語通俗説教』	大派	真俗二諦による王法為本 五善五悪 「報恩」思想に基づく四恩説 十善	『四十華厳』『無量寿経』『心地観経』『過度人道経』『破邪顕正抄』『東海夜話』『御消息集』『蓮如上人御一代聞書』『歎異抄』『十善法語』『修証義』

第二類型 仏教的色彩を出さず一宗教者として仏教と勅語の関係を説く立場（宗教一般からの立場）	赤松連城 『勅語衍義』	本派	（宗教と徳育の関係）	
第三類型 通仏教的に仏教と勅語の関係を説く立場（通仏教的な立場）	太田教尊 『勅語と仏教』 寺田福寿 『教育勅語説教』	大派 大派	因果応報の理 五善五悪 真俗二諦に基づく王法為本 四恩説 戒律の精神 人法土一	『四十華厳』『無量寿経』等、資料編に一七三種を掲載 『心地観経』『父母恩重経』『優婆塞戒経』『梵網経』

また、類型別の点で両派を見ると、これまた、六名に限定するという条件付きで見るかぎり、本願寺派は伝統的宗乗に根拠し、大谷派は通仏教的に説いている、という傾向を見出す。これは前述の本願寺派が自派の中でも学僧学匠タイプ中心で、大谷派は一般民衆を対象にして通俗的に仏教演説などをおこなうタイプがいた点に起因するとも考えられよう。

教義的根拠については、真宗僧としてこれが世俗倫理との関係を説くかぎり、「真俗二諦」を基本にした「王法為本」「仁義為先」や「五善五悪」の教義を宣説し、かつ明治期の傾向であった「四恩十善」を説くのは当然のことであり、事実、皆ほぼ共通なので取り上げて言うほどでもないが、東陽円月の解義だけはその中でも異質であり、特徴的であったと言えよう。

引用仏典については、自派所依の仏典を軸にしつつ、その他種々散見されるが、何といっても太田教尊の『勅語と仏教』に見られる資料編一七三種におよぶ蒐集掲載だけは圧巻であり、別格として注目すべきであろう。

なお、もちろん、世道人心の維持の面における仏教の歴史的実績、すなわち歴史的貢献度の強調、そしてこれと表裏一体の関係にあった幕末期から続く排耶論の延長としての排耶意識は、文字上の表現が有っても無くても、各衍義書皆共通であったことは言うまでもない。

教育勅語渙発後、四十二年を経た昭和七（一九三二）年、勅語衍義書に関する、言わば中心的存在であった井上哲次郎はその晩年、往時を回顧して、当時各方面より刊行された勅語衍義書なるものについて論評している。そのなかで、仏教者による勅語衍義書—実際に井上自身が読んだかどうか定かではないが—についても言及しているので、少々長いが、その一文を掲げて最後としたい。

丁度、儒教徒が儒教の立場から教育勅語を解釈するやうに、仏教徒の中には仏教の立場から教育勅語を解釈する者があつて、幾多の著書も世に発表されてゐる。仏教といふものは輸入以来千数百年を経て居るもので、余程日本化してゐるのである。それのみならず仏教々典の中に忠孝を余程よく説いたものがある。例へば『大乗心地観経』の中の『報恩品』といふ所には「四恩」が説いてあつて、その中に「国王の恩、父母の恩」といふのがある。「国王の恩」は忠に当り、「父母の恩」は孝に当る。いづれも余程克く説いてあるので、恩を説くといふ点に於いては儒教も及ばない程である。……其の他孝道は『梵網経』『観無量寿経』を始め諸種の経文其の他の仏典例へば契嵩の『輔教篇』の如き書に説かれてある。而して又国家のことに関しては『金光明経』だの『仁王護国経』だの、殊に鎮護国家の経文として古来尊重せられたものがあるやうな次第で、仏教の側から教育勅語を解釈するにはなかく材料豊富である。……親鸞の仏教も矢張り余程日本化して説かれてあることは『教行信証』に拠つても明かであるが、いつたい真宗の教義中に「王法為本」などといふことを云ふので、如何に国家的色彩の濃厚であるかといふことも分るが、形

> 式上から観ても肉食妻帯をしたり、又、血統継続をしたりする点から観れば、其の日本化の事実は蔽ふべからざるところである。……だが教育勅語は仏教ではない、仏教以上のもので、仏教を超越してゐるのであるから、仏教で解釈すれば教育勅語の精神は尽きてゐると思ふならばそれは間違ひである。然し仏教徒が仏教の側から教育勅語を解釈するといふことは何等咎むべきことではない。[1]（傍点筆者）

以上、仏教者の中でも、特に真宗僧の教育勅語衍義書（六種）の勅語へのアプローチの仕方をながめることによって、端的に言えば、仏教（出世間道）と勅語中の諸徳目（忠・孝・和・信・恭倹・博愛等）にみられる世俗倫理（世間道）との関係を見てきた。

そして、各衍義書の著述者は種々の教義や仏典の典拠を挙げて仏教の実践倫理と通俗倫理の合致、換言すれば勅語との一致を力説するが、煎じ詰めると、この問題は〈宗教と道徳の関係〉のことであり、さらに言えば、〈宗教と国家〉に関する問題にも帰着する。したがって、なかには我田引水的な側面や、牽強附会的な要素も存し、その点が仏教の主体性を欠落して国家に追随したと評価される所以となっていることも確かである。

一方、維新以来の仏教の低迷を挽回しようとする折に「教育と宗教の衝突論争」という直接的な引き金が加わった当時の思想・宗教界の状況をふまえると、これを機に能動的に教育勅語を受け入れ、積極的に日本化した仏教を証明して仏教を発展させてゆこうとする立場があったことも、たとえそれが一部的ではあっても否定できないわけである。

つまり、この仏教者による勅語衍義書を一種の苦慮の産物であったと見るか、逆に「日本」仏教の積極的展開の一軌跡であったと見るか、は極論的に言えば、

〈仏教者はあくまで仏教者である〉

という立場と、

〈日本人としての仏教者、あるいは仏教者である前に日本人である〉

とする立場の相違でもあり、それぞれの立場で見方は分かれ、評価も異なる。要するに、問題は仏教道徳を通俗道徳の枠内で説くその内容にあるのではなく、説く際の仏教者としての主体的立場や意識が時代的制約の如何を問わず、はたして妥当であったか、否か、という点にあり、その点が問われなくてはならないだろう。

その意味で、各衍義書の検討の結果、同じ真宗僧とはいっても実際には皆一律の立場や論調ではなく、伝統的宗乗に拠る者、あるいは通仏教的に説く者、はたまた、それらを捨象して一宗教者としての立場に立脚する者、という三類型があったということは逆に一枚岩ではなかったという意味において、宗派エネルギーの表出であったと見ることもできよう。

今後、仏教以外の宗教界・思想界からの勅語衍義書の詳細な検討も必要であろうが、少なくとも真宗僧に関するかぎり、三つのバリエーションがあり、その三つのバリエーションがあること自体、当時の仏教界の状況を、実は暗示するものであったと言えるのではないだろうか。

註

(1)これは「維新後の思潮概況」と題して雑誌「教育研究」(東京高等師範学校附属小学校内初等教育研究会発行)の第三七九号(昭和六年十一月)から第三八八号(同七年六月)にかけて、五回にわたって連載したものであるが、当該箇所は連載三回目の第三八四号(同七年三月)一一一頁~一一二頁である。

第三編　教育勅語と宗教者

――石門心学者とキリスト者の教育勅語衍義書――

第一章　明治期の石門心学の動向

一　はじめに

享保年間、石田梅岩を祖とし、その後、手島堵庵、中沢道二らの活躍によって『和論語』や、それらを基礎とした「道歌」などを中心とする世俗倫理の教授法を効果的に活用して全国津々浦々にまで「心学道話」として普及し、近世庶民の精神生活、通俗倫理の維持に大きな役割をはたした石門心学は、幕末期にいたって教勢衰退の一途を辿り、明治維新後は近代化の荒波を受けて消滅にも近い状態を免れ得なかった。その故だろうか、明治維新後の心学について叙述したものはきわめて少なく、心学者個人に関する数種の断片的記述はあるものの、まとまった研究は現在までほとんど見あたらない。

石川謙は『石門心学史の研究』において、明治以後の心学の活動について次のように簡潔に評している。

明治年代に入つて大成教に編せられて再興復活の機会が掴み得られるかに見えたが実を結ぶことが出来ず、同十六年になつて子爵谷干城等の発起によつて道話再興の企が立てられ、同四十一年には男爵高崎正風の首唱の下に教育勅語の御趣意を心学精神によつて解説するための一徳会が結成されたが、これ等は何れも講舎の復興拡張を目指すものではなかつた。かくて講舎に関する限り、天保以後、絶望的な衰退の路を驀地に辿つたものと言へよう(1)。

心学全体の推移としては、事実そのとおりである。しかし、たとえば明治初年頃の宗教行政の激変期において、在来の石門心学がどのような処遇を受けたのか、という制度的変遷の問題一つを調べても、たしかに大成教に編入はするものの、仔細に見てゆくとかなりの紆余曲折があるが、これに関する指摘は従来の研究ではまったくない。さらに心学者個人の素質や教養、そして修行からくる思想的同異点の比較、布教における道話の時代的傾向についての研究もほとんどなされていない。つまり、当時の宗教行政による石門心学の制度的変遷の解明、という運動史としての外的側面と、心学者個人の思想的本領の比較と道話の傾向、という内的側面の両面が明確にならなければ、倫理運動史、精神運動史としての明治心学史は語り得ないのである。もとより、現存資料の僅少という制約はあるが、それでも関連資料を用いれば、ある程度の叙述は可能である。

よって、ここでは、最初に維新以降の宗教行政による心学の立場の変遷を明確にし、次いで心学自身の内部的な問題、これについても心学者個々の思想遍歴からくる心底の類似点という内部的部分と、そこから湧出する、外に向かっての道話布教という、言わば心学の根幹にかかわる部分を内外両面に分かって検討し、何故、明治期の心学が極度に衰退してしまったのかという理由の一端を解明してみたい。

ただし、所謂中澤道二以降の江戸参前舎を中心とする関東心学と手島堵庵以降の京都明倫舎を盟主とする関西心学では、教学的に相違点があり、事情が異なるので、ここでは特に政府の宗教行政と深く関係せざるを得なかった東都の関東心学を中心に見てゆくことにする。

二　宗教行政による明治心学の制度的変遷

1　教部省による神道系講社としての心学認可

安永年間手島堵庵の命を受けた中沢道二は関東に下って心学布教を開始するが、その拠点となった心学講舎は寛政年間に建てた江戸の参前舎であった。以後、参前舎の舎主は第二代植松自謙、第三代中沢道甫へと継承され、幕末期は第六代平野橘翁、維新後に第七代高橋好雪と続いてゆく。そして、この好雪が明治初年頃の政府の宗教行政、端的に言えば、神祇行政と対峙することになるのである。

一方、明治初年の宗教行政は、周知のごとく二年七月の神祇官設置後、宣教使を置き、宣布二大教一詔によって大教宣布の運動を展開してゆくが、四月八日に神祇官は神祇省、五年三月には神祇省から教部省へと変化してゆく。そして、この教部省設置の時点までは、心学は神道・仏教双方の確執には無関係の存在として従来と変わるところがなかった。というより所管の役庁がなかったということでもある。『参前舎年譜』(2)（以後『年譜』と略称する）と題する資料によると、この間、明治二年八月には深川和倉に開成舎（参前舎第八代舎主熊谷東洲が建てた心学講舎、明治二十三年熊谷没後に廃舎）を建て(3)、同年四月には参前舎を修理した模様である(4)。

しかし、教部省を設置した新政府の意図は神仏合同の組織で宗教者を中心に、職業的に教化的性格を帯びる者を動員して教化の任にあたらせ、一大国民教化運動を展開しようとしたところにあったわけで、その点からすれば、江戸期以来、特に心学道話を通して広く浸透していた心学は「三条教則」、そして教導職制と続く一連の大教宣布の流れのなかに無関係で存立し得る筈はなかった。否、江戸期における民衆教化の実績の点からみれば恰好の存在でもあったろう。こうして明治五年以後、否応無しに宗教行政の荒波に巻きこまれてゆくのである。

『年譜』中、明治五年の箇所には、

此年五月教部省ノ設立アリ、同月五日、高橋好雪ヲ教部省ニ召シ教導職権訓導ニ補セラル(5)

とあり、明治五年五月五日、舎主高橋好雪は教導職となった。おそらく、この頃であろうが、教部省要路と好雪による心学の今後の存続方針についての会談がおこなわれた。『石門三師事蹟略』(6)所収の「高橋好雪先生事蹟略」はその議論の応酬を次のように伝えている。少々長いが重要な一文なので、煩を厭わずその箇所を掲げる。

長官ノ召ニ因テ先生ソノ私邸ニ至ル、長官諭シテ曰ク、心学ノ衰頽寔ニ憫ムベシ、コレヨリ神道ノ教ヲ奉ジ、心学ノ心ノ字ヲ除キ、改メテ神学ト称シ、講話中ニ、子曰、孟子曰ノ語ヲ用ヰズ、仁義礼智信ノ軸ヲ取リ去テ、正面ニ神前ヲ設ケ、神道ノ教ヲ布カバ、従来ノ衰頽ヲ一変シテ、其道ノ盛必ズ期スベシ、亦可ナラズヤト、先生謹デ対テ曰、吾ガ心学者流ハ、従来国典ノ一斑ヲモ窺ハズ、方今十余名アルモ、大抵ハ不学不文也、且心学ヲ事トシテ、素餐《カゲフナシデクラス》スル者一人モ之レ無ク、各自ノ産業ヲ営ミ、基余力ヲ以テ、心ノ一事ヲ学ビ、感喜ノ余リ、僅ニ愚夫愚婦ニ対シテ、忠孝ノ道ヲ誘導スルノミ、何ゾ堂々タル神職ノ面々ト、並ビ立コトヲ得ベキヤ、希クハ前曰ノ如ク、道話講説スルコトヲ御許シアラバ、社中一般ノ洪福之ニ過ルコトナシ、願クハ明恕ヲ賜ハレカシト、長官可カズ、前意ヲ取テ之ヲ説破ス其状甚ダ厳ナリ、是ニ於テ先生、形ヲ正フシ危坐シテ曰、抑心ノ字ヲ神ニ換ヘ仁義ノ軸ヲ神前ニ換ヘンコト、断ジテ貴命ニ応ズルコト能ハズ、名ヲ換ヘ、栄ヲ求ルハ、天ヲ欺ク者ニアラズシテ何ゾ、我ガ衰ヲ捨テ他ノ栄ニ附クコト、端人正士ノ為ザル処ナリ、若シ之ヲシモ為サバ、世人将タ何ニトカ謂ハン、徒ラニ栄ヲ貪テ負信ノ人トナルコト、忍ビザル処ナリ、強テ貴命ニ随ハザルヲ得ザルニ於テハ、一同教職ヲ返上シ、各自解散ノ外為ス処之レ無シト、謹デ直言ス、長官其奪フ可カラザルヲ知テ漸クニ面色ヲ和ゲテ談、余事ニ移ル、先生帰舎ノ後、教部省へ当テ建白セシ書アリ、文長ケレバ略ス、之レニ由テ長官等亦其主義ヲ言ハズ(7)

この意味は次のとおりである。心学の「心」字を「神」字に変更し、神道の教えを説けば、時流に乗って昔時の隆盛も可能であると言われたことに対し、従来心学者は神官僧侶のように、それによって生計を立てる宗教専業者ではなく、各自に職業家職があり、あくまでその余力をもって忠孝人倫の道を道話講説するのが伝統であって立場が異なる、と好雪は述べる。が長官はこれを不可としたので、好雪は名称を変えてまで隆盛を求めることは「天ヲ欺ク者」であって、「断ジテ貴命ニ応ズルコト能ハズ」と答え、それが不可ならば心学者は教導職を政府に返上して解散する以外に方途はないと主張したので、ようやく従前のとおりになったというのである。多少の潤飾はあろうが、おおよそ、これに近い応酬がなされたことであろう。

かくて『年譜』に、

七代目高橋好雪舎主ノ節、明治五年八月廿二日更ニ教部省ノ許可ヲ得、引続キ教導ス(8)

とあるように、心学は教部省の認可を得て従前のとおりに活動し、教導の任にあたることになったという。同日好雪は権中講義となった。(9)

2　神宮教会への所属

しかし、その状態も数ケ月に過ぎず、教部省下の大教院開設前後の頃には心学単独での存立、そして活動などは、もはや許されない状況となっていた。すなわち、教法（宗教）は神仏二教（キリスト教の黙許前）である以上、組織統轄面からみても神道か仏教か、いずれかに属さねばならなかったのである。『年譜』には次のようにある。

昔シヨリ以来、世人ノ思想ニ神儒仏ノ三道ヲ三教トモ呼ビナシテ何レモ教法ノ大切ナル者トシテ疑ヒヲ容レザリシナリ、然ルニ此度御一新革命ノ時至リ、儒道ハ別ニ文部省ヲ設立セラレテ教育ノ部分ニ位ヒシ、神ト仏トノ二教ヲ以テ、教法ノ部分ニ定メラレタリ、而シテ世間一切ノ教法ナルモノハ、スベテ神仏二教ニ管轄セラルヽコトトハナリタリ、然レバ吾ガ心学モ何レカニ附属セザル可カラザルニタチイタレリ(10)

そして、心学は神仏二教のうち神道の部属に入ることとなった。その事情について、当事者であった好雪の語るところを『年譜』は、次のごとく伝えている。

此際教部省長官ノ人、同省ニ好雪ヲ召シシトキ、親シク談話説諭セラレタルヲ聞クニ、長官曰、元来心学ハ心ノ学ビト称シテ、三道一致ノタテカタナレドモ、此度神仏混淆ヲ廃セラレタル以上ハ、何レカニ寄ラザレバナラヌワケナリ、其心学ニ於テハ、身分ハ儒者ナリト云フト雖モ、教法ヲ負担スレバ儒門ノ管轄ニアラズ、仏説ヲ講釈スルト雖モ、其身俗体肉食妻帯ナレバ、僧侶ニ附属スベキモノニモアラズ、依之、心学ヲシテ神道ノ部属トハナセルナリ、然レドモ講説教諭スル処ハ従前ノマヽニテ不苦、相成丈ケ神道ヲ奉ジテ教諭アルベシト、是レ好雪ノ伝語セルトコロニシテ、吾ガ心学ノ神道ニ附属セル所以ナリ(11)

また、「高橋好雪先生事蹟略」にもほぼ同様の記述がある。

大教正本荘宗秀殿。伊勢神宮ノ管長トシテ吾ガ心学ヲ其部属ニ列セラレ。先生ヲ召テ親ク言ヲ属シテ曰。今。教法ハ神仏二教ト定マルヲ以テ。其心学ヲシテ神道ニ属スト雖モ。元来心学ハ。三道ヲ以テ教示スルノ学風ニシテ。単ニ心ノ学ビナリ。従前ノ学風ヲ以テ。十分ニ布教致サル可シト。此ニ於テ古先生ノ学風全ク存スルコトヲ得テ。一同安堵ノ思ヒヲ為セリ(12)

こうして本荘宗秀の周旋により、心学は神道の部属となり、講説教諭は従前のままとされ、「一同安堵ノ思ヒヲ為」したという。たしかに、心学存続の危機的状況下においての、神道の範疇、そして講説布教は従前のまま、というかぎりにおいては、一同安堵もそのとおりであったかもしれない。しかし、好雪が直接語ったとする『年譜』には安堵の文字はない。いずれも川尻宝岑《ほうきん》という同一人物の手になるだけに、この点は注意しなければならない。宝岑は好雪の弟子であり、心学社中として当時においても重要な人物ではあったが、心学の命運を決する舎主としての立場にはなかった。つまり、「事蹟略」は好雪没後の宝岑自身の表現なのである。一方、『年譜』は好雪直接の伝語とされていて宝岑自身の意識混入の余地はない。宝岑の経歴をみると(13)、心学に入ってからは禅門に傾斜するが、幕末期には井上正鉄《まさかね》の禊教に入っていて禊教教師であった経験をもつ。同時に、宝岑は明治以後、歌舞伎の脚本家としても著名であって、『万世薫梅田神垣《よにかおるうめだのかみがき》』という禊教の開祖井上正鉄を主人公とする演目の脚本を書き、これは上演もされているが、その中に本荘宗秀も実名で登場するのである。その本荘宗秀とは、もと丹後国宮津藩主で維新後、明治六年一月神宮大宮司となり、自ら巡回布教して神宮の教化活動に尽力するが、同時に禊教の熱心な信奉者でもあった。すなわち、この二人には神道禊教という共通点が存するのである。

これを案ずるに、本荘宗秀は昔時隣国である丹波出身の石田梅岩の心学が各地の領民教化に功があり、その道話講説に神道臭が濃厚であることを熟知した上で心学の存続を考え、神道の部属に入れたのではないか。とすれば、宝岑が本荘宗秀の言と力によって心学存続の方途を与えられたとして、のちに「安堵」なる表現を用いたとしても無理からぬところである。

しかし、当事者の好雪はその反対に神道とはあまり関係がなかった。というより仏教、特に禅ときわめて近い関係にあった。好雪の経歴については後述するが、参前舎で修行するかたわら、鎌倉円覚寺の東海禅師、建長寺の願翁禅師（蕨の長徳寺）、信州諏訪の温泉和尚、武州立川の蘊山和尚、奥州松島瑞巌寺の由道和尚、濃州虎渓山の蓬州禅師などの鉄槌を受け、願翁の下で印可を受け、同門の山岡鉄舟とも親交があり、在俗の身で『碧巌録』を講じたほどの力量をもった在家居士なのである。当時好雪が舎主として参前舎に入るにあたって、

或人ノ曰。好雪子ガ彼処《カシコ》ノ先生ト成タランニハ。定メテ参前舎ヲシテ。参前寺ト為スナラント。社中ノ人之ヲ聞テ先生ニ告グ。先生微笑シテ曰。其レ然ラン。然レドモ我レハ参前屋ニハセズト(14)（傍点筆者）

という逸話があるほどの仏教的色彩が強かった人である。心学存続のため止むを得なかったとはいえ、神道への所属という出来事は、好雪にとっては内心こころよからぬものがあったであろうことは想像に難くないところである。『年譜』中、好雪の伝語とされる箇所に「安堵」なる言葉がないのも当然であろう。本来、石門心学は神儒仏三教の一法に偏せず一法も捨てず、とするのが建て前であるが、実際には至難のことであり、個々の心学者の素質や教養とによって、いずれかの傾向が強くならざるを得ないというのが現実の相であった。心学とはいっても、心学者個々の心底においては、必ずしも一枚岩ではないという側面が、はしなくも垣間見ることができると

言うべきであろう。

ところで、本荘宗秀によって「其部属ニ列セラレ」たとする部属とはいったい何を指すのか。具体的に神道の中のどこに附属することになったのか。この点については『年譜』をはじめとする心学関係資料には何ら記載がなく、研究面においても従来まったくといってよいほど語られていなかった。よってこの点を解明しておこう。

教部省に教導職が設置されると、伊勢神宮においては「神宮教会」なる組織を設け、大教宣布、「三条教則」に基づく神宮高揚の教化運動を推進することになる。明治五年七月二十日には神宮少宮司少教正浦田長民は神宮教会開設届を教部省に提出し、伊勢地方を中心に説教所を設けていった。同時に、教導の人材養成のため神宮教院を設けてゆくが、この支部的機関として東京に出張所を設置し、信徒を結束させて神宮一教の下に、従来からの各講社を収容してゆく方針をたてて開設願を教部省に提出した。

今般東京府下ニ於テ、神宮教会・愛国講社相開キ、且横浜大坂等人民輻輳之地ヘモ追々同社取組、教員巡回説教可致候。右入社人名并結社条約別冊之通ニ候条、此段御伺申候也

明治六年一月

少教正　浦田長民印

中教正　本荘宗秀印

大教正　近衛　忠房

教部省御中(15)

こうして東京府において六年一月、神宮教会を開設する。この当時は教導における区分が第一大区から第八大区まであり、神宮は第二大区と定められていたが、各区に従来からの伊勢講的な講社が転在するので、神宮に関

しては特別に各区横断的に巡回教導することを許された。わかりやすく言えば、神宮教会は神道および神宮崇敬の要素を教義的に内包した東京府に存在する従来からの各講社をその傘下に組み込むことが可能になったということである。明治六年二月のことである。東西部代理管長から神宮大宮司となった本荘宗秀が心学参前舎の高橋好雪と会談説諭して、自身の監督下に心学を収容したのは、おそらくこの頃であったかもしれない。

すなわち、先きの「其部属ニ列セラレ」とある部属とは、神道とはいっても具体的には「神宮教会」のことなのである。そして、

黒住講社
吐普加美講社
心学講社
右三講社今般神宮教会附属ニ相成候ニ付而者爾後七級以下之試補申付方者区分ニ不拘、近衛大教正タルヘク、若他へ出張之節者代理ヲ托ス人ヨリ可申事
明治六年三月四日議決(16)(長民以下)

とあるとおり、明治六年三月黒住講社・吐普加美講社(のちの禊教、これも吐普加美講の名称で明治五年八月二十二日、心学と同日に布教を認可されている)と共に、神宮教会附属心学講社(17)となったのである。ただ、心学の神宮教会への附属がいつまで続いたのか、についてはこれを伝える心学側の明確な資料はない。教部省の公文書の細部については未見であるが、かつて久保田収の論考「神宮教院と神宮奉斎会」には、

なお、この年二月（ママ）、黒住講社・吐普加美講社・心学講社の三講社を神宮教会の附属と定められた。いづれもその中心に天照大神を奉戴するところからこの決定をみたのであらうが、四年になつて、ともに大教院管掌に改められた。それぞれに講社成立の事情があるから、その自主性をみとめて直接大教院に所属することとなつたのであらう(18)。

とある。久保田収の言われるごとくであるとすれば、心学の神宮教会附属の期間は、わずか一ケ年間に過ぎなかったということになる。たしかに、附属とはいっても心学は三条教則を軸に従来どおりの講説を約束され、かつ六年八月には教部省番外達「大教院ノ教会大意認可ノ件」によって、黒住・吐普加美・富士・御嶽・不動・観音・念仏・題目等の諸講が組織検査の上、「教会大意」により認可されているので、心学講社もこれらと同じく認可され、直接大教院管掌下に入ったとしても不思議ではない。しかし、諸講中に心学講社の名は見あたらず、その経緯は不明である。ただ教部省と神宮教会の関係については常世長胤が『神教組織物語』において、

偖神宮ニ於テハ、昨五年神宮教会神風講社結成ノ官許ヲ得テ、教院ヲ興立シ、東京麹町ニ出張所ヲ設テ、別ニ教務ヲ取レリ、宮司ハ本荘宗秀ナリ、然レドモ大教院ニ加入シテ、広ク事ヲ行ハシメン事ヲ、本省頻ニ諭達シテ、粗之ニ決セシム(19)

という事情があったと記録している。

いずれにしても、心学のもつ性格からすれば、神宮一教だけを布教高揚する組織よりも大教院所管に移行する方が自然の流れであったであろうが、一時的、かつ名義上だけであったにせよ、心学が伊勢神宮という特定の神

社傘下の一講社であったという事実は、阪本健一も「黒住講社、吐普加美講社、心学講社が神宮教会附属となっていたことも注意されるべきであろう[20]」と言うように、見逃してはならないこととして、ここに指摘しておきたい。

3　本教大成教会への所属

朝令暮改の宗教行政の変化は激しく、明治八年真宗の大教院離脱、そして大教院廃止、続く信教自由の口達等の事情によって明治十年二月教部省は廃止となり、内務省社寺局がこれを引き継ぐこととなる。したがって、心学の所管もそれまでの教部省から、今度は内務省社寺局に移行していった。もちろん、心学は神道教導職であった関係上、大教院崩壊後は実際には神道事務局の指示の下にあったわけである。事実、参前舎第八代舎主熊谷東洲（七代高橋好雪は明治九年九月六日没[21]）は明治九年十月二十六日に神道事務局から心学社長（講社の長の意）を命ぜられているのである[22]。

その頃から神道界では祭神論争がおこって神道事務局も揺れ動き、結果的に神社と神道系講社は明治十五年の神官教導職分離によってそれぞれの道を歩むことになり、神道系講社は順次独立して、俗に言うところの教派神道十三派が成立してゆくわけである。一方、心学は教導布教の任を堵庵以来の伝統的使命とする以上、教導職の立場として、独立して単独布教するか、もしくは神道系教派のいずれかに属して心学の道統を維持して命脈を保持するか、この二つ以外に選択の余地はなかった。しかし、当時の心学には単独で布教活動をするだけの力はまったくなかったので、結果は後者の道を進むことになるが、ここで登場するのが、平山省斎の神道大成教（この当時は本教大成教会）であった。

周知のごとく、平山省斎自身宗教的要素は本来希薄であり、その大成教会も天文・蓮門・淘宮・禊等の諸道を糾合して文字どおり大成しようとした講社主義的な、言わば寄合所帯的な性格をもっていた。また、平山は一時井上正鉄の教えを学び、九年頃には神道事務局の指示で吐普加美講（九年に禊教と改称）を司督しているが、前述のごとく、維新後心学は吐普加美講と同様の経緯を辿っていること、心学側にも元々禊教と関係の深い人たちがいてその教説には同質部分も有すること、[23]そして、一時心学が属した神宮教会の教導区域（第二大区）に隣接する第一大区は平山の受け持ちで、さらに当時の立場からして心学の人々とも多少は面識があったと考えられること等々を案ずれば、平山は当時の心学の実情を充分知っていたことであろう。したがって、禊教と同様に心学も自身の本教大成教会に組み込むことを考えても不思議ではない。

一方、心学側（当時存したすべての講舎ではなく、東京における中心であった参前舎、ここでは、その舎主熊谷東洲を指す）においても、大成教会に附属して心学の活路を見出してゆこうとする立場、すなわち、積極的な附属希望があったとする指摘もある。

東洲は、心学の最も衰頽したる明治初期より中期にかけて参前舎舎主と為り、心学復興のために畢生の努力を払つた。そして当時大阪敦厚舎の舎主であつた河井〔合〕道美（長左衛門）、及び道美の指導を受けていた岐阜の亀山恭長等と結んで、大教正であつた平山省斎被護の下に、大成教内に心学一派の独立を認可されるべく猛運動を行ひ、遂にその諒解を得るに至つたが、参前舎を以て全国の中心と為すべき希望を有していたゝめ、京都側、特に明倫舎の同意を得るに至らず失敗に終つた。[24]（〔合〕は筆者が挿入）

関西心学の中心に位し、江戸期においては手島堵庵直系の心学講舎として全国の総本山的存在であった京都明倫舎は、心学の大成教会編入には否定的であったようである。この点については後述するが、ともかく、『年譜』

にあるように、

此年平山省斎殿大成教ヲ設立シテ二月廿八日ヲ以テ九段富士見町ニ開講セラル、此時吾ガ心学ヲシテ大成教附属ニ列セラル(25)

こととなったのである。時に明治十二年五月であった。

ただし附属はしたが、これも『年譜』に、

然レドモ未ダ管長ノ名儀アラザルヲ以テ拝命其外スベテ内務省社寺局ニテ管轄セラル(26)

とあるように、この時点では平山は管長職の名を得ていなかったので、任免など諸般の事務的側面においては、心学は未だ社寺局の所管のままであったのである。つまり、附属とは言っても仮りの状態であったわけである。次いで明治十五年五月、本教大成教会は一派独立を認められて神道大成派、そして神道大成教と称することとなり、十七年八月の太政官布達第十九号「神仏教導職ヲ廃シ住職任免教師ノ等級進退ノコトヲ各管長ニ委任スルノ件」、すなわち、官撰の神仏教導職廃止、以後は各教派管長に従前の権限が委譲されることとなって平山が神道大成教の管長となった。『年譜』は次のように伝えている。

此年平山省斎殿大成教管長許可セラレ、小石川区原町ノ平山殿自宅ヲ以テ大成本部トシ、爾来拝命其外一切管長手切リニ取扱ハルル(27)

こうして心学は制度的に仮りの状態から離れて、正式に神道大成教附属心学講社となり、以後すべての面において大成教という枠内で活動することになるのであった。

4　神道大成教内における心学の状況

大成教の指示指導ということは、実際的には舎主および都講・老友（舎主を補佐して心学講舎を維持する役員で石門心学の伝統的名称）の異動変更や教勢状況等に関する明細書の届出、教費上納などが主たる事柄であった。これらについて述べる前に、実際に大成教に参入した心学講舎について一瞥しておこう。つまり、参前舎の意向に呼応して、いったいどの地域の講舎が大成教傘下となったのか、その数はどのくらいであったのか、ということである。この点を『年譜』は次のように明示している。

大成教附属之舎号一覧「明治十八年乙酉十一月熊谷東洲ヨリ大成本部へ書キ出セシ写シ、但シ西京明倫舎ハ大成附属トナラザルヲ以テコヽニ乗セズ。」

一　大成教心学参前舎（東京下谷練塀町）　権少教正　熊谷東洲
一　同　自謙舎（東京南茅場町）　大講義　三谷勘左衛門　此年三月類焼シテ休舎
一　同　開成舎（東京深川和倉町）　少講義　生形正吉
一　同　富圓舎（岐阜県下土岐郡多治見村）　西浦源三郎
一　同　萬徳舎（岐阜県下各務郡芥見村二番地）　少講義　亀山黿三郎
一　同　三省舎（静岡県下佐野郡掛川駅字瓦町）　少講義　平岩伝四郎
一　同　真明舎（静岡県下有渡郡静岡下石町）　少講義　秋山酒僊
一　同　明誠舎（大阪府東区長堀町一丁目）　権少教正　岡本市郎兵衛

一　同　　　有隣舎（大阪府東区博労町四丁目六番）　少講義　徳崎安三
一　同　　　會友舎（岐阜県下土岐郡妻木村）　試補　熊谷石翁
一　同　　　會友舎（群馬県下碓氷郡岩水村）　　　塚越順三郎
一　同　　　（大阪府下堺）　　　　　　　　訓導　大西善太郎(28)

これによると明治十八年の時点で東京三舎、群馬一舎、静岡二舎、岐阜三舎、大阪三舎（一舎は記名していない）の計十二の心学講舎が傘下に入ったようである。当時活動していた心学講舎（常陸小田の尽心舎、信州の時中舎など存在はしているが、祭典等をおこなうことが中心で、心学本来の教化活動をしているとはいえない講舎もあった）が、これ以外にどの程度存在していたのか、これを把握することは現存資料ではきわめて困難であるが、教勢衰退の状況からみておそらくそう多くはなかったであろう。ただ注意すべきことは、先に「京都側、特に明倫舎の同意を得るに至らず……」と引用したとおり、西京の一方の雄で心学発祥の伝統を誇る西京の明倫舎が参加しなかったという事実である。これによって当時の心学講社（ここでいう講社は神道側の心学運動結社全体の意味）とはいっても決して統一され、一本化された組織ではなかったことが明瞭となる。事実、岐阜の三舎は、東京参前舎舎主熊谷東洲の郷里であり舎主も一族中の人物なので参前舎と仲間であると言ってよい。要は大成教に関わっていったのは参前舎と大阪明誠舎が中心であったということである。心学内部では大成教への所属の是非をめぐって、かなりの対立論争があったに相違ないが、各地個々の講舎の事情あるいは舎主の思惑などによって判断し得ることが可能であったことは留意しておかねばならないであろう。同時に江戸期の参前舎を中心とする関東心学と明倫舎を中心とする関西心学の確執という点が心学研究史上では語られるが、それは明治以後も引き続いていたことが、この点より看取されるのである。

次に、講舎全般に関する異動が生じた際の大成教本部への届出については、たとえば以下のごとき参前舎舎主の交替の際に提出した文書によって知ることができる。次の資料は、明治二十年五月、参前舎第八代舎主熊谷東洲が退隠し、長沼真茂留が第九代舎主に就任した時のものである。

御届

深川区和倉町三十七番地
中教正　熊谷東洲

右下谷区煉塀町六番地心学教場参前舎社長従来相勤来リ候処追々老衰仕何分ニモ堪兼候間今般社中談示之上辞職仕候跡々事務取扱之義ハ万事社中一同連署ヲ以テ可奉申上候也

明治二十年五月五日　参前舎社長熊谷東洲印

大成本部管長　平山省斎殿(29)

御届

心学教場之義是迄熊谷東洲社長相勤来リ候処追々老衰不堪其任ニ今般東洲退役致跡役之義ハ副社長長沼真茂留一切之事務取扱申候右社中一同協議之上決定仕候ニ付此段御届申上候也

明治二十年五月

副社長長沼真茂留印
社中　川尻義祐印
同　二葉正徳印
同　鈴木万平印

大成本部管長　平山省斎殿(30)

また、大成教本部の照会により報告提出している社寺明細帳の類によっても、教勢状況をうかがい知ることができる。その一例として、明治二十八年七月提出の「教会所明細書」の一部を掲げておく。

本年六月三十日ノ現在ニ依リ教会所明細書及職員変更表并ニ教師等取調候処別紙之通ニ御座候間此段及御届候也、追テ当舎ニハ所謂教徒信徒ナルモノ無之依テ学校表欄内之備考ハ略叙ス

明治二十八年七月三十日

東京市下谷区二長町五十二番地

心学参前舎権少教正　早野元光

大成教事務取扱

大教正東宮千別殿

大教正村越鉄善殿(31)

教会所明細書

名称　大成教心学参前舎

所在地　東京府東京市下谷区二長町五十二番地第二号地

里数　参前舎ヨリ大成教々務庁ニ至ル壱里廿町強

―（中略）―

官許　寛政三年月日不詳元祖中沢道二翁旧幕府ノ許可ヲ得テ下谷煉塀町ニ於テ黌舎ヲ設立シ参前舎ト称ス、門人ハ勿論公衆ヲ集メ教導ス、而シテ連綿相続七代ノ主高橋好雪ノ時明治五年八月廿二日更ニ教部省ノ許可ヲ得引続キ教導ス、同十二年五月大成教属ス、同二十年六月副社長長沼真茂留ノ時敷

地所有主ノ都合ニテ地所返還ス、依テ神田東福田町壱番地へ転ス、同二十四年十月教導ノ便ヲ計リ今ノ地ヲトシ新築ス

本紙各通ナリ

心学参前舎教師進退及現員

―（中略）―

心学参前舎主以下職員変更表

―（中略）―

学校表

―（中略）―

備考

参前舎ハ門ニ入ルモノヲシテ各々静座（儒ナル故ニ静座ト云フ釈ハ之ヲ座禅ト云フ）ヲ為シ工夫丹練ヲ凝シ固有ノ性即チ本心ヲ知ラシムルヲ以テ本トス（コレハ先師石田梅岩ヨリ滴々相承今日ニ至ル）故ニ学者ヲ呼ンデ門人ト云フ、所謂教徒信徒ト異ル寧ロ生徒ト呼ブヲ穏当ト思考ス、依テ今師弟ノ人員ヲ此表ニ掲ク、参前舎ハ四門開通ニシテ来ル者拒マズ往ク者追ハズ、故ニ去リテ亦来ル者アリ、増斎ノ等差甚シキ所以也

参前舎ハ連月第一金曜日ヨリ三日間公衆ヲ集メ俗談平話ニテ忠孝ヲ本トシ修身斉家即チ人道ヲ説キ心ヲ開導スル之ヲ心学道話ト名付ク（是レ亦先師ヨリ断ヘズ修セラレシコト）然リ当今ハ聴衆ノ多キハ百人以上少キハ四十人内外衆寡常ニ定ラズ(32)

次に、附属の教会講社という立場上、大成教本部に対して教費を納入しなければならなかった。その例として、以下の記録（明治二十三年）に示されているように旧教導職の等級（任免権は管長にあり、一教派内での私称の等級）によって金額が異なっていた。逆に言えば、附属諸教会の人々の等級任命料が大成教維持の一部を成していたということでもある。

大成教々費之事

明治廿三年後半季ヨリ改ル

壱ヶ年

正権　大教正　金五円

同　中教正　同　金三円

同　少教正　同　金一円五拾銭

同　大講義　同　金一円

同　中講義　同　金八拾銭

同　少講義　同　金六拾銭

同　訓導　同　金五十銭

同　試補　同　金四拾銭

但シ旧ハ教正一円　講義六十銭　訓導・試補五拾銭(33)

また、明治二十七年には日清戦争の軍費献金として、額は不明であるが、大成教本部を通じて献金したと『年譜』は伝えている(34)。

そして、明治三十一年になると各教会講社の規約を差出すことになり、参前舎も大成教附属講社としての規約十五条を作成した。左にその一部を掲げてみる。

大成教心学参前舎規約

緒言

心学ハ心ノ学ビニシテ人々固有ノ本心ヲ知ラシムルノ教ナリ、又タ道話ト称シテ仁義忠孝ノ道ヲ婦女童蒙ニ至ルマテ聴得易キヲ主トシテ俗談平話ヲ以テ講説ス

抑心学ノ起源ハ享保年中丹波国桑田郡ノ人石田梅岩師肇テ開クトコロノモノニテ……又タ我ガ参前舎ハ堵庵子ノ門人中沢道二子寛政年中武蔵国東京(当時江戸ト称ス)ニ来リ旧幕府ノ官准ヲ得テ教場ヲ開キ心学参前舎ト号ス、爾来門人数代連綿相続明治ノ大御世トナリ更ニ大政府(教部省)ノ許可(明治五年八月)ヲ得テ斯教ヲ継続シ尚明治十二年ヨリ大成教(当時本教大成教会)ニ従属シ心学道話ヲ以テ専ラ敬神尊皇愛国ノ大旨ヲ門人ニ説明ス

第一条　名称ヲ大成教心学参前舎ト号シ東京市下谷区二長町五十二番地ニ置ク

第二条　本舎(大成教心学参前舎)、大成教々規教令ヲ遵守シ天神地祇ヲ崇奉シ賢所及御歴代皇霊ヲ遥拝シ以テ神徳皇恩ニ報酬ス

第三条　本舎ハ平素石田梅巌師手嶋堵庵子中沢道二子等ノ神霊ヲ教場ニ祭祀シ毎年二月九日堵庵祭六月十一日道二祭九月二十四日梅巌祭ノ三度慰霊祭ヲ執行ス

——(中略)——

第六条　教長ハ大成教々規教令ニ依リ専ラ心学修行及説教道話等ノ教務ヲ担当シ管長ニ対シ其責ニ任ス

——（中略）——

第十五条　前項ノ条々ヲ以テ本舎ノ規約ト為スト雖モ実際差支ヲ生スルトキハ職員協議ノ上更ニ管長ノ認可ヲ得テ変更スルコトアルベシ

右[35]

この当時の実態の詳細は把握しがたいが、この条文にしたがっての活動であったとすれば、江戸中期より継続してきた心学講舎本来のあり方と異なる点は、実際的には第三条の年中行事としての各祭祀祭典等における大成教所定の形式（大成教は神道様式で、心学は伝統的に儒教様式であった）をもっておこなったという点であろう。

ではいったい明治五年以後、心学関係の教導職は人数的にどのようであったのか。幸いに、この点については『年譜』中に明治五年から三十年前後頃までの「心学社中教導職拝命一覧」が存する。それによると人数的には約九十名程で決して多くはないが、それよりも、これは当時活動していた講舎および講舎にかかわっていた人物たち、ひいては活動の規模やその地域などが判明する。したがって、これはいわゆる明治心学史を語る上での基礎的資料であると同時に、これまでまったく公開されたことがないきわめて貴重な資料なので、本章末尾に全文掲げておいた。

以上、明治初年の宗教行政の流れと対比させながら、心学講舎（社）の置かれた立場の推移を見てきた。これを整理し再述すると、明治維新後の石門心学に関する制度的変遷は、

①まず最初は明治五年八月になって教部省の直接取り扱うところとなり、

②翌六年三月には神宮教会に附属し
③しばらくして教部省下の大教院に属し、
④八年の大教院崩壊後は教部省、とはいっても実際には神道事務局の管掌を受け、
⑤十年教部省が無くなると、これを引き継いだ内務省社寺局へと所管が移り、
⑥十二年に本教大成教会に附属するが未だ名儀上のことで、実際の所管は社寺局にあり、
⑦十七年九月になって神道大成教が心学を完全に所管することになったのである。

このように心学講舎（社）を所管する状況が変化すること六、七回、それも明治五年から十七年にかけての、わずか十数年間にである。明治五年神道系講社として認知されたが故のことであろうが、それにしてもきわめて数多い。まさに明治初年の宗教行政が朝令暮改であったことを証明する事例研究のような結果とも言えようが、心学の方からみれば、この宗教行政（神祇行政）の嵐に巻きこまれ翻弄されたことは、自主的に主体的に活動したいとする石門心学本来の立場から見れば、残念であったと言わねばならないだろう。

なお、その後の心学の動向について附言すれば、明治十七年以降しだいに廃舎数も増えて活動する講舎も減少してゆくが、制約を受けず心学本来の姿に戻すべきという心学内部からの声もあって、ようやく明治三十八年三月に大阪の明誠舎、ついで東京参前舎が大正十年十二月十五日に認可を得て社団法人となり、神道大成教から離れて独立し、やっと念願の旧に復して心学活動をしてゆくことになったのであった。

三　明治心学者たちの思想遍歴

次に内的側面として、このような宗教行政と対峙せざるを得なかった心学側の当事者たち、すなわち参前舎および他の講舎舎主数名の思想遍歴などについて考えてみる必要がある。何故なら、外見上の変化だけに拘泥し、当事者として受けとめる側の心底をうかがうこと無くしては実態を明確に把握することに無理が生ずるからである。ただこの問題については先きにも若干触れたので、ここでは簡述するにとどめる。

最初は参前舎第七代高橋好雪、諱は高節《タカヨ》、通称徳三郎、好雪は号である。文政二（一八一九）年九月二日江戸紺屋町に生まれ描金を業とした。幼児武家の養子となり安政年間に心学に入門、熊谷東洲の指導を受けた。心学修行のかたわら鎌倉をはじめ武州・奥州・濃州の諸禅師の下に参じて証明を得、横に匕首を置き決死座禅第七日にいたって疑念が瓦解氷解したと言われ、以後参前舎で社中を教導し、道話日は聴衆堂に満ちたと伝える。嗣子は洋品商として家系を継いだという。(36) 天源学や神道にも造詣があったというが定かではない。やはり好雪の本領は仏教主体、それもきわめて禅的色彩が強かったというべきである。

次は参前舎客員講師の千谷《ちたに》玄道、晧一と称し、玄道は諱である。文政八（一八二五）年十一月に生まれ、府下千駄谷村曹洞宗瑞円寺住職で寺中の八幡社の別当職を兼ねた。のち禊教の教師となって俗籍に復し神職となるが、心学を知るにおよんで禊教を脱し、心学修行に専念、好雪に参前舎主を依頼されるが固辞し、明治十二（一八七九）年五十五歳で没した。(37)

ついで熊谷東洲、通称吉兵衛、東洲は号。文化十一（一八一四）年九月美濃国土岐郡妻木村に生まれ、江戸に出て西浦屋と号して陶器商に専念し、年を経て同業中の大家となった。弘化四（一八四七）年心学に入門、芸州藩士で参前舎第五代舎主中村徳水を師として学び、三舎印鑑を受けて心学教師となった。そして平野橘翁を第六代、高橋好雪を第七代舎主とさせ、家業は嗣子に譲り自身は隠居として深川に開成舎を開いた。谷千城らと共に道話会を開き、小松宮・北白川宮・伏見宮にも道話を講ずるが、十九年頃より都講たちも次第に去り、神道大成教内での活動に活路を求めた。この東洲の方針を良しとしなかった明倫舎や明誠舎の大成教不参加については、前述のとおりである。明治二十年後事を長沼潭月に託して舎を辞し、同二十二（一八八九）年に没した。(38)

長沼潭月《たんげつ》、諱は真茂留と称し、もと本荘家の藩士で天保八（一八三七）年の生まれ。先述のとおり、藩主が禊教を信奉したこともあって、これを君父の教えとして最初神道に志し禊教教師となるが、また禅門にも入って願翁に参じた。この縁で好雪・川尻宝岑を知り、今北洪川禅師や天龍寺滴水禅師にも参じて自己究明し、のち心学に入って東洲に学んだ。明治十八年参前舎副社長となり、同二十年宝岑の勧説により第九代となるが二十三（一八九〇）年五十六歳で没した。(39)

第十代の舎主は川尻宝岑であった。宝岑については先述したが、名は義祐、天保十三（一八四二）年江戸日本橋の鼈甲問屋に生まれた江戸商人であった。歌舞伎を好み、明治初期の演劇改良運動にも加わった劇作家であったが、二十歳で一転して神道禊教に入り、願翁・洪川・滴水・越渓等の諸師に参じた。もとの仕事の関係からか軽妙洒脱な声色を使った各地での心学道話は聴衆も多く教勢挽回に功があったとされるが、明治四十三（一九一〇）年報徳運動の重鎮福住正兄《まさえ》の箱根福住楼にて川津波により六十九歳で没している。(40)

そのほか、自謙舎舎主の三谷謙翁。この人は最初は儒を学び、次に仏門へ、さらに禊教教師から心学に入門して禅門での参禅弁道という思想遍歴をもつのである。(41)

以上、中心人物数名の経歴、これを明治心学の方向性と教勢という視点で眺めると、重要なポイントを三点指摘できる。

すなわち、第一点目は心学者とはいっても各自別の職業を本来持っており、心学の布教がいわゆる職業ではなかったということである。これは好雪が「心学ヲ事トシテ、素餐《カゲフナシデクラス》スル者一人モ之レ無ク、各自ノ産業ヲ営ミ、其余力ヲ以テ……」と述べているとおりであって、本業を続けながらか、家職を譲った隠居としてか、形態は一様ではないが、いずれにしても各自生計を立てた上でのあくまで余った時間に定期的に一同講舎に集まって修行を重ねたり道話布教をするというかたちでの心学活動なのであった。これは、たとえば梅岩の直弟子木村重光が大喜屋平兵衛で材木商、富岡以直が十一屋伝兵衛で法衣商であったように堵庵以前からの石門心学の伝統であって、だからこそ江戸期には商人を中心に心学が広まったのであるが、心学布教においての金銭の授受は一切無かったのである。端的に言えば、心学活動を生活の糧にする者はいなかったということである。これは神道において神官が神社という施設を持ち、氏神と氏子の関係において神事祭礼を通して「地域」と密着し、仏教において僧侶が寺院墓地という施設を持ち、寺檀関係を持つが故に葬祭法要を通し「家」と密着して、精神的・経済的基盤を維持するという形態とは本質的にまったく異なる、というより決定的な相違点と言うべき重要な点である。これが従来からの石門心学研究ではほとんど指摘されたことが無い石門心学の一大特徴であり伝統だと言ってよい。

要するに、心学の道統は、本質的に地域や家との関係ではなく、個人と個人の心的内部の伝心作用をその命脈とするのである。したがって、代々の舎主たちの職業が異なるのはむしろ当然のことではあるが、結局は個人の人格の湧出という一点に収斂されてゆくが故に、それは同時に舎主が交代するごとに心学を賛同し外護する人々が流動的に変化することにもつながり、心学としての盛衰消長にも影響をおよぼす結果にもなりかねないのである。やはり、〈心と心だけの関わりあい〉のような関係は純粋で宗教の本質としては良いが、他面、組織形態の点では、維新後の混乱期、そして近代化という浪を乗りきるにはきわめて脆弱な体質であったと言わざるを得ない。これが制度的変遷を受けざるを得なかった大きな要因であったと思料するが、従来この点はまったく言われていなかったので、ここで指摘しておきたい。

第二点目は神道禊教との関係で、舎主の大半が心学と関係を持つ以前に禊教にかかわっていたという事実である。これは単なる偶然ではなく、心学と禊教との思想的関連性、類似性があったことを意味する。梅岩自身一時は神道布教に志を持ったほどで、これは吉田神道、当時の民間の神道講釈、三社託宣や『和論語』からの影響などが指摘[42]されるように、もともと心学は思想態度の面において神道とは関係が深い。たとえば『都鄙問答』巻三の「性理問答ノ段」に、

皇大神宮御宝勅ニ任セ、万《ヨロズ》クダクダシキヲ払ヒ捨テ一心《ヒトツコヽロ》ノ定レル法《ノリ》ヲ尋テ、天《アメ》ノ神ノ命《ミコトノリ》ニ合《カナ》フ唯一ヲ相《タスク》ルニ、
儒仏ノ法ヲ執リ用ユベシ[43]

とあるが、禊教教祖井上正鉄の『神道唯一問答書』下巻「正直」の題目中には、

天照皇太神宮宝勅
我もろ〳〵のあをひとぐさ、……よろづのくだ〳〵敷事をはらひすて、ひとつ心のさたまれるのりをたずねて、あめの神のみことにかない、神の心にかなゑ[44]

とあって、意味するところ正に相通じるのである。そして、この皇大神宮宝勅の一文は『和論語』の、

よろづのくだ〳〵敷事をはらひすてゝ。ひとつ心のさたまれるのりをたづねて。あめのかみのみことにかな

ひて、神の心にかなへ(45)。

をそのまま転用したものであって、その元は神道五部書の『豊受皇太神宮御鎮座本紀』からの転用である。こうしてみると、双方とも神道的立場から通俗的倫理を説く『和論語』を通して、思想的には共通の同根部分があったことが明確となる。したがって、思想遍歴の上での禊教から心学への移行も違和感は左程なかったであろう。心学の制度変遷の最初が本荘宗秀の指導によるとはいえ、関東心学側全体の気運としては抵抗感は少なかったと考えてよいかもしれない。

第三点目は各舎主の禅門修行ということである。特に願翁や滴水、洪川禅師の下にはほとんどの舎主たちが参禅していて、これを機縁とした人もあり、別言すれば、心学とは参禅工夫の同朋社中であったと理解しても良い。もとより座禅修行はこれまた梅岩・堵庵以来の伝統であり、静座（座禅）は心学修行の根幹をなすものとして重要であって、それも臨済の四十八則としてまとめられて心学では重視し重用する。そして、この印可無くしては一人前の心学者とは認められないのが心学の伝統であり、特に関東の心学においてはこの傾向が強い。これに反して関西の系統は儒教的色彩が濃厚である。一概に石門心学とはいっても、関東・関西・その他の地域と少しづつ異なり、内部分裂して対立し、一本化し得なかった。ここに明治心学の活動としての弱点があったと言えるであろう。

四　明治心学者の道話布教

このような思想傾向をもつ心学者たちが一般の人々に対してどのような道話をおこなっていたのか、について少しく見てみよう。日常現実の通俗倫理の心得を説くのが心学布教の一つの伝統であり、その心学道話の真骨頂は『道二翁道話』(46)や『鳩翁道話』(47)に見られるが、時代は明治の世、そこには時勢の要求もある。たとえば明治五年の「三条教則」、これは心学者自身が教導職であったこともあって、多少神道的色彩が見られることは否めないが、やはり伝統的道話の口吻は堅持している。京都明倫舎の柴田遊翁は『三則説教幼童手引草』で、

此度この三則といふ事を御上に御立なされ。この大日本国の御規則と申して。御教の手本と御定めなされた事ぞ。……まだ何処にも子達への説教と申してはない事故。今日はおまへ方を。これへあつめて。子達は子たち相応の説教をして御聞せ申す事じや。(48)

と語っているように、これは書名どおり童蒙用（子供用）であり、大人向けには『三則説教心学道しるべ』において、

今般此三則を立て。皇国の御教の規則となし給ひ。まづ最初に敬神愛国の旨を体すべき事を仰出されたるは。……敬神とは神を敬まふという事にて、神様を大切にする事。先第一に天照皇太神を大切に敬まひ奉り。猶またもろ〳〵の神達をうやまひ奉る事をいふ。しかしもろ〳〵の神達と申せば。八百よろづと申て。限りもない神達にて。迚も拝し尽されねば。天照皇太神様を拝し奉る内に。一切の神々様の御礼はこもつてあるなり。(49)

と道話説教をしている。

また、明治二十三年教育勅語が渙発されると勅語に関する道話も登場してくるが、ここでは川尻宝岑による典型的な明治心学道話を一つだけ挙げておこう。

扨只今では全国中の人民か、いよく学問の必要を感じて参りましたから、士農工商たれもかれも、皆学問に従事する事に成て居り升から、文字上の事は日に月に進歩して、各々皆発達いたされることで、学問上の事に於ては十分申所はござり升ぬ。……然れば其心といふものは、とんなかといふと、眼鼻も無ければ、身躯も無い、是とおさへる物が無い、さらにヘンテツも無いもので……古人の歌に

山深くなにか庵りをむすぶべき
　心のうちに身はかくれつゝ

お互ひの心といふものは此通り大きなもの……ソコデ人は何はともあれ、わが此からだの中に、神仏同体の本心といふものが、きつとあるといふ事を、ほんまに知て、居らねばならぬのである、……実に心ほど、大事なものは無いので有升、

心こそ心迷はす心なれ
　心に心こゝろゆるすな

あまり長くなるからまづ是でとめて置升(50)

道話自体はわりに面白く、中には道歌(51)を織り交ぜて説くところなどは心学道話の伝統的手法として、人の耳に入りやすかったであろうし、文明諸事物々の開化を心の開花としてとらえて、真の「本心発明」(心学用語)が大事であるとするところなどは心学の本領であろうが、たとえば地方自治体や農村改良など政府の具体的政策と連

動して伸張拡大していった「報徳運動」と比較すると、心学の場合は徹頭徹尾、「心」の問題に終始した、言わば徹底的に純粋な唯心論的立場であると言ってよい。やはり、これだけでは民衆の心を掴みきることは実際には困難であり、石門心学としての限界があったと言わざるを得ない。諸事近代化のうねりの状況下において、心ひとつの問題だけで人々を納得させるには無理があり、太刀打ちできなかったということである。

五　おわりに

以上、明治心学における外見上の制度的変遷の状況を解明し、何故、変遷衰微してゆかざるを得なかったのか、という事情の一斑を心学内部の心学者たちの思想的心底から生ずる方向性、思惑や分裂対立、布教道話の内容などの点から検証してきた。

もちろん、制度的所管の変遷については半ば強制的であったとも言えようし、そこには心学としての命脈保持という生き残りのための選択判断もあったであろう。しかし、いずれかに附属すれば何らかの制約を受けざるを得ないことは必至であろうし、そのような実態は従来の伝統的な石門心学と言えるのか少々疑問も生ずる。問題は、心学自身の本質にある。すなわち、思想や宗教の系譜の面でみれば、儒教は教育に関するとして文部省、神道・仏教は教法（宗教）の関係として教部省へと移行処理し、三教を分離分断した出発点において、実はすでに問題が生じていたのである。何故なら、石門心学は本質的に神祇崇敬の念を根底に有しながらも心学修行の面では仏教、特に座禅工夫を重視し、この参禅弁道を通してはじめて一人前の心学者となるのであり、同時に、社会に対しては儒教的な日常現実の倫理道徳の心得を心学道話等を通じて注入するという、その意味で、まさに三教を包含したものであって、宗教的要素を色濃く有しながらも宗教ではないのである。極論すれば、心学内部に向ってはきわめて内省的宗教的でありつつ、外に対してはきわめて倫理運動的である。だからこそ近世においての心学は個人から滲み出る感化力によって真正の社会教化運動たり得たのであって、宗教と道徳教育とが混在し一体となっていたのが石門心学本来の実相であり、それでこそ意義があったのである。その要素のいずれか一つでも分断され、一方（一法）に偏せざるを得ないところに落ち着いたというかぎりにおいて、機能不全となり、心学は心学の本質から離れざるを得なかったのである。

今日でも石門心学の活動は精神運動、倫理運動として継続し、梅岩の説く経済倫理の側面については見直され評価されつつあるが、少なくとも明治以降の近代教育制度に敏感に適応し得なかったところに石門心学の活動としての悲劇が存したとしなければならないであろう。

註

(1)石川謙『石門心学史の研究』（岩波書店　昭和一三年）八二一頁。
(2)『参前舎年譜』は明治二八年頃、当時の参前舎の中心的存在であった川尻宝岑によって書かれたものとされ、参前舎所蔵。内容体裁は年譜形式の記述で墨筆本全五三丁、明治期の心学の動向をうかがう唯一と言ってもよい資料である。
(3)同右、一六丁。
(4)(5)同右、一七丁。
(6)これも川尻宝岑の手になるもので明治二八年の印行。参前舎所蔵。内容は「高橋好雪先生事蹟略」、南茅場町にあった心学自謙舎第二代の「菊池冬斎先生事蹟略」、同じく自謙舎第四代の「三谷謙翁先生事蹟略」をもって石門三師の題名としている。体裁は和装版本絲綴、全二八丁。
(7)同右、一〇丁～一二丁。

(8)『年譜』四一丁。
(9)同右、一九丁。
(10)(11)註(4)に同じ。
(12)『石門三師事蹟略』一二丁。
(13)川尻宝岑の経歴を記したものに「川尻先生事蹟」(明治四四年　和装絲綴　墨筆本　本文一八丁　参前舎所蔵)がある。これを翻刻したものが『心学忠孝道話』(光融館　大正元年)の附録に所載(一九七頁〜二一一頁)されている。なお、川尻については第一〇代参前舎舎主と記すものもあるが、実際には舎主にはなっていない。正式には心学参前舎教師職の立場であった。これは川尻が明治心学を荷い舎主的なきわめて重要な役割をはたした功績が大なる人物であったが故に、没後第一一代舎主早野元光(実際は第一〇代)はじめ参前舎としては川尻を第一〇代舎主と規定したことによるものである。
(14)『石門三師事蹟略』一四丁。
(15)原本は「神宮司庁公文類纂」教導篇に所収するが、筆者未見のため引用に際しては阪本健一『明治神道史の研究』(国書刊行会　昭和五八年)中より転用した。同書二二一頁。
(16)同右、二二二頁〜二二三頁。
(17)この講社という名称はあきらかに神道的立場から与えられたもので、本来心学では講社なる表現は用いない。またこの講社の用語も単一の心学講舎を指すのではなく、各心学講舎が集合し心学活動としてある程度まとまった組織体という結社的意味で使用されているようであるが、実際に各講舎がある程度まとまっていたかについては、きわめて疑問である。
(18)『明治維新神道百年史』第四巻(神道文化会　昭和四三年)一一頁。
(19)『神教組織物語』中之巻　大倉精神文化研究所所蔵本(転写本)によった。
(20)註(15)の前掲書　二一六頁。
(21)『石門三師事蹟略』一六丁。

(22)註（9）に同じ。
(23)この点については、本章中の「三　明治心学者たちの思想遍歴」の項で叙述する。
(24)小森嘉一「心学に関する文献」『講座心学』第五巻所収（雄山閣　昭和一七年）五五頁。
(25)『年譜』一八丁。
(26)同右。
(27)註（9）に同じ。
(28)『年譜』二四丁。
(29)同右、二五丁。
(30)同右、二六丁。
(31)平山没後、大成教の後継者は磯部最信（明治二三年～同二七年）、中山信徴（同二八年中）と変わるが、この明細書提出は丁度磯部から中山までの間、事務取扱をしていた大成教参加の禊教会の東宮千別（禊教社）と村越鉄善（身禊社）宛である。なお、禊教は分立がはげしく東宮・村越らは独立することなく大成教内で教えを伝えたグループであり、今日の禊教（源流は坂田鉄安の惟神教会禊社）とは別系統である。
(32)『年譜』四三丁～四五丁。
(33)同右、三四丁。
(34)同右、四二丁。
(35)同右、四九丁～五一丁。
(36)註（6）の前掲書　一丁～一六丁。
(37)『三《（ママ）》前舎主年代考草稿』八丁。
(38)同右、八丁～一一丁。
(39)同右、一一丁～一四丁。
(40)註（13）を参照。

(41)註（6）の前掲書　二〇丁〜二五丁。
(42)拙稿「石門心学における『和論語』の受容」（「大倉山論集」第三一輯所収　平成四年三月　一四三頁〜一七一頁）で、梅岩は神道的傾向の強いこの俗書を重視していたことを詳細に論じておいた。
(43)『石田梅岩全集』上巻（清文堂　昭和四七年）一二四頁。
(44)『神道大系』論説編二八諸家神道（下）（神道大系編纂会　昭和五七年）禊教の部一六頁。
(45)『和論語』神明部　八丁（大倉精神文化研究所所蔵）
(46)三宅守常「道二翁道話―読んで楽しい心学道話―」（「月例講話集第一一集　古典のこころ（八）」所収　大倉精神文化研究所　平成六年一一月　七九頁〜一〇五頁）の講演録を参照されたい。
(47)三宅守常「鳩翁道話―庶民倫理の平易な教へ方」（「月例講話集第七集　古典のこころ（四）」所収　大倉精神文化研究所　平成四年一一月　一二一頁〜一四六頁）の講演録を参照されたい。
(48)柴田遊翁『三則説教幼童手引草』版本（明治六年一二月　日本大学教育制度研究所所蔵）一丁。「明治聖徳記念学会紀要」復刊第二五号（平成一〇年一二月）一二四頁下。〈(48)三宅守常編　全二巻『三条教則衍義書資料集』平成一九年七月　錦正社　上巻二六七頁下〉
(49)同右『三則説教心学道しるべ』一篇　版本（明治六年一〇月　同上所所蔵）一丁。「同右」一三〇頁下。〈(49)『同資料集』上巻二三七頁下〉
(50)『川尻宝岑氏講演速記録』（静岡心学道話会　明治三八年一月）三頁〜一八頁。
(51)心学と道歌の関係については、拙稿「石門心学と道歌」（「大倉山夏季公開講座　Ⅳ」所収　大倉精神文化研究所　平成七年三月　二七頁〜五五頁）、同じく、拙稿「石門心学における道歌の展開と庶民倫理」（『近世の精神生活』所収　大倉精神文化研究所編　続群書類従完成会発行　平成八年三月　九七頁〜一三八頁）で詳細に論じたので参照されたい。

附〈資料〉「心学社中教導職拝命一覧」

（参前舎所蔵『参前舎年譜』一九丁〜二三丁）

一　明治五年壬申　五月五日　権訓導　参前舎七世　高橋好雪
同　八月廿二日　権中講義　明治九年　卒
明治六年癸酉　七月四日　権大講義
一　明治五年壬申　八月廿二日　訓導　深川和倉町三十六番地平民
明治六年癸酉　二月八日　少講義　参前舎八世　熊谷東洲
同　七月四日　権中講義　明治廿三年　卒
同　十三年庚辰　十月廿七日　権大講義
同　十七年甲申　二月廿六日　大講義
后ニ権少教正　又　中教正
別ニ明治九年丙子十月廿六日神道事務局ヨリ心学社長ヲ命ゼラル
一　明治五年壬申　九月廿五日　十四級試補　日本橋区通油町十四番地平民
同　六年癸酉　二月八日　訓導　川尻義祐
同　年　七月四日　権少講義
内務省社寺局ヨリ
同　十三年庚辰　十二月廿三日　権中講義
大成ヨリ

同　十七年甲申　十月十四日　中講義
同　十八年乙酉　二月二日　大講義
同　年　五月廿九日　権少教正
同　十九年丙戌　十一月十五日　権中教正
同　二十年丁亥　十二月四日　中教正
同　二十五年壬辰　八月廿七日　権大教正
同　三十一年戊戌　四月十四日　大教正

一　明治五年壬申　九月廿五日　十四級試補　麹区九段富士見町一丁目廿二番地平民
同　六年癸酉　二月十二日　訓導　自謙舎主　三谷勘左衛門
同　十三年庚辰　十二月廿三日　少講義　明治十九年　卒
后ニ権大講義　又　大講義

一　明治五年八月廿七日　訓導　神田区永富町十番地　黒川常徳
同　六年七月四日　少講義　卒

一　訓導　大西善太郎

一　同　小西清三郎

一　同　亀山靏三郎
后ニ少講義

一　明治九年四月十九日　試補　深川和倉　生形正吉
同　十四年十月廿五日　訓導　卒
后ニ少講義

一　明治九年四月十九日　試補　同　大嶋町
后ニ訓導　大隅文吉

一　　少講義　同　和倉　北角善八　明治三十一年二月卒
一　　訓導　同　給前伊右衛門
一　　同　深川　国松小三郎
一　　同　太田市郎次
一　　試補　馬場　颪
一　明治六年二月十二日　訓導　南茅場町四十二番地　自謙舎主　菊池冬斎　明治六年　卒
一　同　同　市ヶ谷合羽坂ノ上壺簪舎主　太田真斎　卒
一　同　同　浅草森田町寓　千谷皓一　明治十二年卒
一　同　同　自謙舎三世　山野辺玄快
一　明治八年二月十七日　権少講義
一　明治六年二月十二日　訓導　神田永富町　黒川新之助
一　明治六年二月五日　十三級試補　神田鍛冶町一丁目七番地清次郎母　内山田靏女　卒
一　明治六年三月廿二日　十四級試補　音羽町七丁目十七番地主　奥田米山　明治八年一月卒
一　明治十五年七月二日　試補　静岡県下佐野郡遠洲掛川　西山口村　字成瀧　平岩伝四郎
后ニ少講義
一　同　試補　遠洲　掛川　阿部退三
一　同六年七月十二日　同　浜松県下佐野郡遠洲各地村　萩田美之次
一　明治十六年五月　試補　静岡県静岡石町三丁目　秋山酒僊
后ニ少講義
一　　職名不分　静岡　佐久間叟翁
一　　同　伊藤楽山
一　明治十七年五月　試補　西浦五十九老

一　同　　　　　　　　　　　　同　　西浦円治
一　同　　　　　　　　　　　　同　　西浦源三郎
一　同　　　　　　　　　　　　同　　加藤正兵衛
一　同　　　　　　　　　　　　同　　富田次郎兵衛
一　同　　　　　　　　　　　　同　　岐阜県下美濃国土岐郡妻木村平民　熊谷石翁
一　同　　　　　　　　　　　　同　　同　熊谷治助
一　同　　　　　　　　　　　　同　　水野又兵衛
一　明治十七年五月　　　　　　同　　山村宇兵衛
一　同　　　　　　　　　　　　十四級同　群馬県下上野国碓井郡岩氷村　塚越繁二郎
一　同　　　　　　　　　　　　十三級同　同　塚越一郎
一　同　　　　　　　　　　　　十四級同　同　塚越長太郎
一　同　　　　　　　　　　　　同　　同　塚越順蔵
一　　　　　　　　　　　　　　権大講義　西京御幸町三条下ル　上河嘉右衛門　明治二十六年卒
一　明治六年五月三日　　　　　中講義　西京五条通リ東ノ洞院東ヘ入ル　柴田遊翁卒
一　明治六年八月二十日　　　　十四級試補　西京千本二条三十四番御用邸　京都府士族　上田貞幹
　　同十一月辞職ス
一　同　九月三日　　　　　　　同　　西京下京魚棚通リ高倉東ヘ入ル町五十五番地　青山藤吉
一　同　八月二十日　　　　　　同　　西京上京小川通リ御池上ル町三百九十八番地　西田甚兵衛
一　明治六年八月二十日　　　　同　　西京上京椹木町通リ西洞院西ヘ入ル三百六十九番　中井省仙
一　同　四月五日　　　　　　　少講義　西京松原通リ寺町東ヘ入ル　寺西利八
一　同　八月二十日　　　　　　十三級試補　同　室町通リ竹屋町下ル三十六番地　京都府士族　重　直清
一　同　　　　　　　　　　　　十四級同　同　洛北出谷村　士族　河合昌信

一　同　十月三十日　少講義　大阪東大組東雲町三丁目　河合長左衛門　卒
一　同十三年十一月九日　権中講義
一　　訓導　同　阿波座阿波橋町　益井平兵衛
一　明治五年九月　訓導　同　博労町通一丁目　岡本市郎兵衛
明治六年十月三十日　少講義
明治十七年二月廿四日　大講義
后ニ権少教正
一　明治六年二月八日　少講義　同　堺筋八幡筋南入　徳崎安三
一　同　十四級試補　同　京町堀三丁目　平沢伝五郎
一　同　同　同　同　安治川九条村　根来準平
一　同　同　同　同　江戸堀一丁目　山永吉兵衛
一　同　同　同　同　新町通リ三丁目　松原久七
一　同　同　同　同　今橋通リ二丁目　秋田耕造
一　明治六年二月八日　十四級試補　大坂淡路町四丁目　中村正兵衛
一　同　訓導　同　平野町四丁目　赤松弥七
一　同　十四級試補　同　西大組　北通リ一丁目　長沢左仲
一　同年三月　同　同　同　淡路町四丁目　中村新七
一　　同　同　同　西大組北堀江町一丁目　森田万次郎
一　明治六年二月八日　少講義　大分県下豊後国竹田村　士族　宗　六翁
一　同　訓導　同　平村　士族　阿南與平次
一　同　権訓導　同　竹田村　士族　淵野桂僊
一　同　同　同　竹田村　士族　上田安周

一　同　十四級試補　同　竹田村　士族　後藤友三郎
一　訓導　同　前揚町　士族　阿部六郎
一　十三級試補　同　直入郡下木村　平民　佐藤龍二
一　十四級試補　同　大分郡府内町　平民　桑原平七
一　明治六年三月廿二日　同　同　滋賀県下近江国高嶋郡伊黒村　重見豊之助
一　同年七月十二日　同　同　敦賀県越前国今立郡鯖江東小路二番地　士族　田部井五明
田部井常吉ノ父ニテ隠居也
一　明治六年二月八日　少講義　広島県安芸国第一大区鷹匠町千六百七十六番屋敷　士族　賀
屋忠恕
一　同　訓導　同　第一大区九小区竹屋村七百九十四番屋敷　士族　矢口八
右衛門
一　同　同　第一大区三小区橋本町千二百十一番屋敷　平民　万代又
右衛門
一　明治六年二月五日　十四級試補　同　第一大区十小区基屋町二百十六番屋敷　平民　坂田万味
一　同　同　同　第一大区五小区六町目村　宮本亥三二　卒
一　同　同　同　同　第一大区七小区堺町二丁目　平民　平川重三郎
一　同　同　同　第一大区一小区南町二丁目七百九十二番屋敷　中村辰夫
卒
一　権訓導　石川県下加州金沢泉寺町四番組六十五番屋敷　士族　加藤庄
平
一　大講義　参前舎九世　士族　長沼真茂留
一　職名不分　神田佐久間町一丁目廿二番地后近辺へ移転ス　二葉幸右衛門

明治二十八年　卒

一　同　　日本橋区長浜町二丁目三番地　鈴木万平　父ヲ善吉ト云

一　明治二十二年己丑六月四日　権少講義　千葉県　養老秀吉

一　明治二十二年己丑六月四日　権少講義　伊豆山定吉

明治二十二年己丑六月四日　権大講義　神奈川県相模国足柄下郡小田原緑町四丁目二十四番地　士族

参前舎十世　早野元光

明治二十五年壬辰八月廿七日　権少教正

明治三十年丁酉十月十九日　少教正

明治三十三年五月十二日　権中教正

第二章　石門心学者川尻宝岑の教育勅語衍義書をめぐって

一　はじめに

明治維新以後の石門心学者のなかで幅広く活動した人物を一人だけ挙げるとすれば、川尻宝岑《ほうきん》（天保十三〈一八四二〉年〜明治四十三〈一九一〇〉年）の存在を第一に挙げることに異論を唱える人はいないだろう。その理由については、すでに別稿でも述べた(1)ことだが、それを端的に言えば、維新後の西洋思想の流入による道徳的危機感を強烈に意識した上で、自身の仏教的素養（在家居士禅）と神道的素養（神道禊教）を縦横無尽に織り交ぜた心学道話を通して明治国家における倫理的模範像を広く民衆の中で展開し、かつその肉声記録＝心学道話書、が数多く残っている点で、他の心学者を圧倒しているからである。また、その事蹟についても、単に禊教を学んだ石門心学者としてだけでなく、演劇脚本家、また居士禅家として多方面で活動し、交友関係もきわめて幅広かった人物だけに、辞典や各書に事蹟経歴や評伝が残っている。それらいちいちの事蹟の詳細については、ここでは省略する。

では近代明治期の石門心学者であったということ以上に、一般には演劇関係者、特に歌舞伎脚本家として、かつ在家居士として世間的にも多方面で活躍し、交友関係もきわめて多く、当時においてもかなり知名度があった川尻宝岑の本質というか、面目躍如は何か、どこに存したか、と問うなら、やはり心学活動、これが明確に分かる著作や道話書などに求める以外には無い。その道話書もかなり残っているが、心学を基礎にした教育勅語の解説書の存在はあまり知られていない。そこで、明治二十三年渙発の教育勅語に関する心学道話書である『教育に関する勅語謹話・戊申詔書謹話』を材料に考察してみたい。

何故なら、教育勅語とどう対峙したかを知ることは、端的に言えば、国家が国民に期待した近代日本の国民道徳、国民倫理を彼がどのように受け止め、どのような立場に立ったかを理解し把握することでもある、と同時に、それは石門心学が庶民の日常倫理を説き庶民教育を標榜するかぎり、避けて通れないことであり、まさに近代石門心学全体の思想的立ち位置を明確にすることだからである。

二　川尻宝岑述『教育に関する勅語謹話・戊申詔書謹話』の出版と禊教

本書は一冊刊本、冒頭に教育勅語本文と戊申詔書本文を掲げ、次いで高崎正風の「序文」（二頁分）、明治四十三年四月と記した宝岑の「緒言」（二頁分）、次いで山田敬斎による「本書を復刻するにあたりて」（六頁分）のあとに本文「勅語謹話」と称する道話（一六五頁）が続く。その後も本文「戊申詔書謹話」と称する道話（一〇九頁）があり、末尾の奥付に「昭和十五年八月廿九日印刷、昭和十五年九月一日発行、教育に関する勅語謹話戊申詔書謹話、定価謹壱円五拾銭、送料内地金六銭、満鮮台地金拾六銭、版権所有、講述者故川尻宝岑、編纂兼発行者東京市中野区城山町十二高村光次、印刷者東京市芝区新橋五—十二山城龍雄、印刷所東京市芝区新橋五—二六小林印刷所、発行所東京市下谷区二長町一七五振替東京二三八一四番心学参前舎」とある全二九〇頁程度の四六判の冊子である。その分量からみても、教育勅語に関する衍義が中心になっていることは間違いない。

また、本来なら、宝岑自身が「緒言」において、

明治四十一年ノ春。二三ノ友人ノ請ヒニ因テ。止ムヲ得ス教育勅語ト戊申詔書ノ講釈ヲ為シテ僭越ノ罪ヲ犯シタリキ。然ルニ頃日其ノ友人来リテ。予カ拙講ノ原稿ヲ請ハル。……再三辞スレトモ聴カス。……恥ヲ忍ンテ世ニ公ケニ為ルコトヽハ成シヌ。

明治四十三年四月　宝岑　川尻義祐誌(2)

と述べるように、宝岑が没する数ケ月前の時点のことで、当然のことながら生前での出版予定であったわけであろうが、残念ながら川津波、土石流という不慮の事故死等々のため、延び延びとなり、その結果、本書の出版は、実は昭和十五（一九四〇）年となってしまったのである。したがって、奥付だけを見ると明治ではなく時代背景もまったく異なり、明治心学の範疇ではないとして、あつから意義が低下すると思われがちだが、それは当たらない。たしかに教育勅語衍義書の一大集成である日本大学精神文化研究所・教育制度研究所編『教育勅語関係資料』（第一集～第十一集）と、同じく日本大学精神文化研究所編『教育勅語関係資料』（第十二集～第十五集）は、前者は明治期の教育勅語衍義書群を集成したものであり、後者は大正期の教育勅語衍義書群の一部を集成したものとして、昭和に入ってからの衍義書は収録していないので、本書は収載していない。それは、単に上梓出版した年月日で区別したというきわめて機械的な処理基準に過ぎず、書誌的内容にまで立ち至った、実際に書いたり、しゃべったりした時点での掲載基準ではない。たとえば、例外的にではあるが、諸事情によって上梓出版が何年も、いや何十年も遅れる場合も無くはないが、それらについての、いちいちの事情は配慮していない。あくまで

機械的に明治・大正という時期に出版された期日に限定しただけのことである。

要するに、本書は明治四十三年に没した人物のちょうど三十年後にようやく出版にこぎつけたわけで、そのような意味においても、かなりの諸事情や因縁がありそうで、かえって興味深い。そこで、最初に本書が世に出るまでの経緯に若干触れておきたい。

これについては、本書の最初の箇所で、昭和十五年当時の東京心学参前舎の舎主であった山田敬斎（惣兵衛）による「本書を復刻するにあたりて」（昭和十五年七月中浣）と題する一文がその経緯を充分に明かしている。

この書はその序にも誌してある如く、その当時筆を執られたものであつて、川尻先生晩年の遺作である。先生の斯うした講義体の道話は、他に老子と荘子の夜話もあるが、この謹話は前に述べた経緯の上から、先生としては特にその心血を濺がれたものゝやうである。(3)

ここで、前に述べた経緯、とは、明治心学ではよく知られた明治四十二年二月十四日の夜に一徳会を組織した高崎正風の世話で葉山の有栖川宮別邸に川尻宝岑と早野柏蔭の二人が参候して妃殿下に心学道話をおこなったことを指していて、ここからも数多い宝岑の道話のなかでも本書は重要な位置を占めていることが推測でき、事実「緒言」も草して出版は目前であった。また、書名も当初は「夜話」とする予定であったようである。しかし、宝岑は明治四十三年八月十日に逝去したので、残念ながら刊行目前の段階で本書の原稿は参前舎の蔵底に眠ることになった。

越へて大正元年の秋に至つて、社中協議の結果、神田なる同文館に命じて「教育勅語・戊申詔書夜話」と題し、菊判二八六頁の冊子として出版するの運びとなつた。今早野先師の備忘録に依ると十二月十三日の条に此の月始、教育勅語・戊申詔書夜話校合了。然るに十九日、同文館雑誌部日向甲氏より序文紛失せし旨申越す。

などゝあつて、兎にも角にも、この書が近く世に送り出さるゝ機に接せしを慶んだのであるが、それも束の間にて、こゝに再び大なる支障が突発したのであつた。それは翌春二月九日午前一時、神田区三崎町より出火せる火災は、炎々として延焼し、午前六時に至つて漸く鎮火した程の近年稀なる大火であつた。これがため同文館も亦類焼の厄に遭ひ、折から製本出来せる同書も遂に全部烏有に帰し、僅かにその前、参前舎に残置せる下刷本一冊と、後日印刷所より取寄せたる紙型を残すのみとなつて、この計画は一時頓挫するの止むなきに至つたのである。(4)

このように、原稿の一部である序文の紛失と火災という二回におよぶ不慮の災厄によって、本書の出版計画は頓挫中断し、沙汰止み状態となったようである。

然るに社中の或者が、斯る名著をこのまゝに虫喰みに委ぬるも惜しきことゝて、幸ひ兼ねて先生には、多年身禊教に事に従はれ、大教正にも補せられてある縁由あるにより、故村越鐵道氏の本所区松井町なる身禊本院にお謀りして当時後見をされてゐた中野了随氏の名のもとに三三二頁の袖珍本として発行し、茲に初めて世に出でたのは大正五年七月であつた。

斯くして参前舎中興の祖である、川尻宝岑先生の遺著も時利あらずして、我が舎より刊行するに至らず、身禊本院より出版せられたるは、誠に遺憾の極みとは云へ、その世道人心に裨益する處少なからざるを思へば、

亦感謝に堪へざるものがあつた。(5)

本来なら心学団体独自で出版すべきところ、止むを得ず禊教関係者を通してやっと大正五年七月に三百数十頁の袖珍本として一応は出版できたということであるが、禊教関係からの発行は決して不思議偶然の出来事ではなかった。なぜなら、維新以後から関東心学というよりも参前舎心学と言ったほうが適切であろうが、何も千谷玄道（生没年不詳）や川尻宝岑が心学に入門する以前は禊教の教師であったという経歴を持ち出すまでもなく、たとえば、どちらも『和論語』を重用するなど教理的にも同質的要素があったこともあり、禊教関係者がかなり石門心学に移っていたという特殊な関係を第一に想起しなければならない。第二に明治十二年五月には参前舎が大成教に所属したが、それ以前から大成教は吐普加美講（のち禊教）をその傘下に加えていたわけで禊教と参前舎を中心とする関東地域の心学関係者とは、制度的に見てもきわめて近い位置に在ったのである。もちろん、禊教と言っても、惟神教会禊社本院となり大社教、神道本局に属し明治二十七年独立した坂田鉄安・坂田安治が率いた禊教の系統では無く、吐普加美講、身禊講社、そして大成教に所属し、同時期に大成教の中で大成教事務取扱の立場にいた大教正東宮千別・大教正村越鉄善らの系統である。ちなみに村越鉄善は東宮千別が帰幽した明治三十年七月には禊教会本院の中心であると共に大成教顧問禊教教頭という立場であった。(6)このように、心学関係者と身禊本院の村越との深い縁由が背景にあったからこそ袖珍本とはいえ、中野了随の手を借りて出版ができたわけである。(7)

そして昭和十五年になって、再度参前舎の手で出版したいという話題が起こり、谷中天王寺町の村越家に行き、当時の当主であった嗣子の芸術家村越道守の了解を得て、ようやく念願であった心学関係者の手で世に出すことに決したようである。(8)

さて出版に先立ち、参前舎に現存する最初の下刷本と、身禊本院にて発兌せる本とを校合してみると、後者は前者より多少手入れがしてあつて、句調の読み難きものなど補正せると共に、例話などの省略せるものも可なりあるので、因て彼此照合して省略せる例話は全部これを増補し、句調の宜しきは又彼に執つて、茲に全く復原し完璧となつたのである。(9)

袖珍本がどのような内容であったか、残念ながら管見に及んでいないが、最初の下刷本と比較対照しつつ例話など心学道話の典型的構成要素を元のように入れて復元したとのことである。このように、本書はいわば数奇な運命を経て、やっと念願の参前舎から世に出たのである。

次に、「戊申詔書謹話」の部分は省き、「教育に関する勅語謹話」に限定して、その道話の内容と説き方を観察してみよう。

三　川尻宝岑述『教育に関する勅語謹話』の内容

本書の内容体裁を鳥瞰すると、心学道話書の典型である例談実話、孝子節婦談を多く用いていることは言うまでもないが、それ以外に、逐語解釈や字義など、かなり詳細をきわめていることが特徴として挙げられる。が、それ以上に特徴的な部分として、本文冒頭には、逐語の字義解釈の前に、三頁程度にわたって宝岑の経歴が示すような心学者以前の禊教信奉者であった、いわゆる神道者的文言や神道用語を駆使した上で、石門心学と結節させるような解釈箇所がある。これは冒頭導入部であることからも、おそらく宝岑が一番言いたかった核心部分だと思われる。よって、当該箇所を通して宝岑の思想の一端を確認してみよう。

まず、勅語渙発の意図については、次のように述べる。

遠い神代の古へに在て。天ノ神の（天神と申すは今世間に云ふ天帝とか申す想像の神とは別也）御神慮に御定め在らせられて有る処のもので。其の本源は。正しく天地開闢以前よりして。宇宙間に主宰し在ます天之御中主神の御神慮で有るので。此の神慮といふことを。今日の学理上の名称を仮りて換言すれば。宇宙の真理といふに当るので有る。今此の勅語は其の本皇祖天照大神が。天之御中主神と御同霊御同体の御真体の。大御口より詔らせられた御趣旨で。天地の真理。人生の常則である。(10)

教育勅語の渙発とその内容は、今日的な創製ではなく天之御中主神の神慮そのものだとし、次いで、

古キ神語ニ。一ツヲ得レバ二ツ無シ。有ルカトスレバ形無シ。無キカトスレバ霊有リ。此ヲ大元ノ神ト申シ奉ル

と有る。此の「一ツ」は即ち天之御中主神の御真体で。人身に受けて之れを本心と云ふ。人には必ず私智妄見の迷ひが有る故。之に箘んで本の字を添えて。本心と云ふ。(11)

と言って、宇宙の真理が天御中主神で、これが人の心に宿ったものを本心だとしている。だから心学で説く本心というものは即宇宙の真理だとしたのである。このあたりが禊教教師を経た石門心学者らしい結節的解釈かもしれない。さらに、本心について宝岑は続けて言う。

此の心体。有にも非ず。無にも非ず。而かも天地の真理を具して。霊妙不測な働きを発す。其の体を云ふときは天之御中主神の御真体と。一味平等で有るので。其の宇宙に主宰しまします御本体に就て「大元ノ神」と申し人身に賦与せられたる処に就て。分霊《わけみたま》と云ひ本心と云ふ（賦与と云ひ分霊と云ふことは真体上には云はざることなれども単へに解し易きを旨とし暫く此の名称を為人として仮り用ふる也見る人之を諒せよ）……凡そ生とし活るもの。此の分霊を具へぬものは一人も無いので。(12)

つまり、人びとに賦与し備わった「本心」と称する心の本体、本質はまさに霊妙不思議な働きをするもので天之御中主神の真体と同様の一味平等なので、本心と言うだけでなく、別名を分霊《わけみたま》とも称し、この真理常則はどのような人びとも皆賦与されている天賦の本心に備わる活理そのもので、これが人間の心であると主張するのである。

要は、図式的に見ると、教育勅語＝天之御中主神の神慮＝宇宙の真理＝人生の常則＝各人に天賦賦与の本心＝人の本心＝分霊＝本心（分霊）を勤め守ること＝教育勅語に合致、というかたちで理解できるのである。先述したように、この箇所は宝岑の本書におけるというより教育勅語に対する理解と認識の核心部分で、しかも心学者としての彼の思想の根源的部分であると思われるが、それは各地で道話席を開いていたなかで、たとえば明治三十七年以降おこなっていた静岡心学道話会での道話を、宝岑の没後に一書にまとめた『川尻先生警訓一滴』にも「孝道」中の「忠孝は天地生えぬき」なる題名が付されて、まったくの同文が入っており、弟子筋および関係者も重視して取り込んだという事実からも確認できるだろう。ちなみに、この同文の末尾には静岡心学道話会の関係者の文章が一言付されていて、それには、これは、先生の勅語夜話の、はし書にて、この根原より勅語を淳々と解かれ、童蒙にも分り易き、著述なるが、遂に公にせられざる中に、歿せられしは誠に惜しき事なりき。(13)

とあって、このことから『謹話』発行以前、大正元年の二度の災厄前の同年秋に校合が終了して発行する予定であった幻の『教育勅語・戊申詔書夜話』にも、この核心部分があったことが、はしなくも分かるのである。

さて、本来の本文に入って、順次、逐語的に字義、字訓をしつつ説明衍義をしている。たとえば、

【朕惟フニ】「朕」はワレと訓じて　聖上御身御自ら命せられる御自称で「惟」とは惟はヒトリ　ハカル　オモンミル等と訓じて思ふと云ふも同じことで有るが。思は軽く惟は重いので。只何となく物事をおもふを思といひ。力を入れて確りとおもふを惟云ふ。(14)

という具合に進めている。

また、衍義部分では、たとえば「徳ヲ樹ツルコト…」の箇所を端的にまとめると、これは善人悪人おしなべて賦与される分霊に備わる性徳だとした上で、言行、行動は心の発露で一念の動きに根ざすが、この一念の奥に善悪を取り締まるものがあり、ここを疑う者が乏しい。つまり、自己一身中に天神の分霊至善の真の徳が存在することを知り得ることが学問の骨髄、人の人たる緊要の大課題、それが発現したものが人倫五倫、その収斂されたのが忠道と孝道、それが天地生抜《はへぬき》本心に具わる固有の真理である、というような論調で衍義を展開してゆく。

ただ、かなり詳細かつ独特な論を展開している部分もある。その例を挙げると、「克ク忠ニ」の衍義箇所では、どの衍義書でも説く頻度が高い、いわゆる五倫について、次のように述べる。

まづ人間と云ふものが天地の間に生ずると共に。人間の身に就て。天然具はる処のものを総括して。君臣父子夫婦兄弟朋友の五倫と云ふ。此の五ツのものは。人間が約束上に造作したものでは無く、人生の自然に具はる生抜《はへぬき》の倫で有るので。此の生抜の五倫に。二門の入理がある。生抜の順序門と生抜の真理門とで有る。(15)

「生抜」というような、各道話書に頻出する、いわば心学用語と言ってもよい表現を用いて石門心学のもっとも得意とする人倫五倫の倫理道徳について順序門と真理門の二通りの理解の仕方があると述べる。

まづ順序門から這入て見ると。人に雌雄の有るのは。天地陰陽の理に成り立つもので。雌雄和合するのは。即ち天地生抜自然の常道で有る。この故に成立の順序に就て云へば。夫婦が五倫の始メで有る。夫婦が有て子が出来る。こゝに親子の倫が立つ。其の子が殖るから兄弟の倫が成り立つ。此の兄弟が漸々に枝分れがして多くの他人となる。こゝに朋友の倫が起る。人類いよ〳〵蕃殖して。一社会の相を成す。此の時こそ今云ふ社会主義の現相で。一人々の民権自由。勝手自儘を行て居るばかり。世界は喧騒の道場で。到底治るやうは無い。ソコデ其の人類の中から徳義の優れた人が出て。上に立て統御する。一般の人民は。其の人を。国王或は大統領と頼んで。其の指揮を仰いで従ひ事へる。こゝで君臣の倫が立ち。五ツのものが満足するので。されば政府と人民との区別の立ぬ其の中は。未だ人生の真理が世界へ顕現せぬので有るから。果然として社会主義では治らぬ。……或は云はん、古への群衆は野蛮世界で。是れを治むるに就ては。政府も入用。国君も無ればならなかつたので有るが。今日開明の新空気に浴して。人智の進んだ世に在ては。国家主義や帝国主義は。民権を障害するもので有る等と。是れ馬車馬式の暴言といふもの。人智が進んだ〳〵と云ふが。夫れは凡智が向ふ見ずに進んだので。人民必ず聖賢に非ず。凡夫同士の民権自由で。治らう道理はない。(16)

このように五倫を説くに際して、成立の漸次では夫婦が始めで君臣は最後、これは諸外国の通則だが、我が国はでは君臣が最初であり、そのなかに他が含まれているのであって、一の中に他を内包包摂するのが真理門で、それが我が国の他国と異なる所以だと捉えるのである。したがって、近年言われる社会主義や民権自由などは我が国の成り立つ倫理に当てはまらない、と当時の各種の思想や世相をもちゃんと批判しつつ自論を展開し、次ぎに、父母の恩について縷々説きつつ、忠孝はあらゆる善法の根本だとするのである。そして忠と孝の尊卑親疎の別はあれども軽重の差はなく、序列の差もなく、要は一つのもので、

孝即く忠で。父母に孝養を為す時は。忠其の中に含まれ。君へ忠を尽す時は。孝其の中に伴ふので。(17)

また、

然れば孝道即く忠道である。而して一旦緩急有るときは。身命を捧げて心力を尽すことは。父母にまれ。祖父母にまれ。祖先代々の欲《ねが》ふ処。即ち臣民の正道で有る。是れも亦前にいふた忠道と同じく経綸の義が有る。孝の理は即ち経で。天地生抜本心に具はる固有の真理で。而して心行の上に顕はるゝ立場々々の孝道即ち綸で有る。されば常に孝道を尽すのは綸の錦の美しいもので有て又一旦天下に事有るに当つて。国事の為に力を尽し君恩に報答する是れ亦錦の最も美なるもので。経の孝の理は終始一貫して居るので有る。然れば忠道即く是れ孝道である。(18)

と述べるように、孝道即忠道、忠道即孝道と説く原理である仏教学のなかでも華厳の事事無礙法界観に基づく法

界縁起、無尽縁起から説明される一即多、多即一の論理を、そのまま忠と孝の倫理的関係性に当てはめて説くのである。本書はさまざまないきさつ経緯のすえ、やっと陽の目を浴びたもので、関係者多数の手を経ている上に、書名も『謹話』としてあって、決して「道話」とはしていないことからも理解できるが、読者にとっては、かなり難しい論を展開していると言ってよい。ある一定程度の仏教学の知識と理解がないと、おそらくは理解できないだろう。また、全体的に文章も硬い。表現や語彙から見ても庶民対象の道話とは言いがたい。要は、難易度から見ても、庶民への勅語道話とは言えないものであって、これは専門家としての石門心学者向けの初入咄《しょにゅうばなし》レベルの上級者用の勅語道話として理解すべきものである。逆に言えば、それだけ宝岑は禅学だけでなく仏教学全般にも通じていたと再認識しなければならないだろう。

ともあれ、本書の前段部分は、人身に受けた固有の本心、それは本性、それが分霊、その本心の真価が行ないの上に出来れば、それが孝であり同時に忠という我が国の倫理道徳に合致する、と把握解釈した、言わば原理的部分だと見て良いだろう。したがって、本書はこのあと後段として応用編の意味合いで、この忠と孝の原理を実行した歴史的人物から明治の当代にわたる孝子節婦談、石門心学がもっとも得意とする定番の例談実話が、このあと幾分かの衍義解釈を交えながら数多く随所に散りばめているのである。

それらを列挙すると、「世々厥ノ美ヲ済セルハ」のなかでは森蘭丸の話、「父母ニ孝ニ」では平重盛、下野国塩冶郡の農民亀次の話、「兄弟ニ友ニ」では徳川家の家臣本多忠朝、奥州会津那麻郡の農民小左衛門と清右衛門兄弟の話、「夫婦相和シ」では三宅尚斎、東京浅草黒船町の絲商人藤田屋（町田）徳之助の話、「朋友相信シ」では元禄年間の大儒三輪執斎と大村彦太郎の話、元禄年中の画家細井広沢と赤穂浪士大高源吾の話、明治前の某儒者の夫婦の話、東京日本橋区田所町の質屋岡本市五郎の話、熊沢蕃山や一壮士山岡鉄舟を信ずる話、英人アーネスト・サトウが語ったという江戸橋の人力車の話、幕末は柳橋の船宿枡田屋平六や日露戦争時の兵士食を譲る話、

「己レヲ持シ」では上杉鷹山公や心学では定番の青砥左衛門の話、息子芝居を見る話、「博愛衆ニ及ホシ」では明治期の新潟県須原学校生徒酒井伊三郎の話、江戸時代黄檗宗の鉄眼禅師の話、「智能ヲ啓発シ」では三輪執斎の酒井侯に充てた一書の話、「徳器ヲ成就シ」では八幡太郎義家や下野国宇都宮の菊池淡雅の話、「世務ヲ開キ」では享保年中の羽後国酒田郷の農民佐藤藤右衛門の話、「国法ニ遵ヒ」では徳川吉宗時代の御徒衆の黒澤清右衛門の話、「義勇公ニ奉シ」では蒙古襲来の話、維新後の東京日本橋区南茅場町の荒物問屋の兵士彦兵衛の話、等々である。

もちろん、例談実話を述べる中にも宝岑の考え方を見ることはできる。たとえば、「朋友相信シ」の箇所では、

又朋友相信ずるに就て。三ツの要点が有る。第一には。すべて心の誠を尽して偽り飾らず。互ひに善を責て吝《りん》ならず。……貧窮艱難の境遇を見ては。心力を尽して之れを扶助し。約したることは言を食《はま》ず。苟且の事と雖も必ず果し。すべて真実を以て交る等は。朋友の際《あひだ》の当行の理で。性の徳にして心に具はる処のもので有る。(19)

と述べて、朋友相信する徳目についても三つの要点があり、第一要点は扶助するだけでなく誠を尽くし信義、信実をもって交わることだとし、第二要点は「彼方よりは一向に冷淡にされるのが有る。されども朋友に相違は無い。然れば彼に於ては朋友たらずとも。我以て朋友たらざる可からざる信義(20)」を守ることが本来の本心、本性だとしている。第三の要点は、

此の方より其の人を信じ。其の人の言を信ずると云ふこと。是れは最も大事な点で。(21)

というように、益友ならその言を信ずることが肝要だとしていて、それだけ宝岑自身が特に重視していた徳目と見てもよいだろう。また、石門心学ではまさに定番の青砥左衛門藤綱の六文の銭に換えて多くの日雇《ひよう》を費やした話については、近年の経済家のなかには一文惜しみの百損だとして不経済で愚かな愚倹と見る向きもあるが、それは的外れな論で、世の益のために一文でも六文でも家産を破ることがない小遣い銭を楽しむことができたら、それこそが一文損の百益となるのであって、真正《ほんま》の活《い》きた損益を知らねばならない、それが開明の民の仕事だとも言い切っている。[22] さらに、心学らしい説き方である箇所を二、三拾ってみると、「博愛衆ニ及ホシ」では、

愛は根本。仁の理の発顕で。朱子曰。仁則是箇温和慈愛底理也。手島堵庵曰。仁ハ無理無シ。と云ふて有る。すべて無理の無いのが仁の体理で。物に対すれば。必ず慈愛の情が動く。是れ則無理無しで。本心固有の真理が。其の儘に発顕するので有る。此の愛心を何処までも広く及ぼす。之れを博愛と云ふ。[23]

と手島堵庵の道話表現をそっくり真似たような衍義箇所もあれば、先述の五倫の順序における外国と我が国の相違点を再度繰り返し、西洋の習俗から見れば男女の親愛が第一であるようだが、

今妄情に因らずして。真心本然の順序に就て云ふときは。君父が先で有て。兄弟夫婦之れに次ぎ。朋友に及び全国に渉り。海外諸国に拡げテ。禽獣草木に及ぶと云ふのが。是れ自然的親疎厚薄の順序で有る。[24]

と述べるように、親愛の情における順番が自己から次第に輪を広げるように順次進めてゆくという、いわゆる家族的倫理を基本にしつつも、その家族の安寧が確保される国家との関係を第一義とするのが、日本の伝統的倫理

観だと主張するのである。次いで、もう一つ典型的な心学道話でよく登場する話を挙げておこう。

或学者が。文盲の農夫を相手に。堪忍の徳を説諭して。なんでも人は堪忍の二字が大切で有ると。頻りに其の功徳を説て聞かせた。農夫は不思議な顔をして。「先生は堪忍の二字だと被仰いますが。かんにんは四字ではございませぬか。「呆《ばか》なことを云ふなよ。堪忍は二字だは。「夫でも（指を折て数へ乍ら）カー　ンー　ニー　ンーと。ソリャ四字でございます。「夫れは汝《きさま》が文盲だから解らぬのだ。堪忍は堪へ忍ぶと云ふ二字だは。能く覚えて置け。開明の世にそんなことを云ふと恥をかくぞ「夫でも先生カー　ンー　ニー　ンーと。四字でございます。「イヤハヤ解らぬやつだ。堪忍は二字だは。「イヽエ四字でございます「イヽヤ二字だは「ナアニ四字でございます「イヤわからぬやつだ「先生が解らないのでございますと。云ふと学者は腹を立て「不礼《ぶれい》なやつめと。突然《いきなり》農夫をポカンと拳殴《なぐつ》た。スルト農夫はカラ〱と笑ひ出して。「堪忍々々と被仰ても。先生《あなた》堪忍が出来ませぬナァと云はれて、学者大に赤面したと云ふ。(25)

このような話しを織り交ぜている。また、「公益ヲ広メ」では、人の誕生から死ぬまでの成長から勉学、仕事など徹頭徹尾独立で天地の間に独立し、自ら律して生活してゆかねばならないことを独立自治(26)というような表現を用いたり、続く「世務ヲ開キ」では、公益と世務は連句とした上で人間の事業は結局利他業が自利になるとし、それが人生天賦の職掌だと主張している(27)。

また、「国憲ヲ重ンシ」では明治二十二年発布の帝国憲法について、形や表示の方法が良いので西洋諸国の立憲法に倣っているが、決して初めて我が国の形態を述べたものではなく、そんなことで有頂天になっているのは浅薄な愚見だとし、皇祖天照大神が。天之御中主神同体の大御口より。御勅定在らせられた国体で。人智を以て左右し得可からざることは。天地の真理の動かす可からざるに因由するので有て。……即是れ無形真正の憲法で有て。之れをして其の儘現《うつ》し出されたるものが。二十二年発布の憲法即ち是れで有る。[28]

と述べていて、帝国憲法は皇祖皇宗の神慮の具体的反映で天地生抜の真理だと述べるところなど、ここでは先述した心学者というより神道家としての宝岑の顔が明確に登場するのである。さらに「国法ニ遵ヒ」でも、

然るに之れに背くが故に罰を受るので。罰金禁錮懲役重刑と。夫々の律の有るのも。実は人間が罰するのでは無い。我身に具はる分霊の理に背くので有る故。分霊に罰を蒙るので。然るを人間が罰すると思ふから隠れて悪さが仕たくなる。人間同士ならどの様にも。隠す事も出来もするが。腹の中の分霊に隠すことは到底出来ぬ。此の分霊は天地と一枚で。一切の道徳を含有する処の宝蔵で有る。[29]

と法律を破って罰を受けるのは自身の本心が受けるのであるというような心学的捉え方も出来るが、それ以前に、罪を犯すのは分霊が汚く濁っているからであると見る、いわゆる神道的な把握が根底に流れているように思われてならない。否、むしろそのほうが自然だろうと思料する。それは巻末にいたって「斯ノ道ハ」の衍義箇所で、

而して今「斯ノ道」とあるは。すべての道徳に広く係るので。或は神道と云ひ。天道と云ひ。人道と云ふ。其の実皆一とつ〔の〕もので。いづれも道といふ道を含蔵する総名で。即ち天之御中主神の御神徳に基因するのである。[30]（〔の〕は筆者が挿入）

と明言していることでも首肯されるのではないだろうか。

そして、巻末最後の衍義箇所「咸其徳ヲ一ニセンコトヲ庶幾フ」では、

「徳」は即ち人々本具の性徳で。之れに背くが故に。人心区々の弊風を生ずるので有るが。之れに背かざるときは。億兆唯一心で有る。今此の勅語の御趣意は。始より終まで。徹頭徹尾。本具の性徳を一にするに帰するので。故に是れを以て。終局の大御言と為し給へるものなるべく。伺ひ奉るので。斯の如くなるときは。日本全国一団の性徳界で有る。性徳の一団界は。真理の純円《まろかせ》。天理人道一貫して。其の儘天地の姿で有る。是れ我が国の特色で。国体の精華は実にこゝに有るので。併せて教育の本旨も亦こゝにあるのである。(31)

と言って、本具の本心、分霊の本質である性徳の実践が忠と孝という倫理的徳目の成就であると、繰り返し本心、分霊と教育勅語に盛られた倫理的内容との一致を力説し、末尾に宝岑が本書で一貫して主張した内容を凝縮させたかのような、

誠もて君と親とに事ふるはやがて神のこゝろなるらむ

なる一句を掲げて、本書を結ぶのである。

四　川尻宝岑による教育勅語道話席の実際

再三の繰り返しにはなるが、本書は宝岑の没後、数奇な運命をたどり、宝岑自身も含めて何人もの手を借りて世に出たものなので、編集に編集が重なっていることもあり、一応書物としてはまとまっているものの、いわゆる典型的な心学道話のように雰囲気や臨場感がほとんど感じられないことから、宝岑の実際の勅語道話とはかなりかけ離れたといっても過言ではない。だからこそ道話ではなく、『謹話』なのだろう。

では、宝岑の教育勅語を話題にした実際の道話＝肉声記録とはどのような内容であったのか。いや、それ以前に実際に有るのか、無いのか、そして、残っているのか、いないのか、と問うなら、その答えは、

「実は有る」。そして、「残っている」

のである。

川尻宝岑は当時著名で人気の心学者であっただけに各地随所で道話説教をおこなっていて、そのいくつかは文書化されて現存しているのである。

そこで、最後に本書『謹話』との、内容および表現等における比較を兼ねて一、二紹介してみよう。最初は大正元年に遺甥鹿塩宝嶽が宝岑の道話を遺訓と思って校訂した『心学忠孝道話』に見る教育勅語道話である。その冒頭に「開化」なるお題での道話があるが、その前置きのようなかたちで勅語について触れている。

第一講
皆さんにお断り申して置きますが明治二十三年に出ました教育勅語、それを道話の前に一応捧読いたします。捧読する当人は私でございますけれども、勅語は陛下の下し賜はりたる勅語でございますから、どうか捧読いたして居る間は、皆さん低頭して下すつて、謹んで御拝聴を願ひます。……（勅語は略す）……
さて是からお話を始めるのでありますが、ただ今勅語を捧読いたしましたから、定めし勿体らしい、堅苦しい、六かしい事でも言ひ出すのかと思召すかも知れませんが、それは大違ひであつて私のは――心学道話と云ひまして――モウ極々低い言葉で平易しいお話をするのでございます、何んだ此様な詰らないことを言ふのかと、思召すかも分りませぬ。
さて此の心学道話と申しまするのは、皆さんの心のお話でございます。明けても暮れても、心のことばかり御話するのであります。唯今では色々な学問が流行りまして、中には心のことなどは、テンデ相手にもしない、全然投げ出して置かうと云ふやうな学問もございます。心学の方では斯うして相手にされずに投げ出されてゐる心と云ふものを拾ひ上げて、大切に手塩にかけて育てやうとするのであります。そこで私の申上げる心のお話は、丁度只今捧読いたしました勅語に『爾臣民父母ニ孝ニ……忠良ノ臣民』とございまする、其の御趣意に飽くまでも基きまして、忠孝のお話をするのでございます。どうぞ其積りで御聴き下さいまし。(32)
次いで、中盤の部分で、『謹話』で語っている「本心」に関する解説道話がある。
第五講
是から御話に取掛ります。前回にお聴きの御方も、大分お在でゝあらうと考へます。併し又今晩初めてのお方もございませうから、前以てお断り申して置きますが、この心学の道話と云ふものは、銘々の心の御話でございますから、別段面白くお聴かせ申すと云ふ訳にはいかない。落語や講談のやうには参りませぬ。只皆さんの御心に具はる道の御話を致すのであります。(33)……

吾人の本心は常に善を好んで悪を嫌ふ。是れ本心に具はつたる性質であります。それ故に善悪は人間勝手に造り出したものではございませぬ。本心の指し教ふる所でございます。而して本心の此の本質の極まる所は孝と申しますと、忠孝二道にありまする。只今捧読いたした勅語にも、『我カ臣民…亦実ニ此ニ存ス』と出て居ります。此の忠孝の二道は、本心自然の発現であつて、決して人間の智恵で考え出したものではありません。それ〴〵皆己が腹の中の本心に具へ持つて居るのであるから、自分の智恵で勝手に廃すことは決して出来ませぬ。どこくまでも、之に従つて行かねばならぬ約束のものであります。(34)

この宝岑の教育勅語に関する心学道話は、いつ頃おこなわれたのか、明記するところが無く、不明(35)ではあるが、それでも言葉遣いや言い回し表現等については鳩翁を髣髴させる典型的な、あるいは模範的と言っても良いほどの心学道話である。

今一つ、宝岑の教育勅語に関する道話で、年月日が明確になっているものがあるので、これも主題の本書との比較対照の意味で掲げておこう。それは明治四十二年三月十三日、山陰地方巡講の折、鳥取県師範学校において「道徳の起源」と題した心学道話である。

お話致します前に宮内省の高崎男爵からのお話で道話をする前には必らず教育勅語を捧読する様にと云ふ事で御座りまするで私方の先づ規則として一昨年当りから遣つて居りますので只今此処で教育勅語を捧読致し

ますから謹んで御拝聴を願います
（此間教育勅語捧読）
私は御当所は始めてゝ御座りまして私のは心学道話と云ひまして皆様の御心に備はる道のお話をするので御座りまして元より私は無学文盲なもので学問上の御話はモウとんと出来ませぬので御座りまする昔から心学者に学問のある者は無いので御座りまして只婦女童蒙の為に道を説く位で御座ひます(36)

これまた典型的な鳩翁ばりの道話の導入部だと言って良いだろう。次いでその翌日、明治四十二年三月十四日に鳥取県立高等女学校でも「人間と禽獣との関係」という題で教育勅語に関連させて心学道話をおこなっている。

講話を致します前に規則として二十三年に下し給はりました教育勅語を捧読致しまするから、ドーか謹んで御拝聴を願ひます　（此間教育勅語拝読）
私は御当所は始めてで御座いまする、皆様も、定めて私の講話をお聞きになるのは始めてで御座いましよう
私は心学道話と申しまして皆様の御心に備はる道の御話を致すので御座いまする、只今世間で流行しまする演説会と申しまするのとは、大に性質を異にして居るので御座います(37)、
この御勅語の御趣意は人間生れると直ぐに自然的に胸の中に備わって居る所の智識で御座います何にも臣民に無理にこうせよと珍の云ふ通りにせよと決して圧制に仰有つたものではなく(38)……

というように、主題の本書『謹話』で言う「本心」の解説と例談をこのあと展開してゆく。宝岑の心学道話は割に残っているほうであるが、蓋し石門心学者としての面目躍如と言って良いだろう。

五　おわりに

石門心学者川尻宝岑の教育勅語に関する衍義書である『教育に関する勅語謹話』は、本人と本人の没後に他の多くの手を経たとはいえ、字義や字句を丁寧にしたこともあって、衍義書としては通常の形態であっても、初入《しょにゅう》咄《ばなし》（一般庶民に面白おかしく笑わせながら語りかける道話の類ではなく、一定の心学修行をした人にだけ聞かせて心を練るという禅の公案のようなかなり高度な道話書のこと）としての道話書ならある程度納得できようが、いわゆる一般庶民向けの心学道話書として見ると、内容および表現の点で残念ながら難しくて硬い。本心という心学独特の語彙にとどまらず分霊なる神道的語彙を頻回に駆使して語っているからである。もちろん、聴衆対象によって程度の高下はあろうが、それにしても硬い感は免れない。ただ幸いに、宝岑は教育勅語の内容についての心学道話は結構おこなっていて、その一部についてはすでに紹介したとおりである。それらから推測すると、主題の本書における道話も実際はほぼこのようであったかもしれない。臨場感に溢れ、宝岑の巧みな話術を髣髴させるような内容と言葉遣いが満載だからである。

また、宝岑の道話は割に残っているほうだと述べたが、それらの内容は必ずしも教育勅語の道話ばかりではないわけで、沼津独尊会や静岡心学会などがその典型であるが、本来は禅の師家として、その道話類も実は仏教的禅的内容が中心となっているものが大半である。では、いつ頃から頻繁に教育勅語を題とした心学道話をおこなうようになったのかについて考えると、本書の場合は緒言で宝岑自身が、明治四十一年春、と記しており、最後に紹介した鳥取県における教育勅語道話も、明治四十二年三月、そして先述した高崎正風主宰の教育勅語推進運動団体である一徳会の講師に他の石門心学者数名と一緒に託されたのが、明治四十一年一月、であることを考えれば、勅語道話を頻回におこなったのは一徳会講師となった、ほぼ明治四十一年頃からであると見てよいのではないだろうか。石川謙は『石門心学史の研究』のなかで、「明治年代に入って……同四十一年には男爵高崎正風の首唱の下に教育勅語の御趣意を心学精神によって解説するための一徳会が結成せられたが、これ等は何れも講舎の復興拡張を目指すものではなかった[39]」と述べていて、心学運動の伸長、講舎拡張という視点ではまさにそのとおりであるが、二十三年の渙発後からすぐ全面的に教育勅語に頼って便乗した道話布教ではなく、少なくとも川尻宝岑の場合、一徳会参画以降の明治末年頃の数年間であったことだけは言っておかねばならないだろう。

註

(1)三宅守常「川尻宝岑の『内部文明論』考」(「こころ」第一九一号　四六頁～五九頁　平成二二年八月　社団法人石門心学会発行)を参照されたい。

(2)『教育に関する勅語謹話戊申詔書謹話』(昭和一五年九月一日　心学参前舎発行)「緒言」一頁～二頁。

(3)同右「本書を翻刻するにあたりて」一頁。

(4)同右　二頁～三頁。

(5)同右　三頁。

(6)『東宮千別大人年譜』(東宮鉄真呂編　明治三四年七月一日)三三頁。

(7)東京府士族で旧姓清水、群馬県南甘楽郡で教員の経験があり、女子教育を奨励した人として知られ、『小学女子諸礼手ほどき』(明治一三年)、生活百科事典ともいえる『智恵の庫良種精選』(明治一四年)、また『火災保険論』(明治一三年)、英単語入門書の『洋語歌字尽』(明治一七年)、『見光主義自由燈《じゆうのともしび》一名卑屈《いくぢなし》の目ざまし』(明治一九年)、『東京名所図会』(明治二三年)など約二〇余の著作も残している。禊教とのかかわりは、禊教の布教者であった中庭蘭渓との交友関係からだと思われる。

(8)註(2)の前掲書、「本書を翻刻するにあたりて」三頁～四頁。

(9)同右　四頁。
(10)註（2）の前掲書、「本文」二頁。
(11)同右。
(12)同右、二頁〜三頁。
(13)『川尻先生警訓一滴』（大正元年一〇月五日　静岡心学道話会編輯発行）八頁。
(14)註（2）の前掲書、「本文」六頁。
(15)同右、二五頁。
(16)同右、二六頁〜二七頁。
(17)同右、三七頁。
(18)同右、四一頁〜四二頁。
(19)同右、七三頁。
(20)同右、八〇頁。
(21)同右、八四頁。
(22)同右、九七頁〜九八頁。
(23)同右、一〇一頁。
(24)同右、一〇二頁〜一〇三頁。
(25)同右、一一〇頁〜一一一頁。
(26)同右、一二一頁。
(27)同右、一二三頁〜一二四頁。
(28)同右、一三〇頁。
(29)同右、一三二頁〜一三三頁。
(30)同右、一五一頁。

(31)同右、一六二頁～一六三頁。
(32)『心学忠孝道話』(大正元年八月一五日　光融館発行)「本文」一頁～四頁。
(33)同右、一七三頁。
(34)同右、一八〇頁～一八一頁。
(35)宝岑は教育勅語渙発の明治二三年秋、以前からも各地で道話はしており、以降も明治三四年頃から沼津独尊会、静岡接心会などで、春秋二季、座禅弁道の指導や禅録を講じており、同四一年一月には高崎正風主宰の一徳会の講師となって京都本部、仙台支会をはじめ東奔西走して各地各所で道話講演しているので、時期的にはその辺りかもしれない。
(36)『川尻宝岑先生道話』(長谷川熊蔵編輯　明治四二年七月二〇日　精神的専門書林　武林書店発行)一頁。
(37)同右、一四頁。
(38)同右、二一頁。
(39)『石門心学史の研究』(石川謙　昭和一三年五月三十一日　岩波書店発行)八二一頁。

第三章　キリスト者で唯一の教育勅語衍義書をめぐって

一　はじめに

明治二十三（一八九〇）年十月三十日に渙発された教育勅語（以後は勅語と略称する）についての解釈書、解説書であった、いわゆる勅語衍義書は、渙発後一ケ月を出でずして、早や梓に鏤《ちりば》めたものを皮切りに陸続と登場してくる。[1] その分野も幅広く、たとえば、曰く、高等師範学校、師範学校系の教育者や教育学者たちの学校教員関係、曰く、思想家、宗教家たちの社会教育関係、曰く、民間の篤志家たちというように大別してもよいだろうが、なかでも思想界、宗教界からの勅語衍義書は、自身の思想内容や宗教教義を勅語の内容徳目と、どの点でどのように合致しているかという主張を通して思想上や宗教上の正当性を獲得し、普及と拡大を計っていったか、という視座で見ると非常に興味深い。具体的に言えば、曰く、儒者の書然り、曰く、神道人の書然り、曰く、仏教僧侶の書然り、である。

ならばキリスト者の場合はどうであろうか。つまり、キリスト者による勅語衍義書はあるのか、という疑問である。この質問に対して近代教育史や近代宗教史、また、キリスト教などの専門家は、おそらく

「無い」

と答えるだろう。それは一応もっともであり、それには十分な理由がある。勅語渙発の翌二十四年一月九日第一高等中学校における勅語奉読式での教員内村鑑三のいわゆる不敬事件、その翌年一月十一日校長就任式で起こった熊本英学校事件などの出来事を背景に論争が起こる。すなわち、同年「教育時論」の一記者による教育と宗教、特に日本の国体とキリスト教との関係についての質問に対して、井上哲次郎がキリスト教は日本の国体に基づく教育には合わないと答えた談話を掲載した「教育時論」二七二号の「宗教と教育との関係につき井上哲次郎氏の談話」が発表されると、キリスト教側からの井上哲次郎への反論が相次ぎ、同年から翌年にかけて約九ケ月間にわたって勅語とキリスト教の関係をそれぞれの立場から相互に論駁した、いわゆる「教育と宗教の衝突論争」という大論争がそれである。それは井上のキリスト教批判に対してキリスト者の多くの論客がこれを不当とした本多庸一・横井時雄・柏木義円・植村正久・大西祝《はじめ》らによる井上への反論反駁であった。ただし、数多い反論反駁とはいっても、天皇崇敬の否定や勅語の徳目内容を真っ向否定するものではないという意味での勅語についての捉え方や見方、または弁明弁護の諸論なのであって、決して解釈書、解説書ではなかったのである。要は勅語に関する文章はキリスト者によるものが多いにもかかわらず、字義や字句、孝子節婦の例談実話を中心として積極的に普及を目的にした解説書ではないので、キリスト者による勅語衍義書は一点も見出せないとするわけである。だから、「無い」と考えるのが通常なのである。

しかし、キリスト者による勅語衍義書は本当に「無い」のだろうか。はたして、「無い」ことが正しいのだろうか。この点に疑問を感じ段々調べた結果、実はそうでないことがわかったのである。

すなわち、キリスト者による勅語衍義書は「有った」。ただし、管見のかぎりでは「一点だけ有った」

のである。では、著者は誰だろうか、何と言う書物だろうか、そして、どのような内容だろうか。

その答えは、

東方教会ギリシア正教系ロシア正教を母体とする日本ハリストス正教会の教役者ペートル石川喜三郎の著作『勅語正教解』(明治二十六年七月十六日、正教会発行)である。

そこで、最初に石川喜三郎なる人物を調べ、次いで石川の著書である勅語衍義書の内容を考察検討し、加えて関連する他の著作等まで広く考察して、唯一であろうキリスト教世界からの教育勅語衍義書の著述理由や衍義内容、これに加えて勅語に接近する正教会の教義などを明らかにしてみたい。

二　ペートル石川喜三郎の著述と日本ハリストス正教会

石川喜三郎は文久四(一八六四)年一月二十四日、陸奥国仙台に生まれた。正教神学校を卒業して日本ハリストス正教会の神学者となり、明治時代の正教会機関誌「正教新報」(毎月二日発行)、大正・昭和時代の同会機関誌「正教時報」の主筆をつとめ、多数の神学論文や著作を残し、明治・大正・昭和の三代にわたって、特に文筆活動で活躍した日本ハリストス正教会を代表する論客であった。洗礼名はペートル、号は残月、正教神学校教授でもあった。大正七(一九一八)年日本のシベリア出兵の際、正教会司祭であった三井道郎[2]とシベリア在住ロシア人正教徒慰安のため同地を訪問したこともある。著書は『宗教哲学』(明治二十二年三月、哲学書院)、『正教と国家』(明治二十五年四月、正教会)、『勅語正教解』(明治二十六年七月、正教会)、『家庭と倫理』(明治三十八年一月、正教会編輯局)、『羅馬教弁妄論』(明治三十八年二月、正教会事務所)、『正教と帝王及国家』(明治四十五年七月、日本ハリストス正教会)、『正教と教会及国家』(明治四十五年七月、日本ハリストス正教会、本書は明治二十五年の『正教と国家』

の第二版）などがあり、訳書に『有神略論』（明治三十一年一月、正教会編輯局）、レフ・テホミーロフ著『絶東及び露国の基督教問題』（明治三十四年五月、正教会編輯局）、フヱオファン著『聖福音史主ハリストス一代記』（明治三十五年一月、正教会編輯局）、アムブロス著『音楽と詩歌』（明治三十六年七月、共益商社）など多数ある。また、編書に『日本正教伝道誌』巻一・巻二（明治三十四年二月、正教会編輯局）、『日本正教会公会議事録』（明治三十五年八月、正教会事務所）、『大日本正教会神品公会議事録』（明治三十六年八月、正教会事務所）などがある。このように主義主張を含めた教義の布教伝道のための著述、その基礎として堪能なロシア語を活かした翻訳書、さらには日本ハリストス正教会の公的記録の作成に深く携わっていることからみても、キリスト教正教会の論客の一人であっただけでなく、ニコライ主教の下で正教会の中心人物の一人であったことがわかる。でも、石川の本領はやはり主教ニコライの指導による明治十三（一八八〇）年十二月創刊の正教会機関誌「正教新報」、ニコライ没後、後を受けたセルギイ主教の指導による大正元年（一九一二）十一月（第一号）からの「正教時報」（「正教新報」を改題したもの）の主筆として、ほとんど毎号に記事論文を発表し論陣を張った正教会の理論的リーダーであったという点に認められるだろう。その他、正教神学校での純粋な神学論文、哲学論文などを掲載した神学雑誌「心海」（明治二十六年〜同三十二年）や同様の神学哲学雑誌「正教思潮」（大正二年九月創刊）にも多く論稿を寄せていて、たとえば同誌第二号（大正三年六月）には「絶対的宗教としての基督教《ハリストス》」（教授ホロポフ著、石川喜三郎訳）など手堅い学術的なものもかなり多い。一方、布教伝道の方面でも『日本正教会役者の通俗説教集』（明治三十六年三月の時点で第五輯まで刊行されている）などにも文を寄せている。しかし、何といっても石川喜三郎の面目は、前述のごとく、やはり対外的な機関誌上に在ったと言わねばならない。その例を二三挙げると、「正教新報」第一七〇号（明治二十一年一月）に「雑録、友人の永寝をいたみて（続）、神学校生徒石川ペトル」(3)、また、同誌第一八五号（明治二十一年八月）に「寄書、論神之存在」に「左の一編は神学校生徒彼得石川氏が神学校講場記聞中の大意抜粋して一文章となし本社員の許に寄せられしものなり」[4]、同誌第一八六号（明治二十一年九月）に「寄書、論神之存在（続）、石川彼得、寄送」[5]とあるように、すでに正教神学校生であった二十四歳のときから文章を寄せていて、その二年後、明治二十三年石川二十六歳のとき、勅語が渙発されると、他のキリスト者諸氏が辿った経緯と同様、明治二十六年に「正教新報」誌上において、内村鑑三事件より起こった井上哲次郎のキリスト教批判に対する反論「井上哲次郎氏の教育と宗教の衝突論を読む」と題する論文を連載発表するのであった。時に石川二十九歳、血気盛んな時期であった。そして、ここまでは他の著名なキリスト者の場合と同じく井上哲次郎批判に終始したが、ここから先は他のキリスト者と違っていた。

すなわち、その前年の明治二十五年四月には倫理的徳目としての勅語の存在を意識してのことか、為政者としての天皇とロシア正教会の教義の同異を論じた『正教と国家』を正教会から刊行する。この書は全十五章より成り、特に後半の章名を見ると第十一章「国家主権者の必要」、第十二章「天皇は神聖にして侵すべからざる所以」、第十三章「天皇陛下に対する臣民の義務」、第十四章「同胞及び生国に対する臣民の義務」とある。[6]また、明治四十五年の『正教と帝王及国家』の章立てを見ると、「一　天地と国体」、「二　歴史と国家」、「三　国家の意義」、「四　国家と個人」、「五　国家の恩恵」、「六　個人の義務」、「七　国家の君主」、「八　君主の神聖」、「九　日本の君民」、「十　皇室と国民の義務」、「十一　忠君の極致」とあって、きわめて国家中心となっている。本書については、後述する「四　ペートル石川喜三郎における神（ゴッド）と天皇」において詳述するが、これは日本ハリストス正教会がギリシア正教、東方正教会としてロシア正教会や他の正教会が歴史的に国家の元首や為政者と一体となって展開してきたという、他の西方教会系のキリスト教諸派と一線を画すきわめて特徴的な一面を如実にあらわしているとも言えるだろうし、同時に石川の関心事が那辺に在ったかが明確にわかるのである。それが井上哲次郎に対する反論やキリスト者として、初で唯一、の勅語衍義書の著述へ繋がってゆくのである。

その後は「正教新報」誌上において、明治二十七年の第三三三号では「国民が至尊に対し奉る最先の義務」、同三十一年の第四一三号では「基督教と社会及び個人の両主義」、同年の第四一四号では「国家に於ける王者の意義」、また、同年の第四二六号では「皇祖の大廟と基督教徒」、同年第四三〇号では「社会に於ける信仰の妨害」、翌三十二年の第四三七号では「非教権主義教育の運命」、同年の第四四四号では「君権及民権」、同年の四四六号では「文部省の教育方針」、翌三十三年の第四七八号では「国家主義教育とハリストス教」など、著作以外にも数多く信仰と教育と国家社会に関連する論考を発表していった文字どおり、日本ハリストス正教会の方針を表明する際の代弁者であると共に代表的イデオローグでもあった。

補足的に言えば、教育勅語渙発の翌年の明治二十四年、主教ニコライ・カサートキンの尽力が実り、神田駿河台に東京復活大聖堂（ニコライ堂、重要文化財）が完成するなど明治二十年代から同三十年代にかけて教勢は伸張していった。ただ、明治後期にいたって日露戦争が勃発するとロシア正教会との深い関係があったことから敵国の宗教とも見られ、日本国内のハリストス正教徒は苦しい立場に在ったようであるが、それでも主教ニコライはじめ教団一丸となった努力によって何とか教勢は維持し命脈を保っていた。しかし明治四十五年にニコライが死去し、次の主教セルギイ・チホミーロフの時代となり、大正六年のロシア革命によってロシア正教会との関係が断絶してしまい、教団運営面でも財政的に苦しい状況に追い込まれ、これに追い討ちをかけるように、同十二年九月の関東大震災によって日本ハリストス正教会は経済的にも信徒数においても激減し、壊滅的状態に陥ってしまった。教会の財源が枯渇して正教神学校を閉鎖してしまったこともあって、機関誌一つを発行するにも苦労が多く、雑誌づくりのほとんどの人員が解雇され、「正教時報」の主筆石川喜三郎が機関誌発行に関するすべての業務を一人で背負うことになった。編輯場所もなく、石川の仮住居が正教時報社であり、もちろん俸給や経費も思うに任せず、編輯発送から会計まで石川の負担はかなり大きかったようで、石川の晩年は経済的に不遇であった。

明治二十五年、三十歳弱の若さで「正教新報」の編輯人に就任して以来、常に日本ハリストス正教会を代表するイデオローグでありスポークスマンあった石川は、その後新設された正教神学院の講師などを勤めたこともあったが、昭和七（一九三二）年二月五日、七十歳で逝去した。基督教雑誌「ぱんだね」（名古屋正教会青年会より大正三年十月に創刊）第一二七号には「教役者遺児の言葉」と題して喜三郎の長男石川徹なる人物が、生前の父喜三郎と正教会について、家族の立場から正直に有りていに語っている。

尊敬なる神父。亡き父（ペトル喜三郎）に関し何か記せよとの御言葉ありがたく存じます。……父は震災以来可成り疲れを感じて居た様でした。焼けた大地の揺らぐ中を横浜から東京まで徒歩で帰つたりしたのも体にきいたのでせふ。最近二三年は全く疲れて意識も確としない日もありました。長年働いた教会が衰亡に向かつて居るを自己の晩年に直視し得るは寧ろ惨酷な生涯の終りであり、父が脳の働きを失くしたのは反つて幸ひであつたと私は諦めて居りました。……又、「中学校位出なければこれからは駄目だ」と云ふて私を神学校にも入れませんでした。……父が朝五時から夜十時まで執筆せねば生計が立ちゆかぬやうになつてから[7]……

と、特に晩年は生活状況も厳しく貧困逼迫の様子であったことが伺われる。このような言はまだ続く。少々長いが、石川喜三郎の正教会での役割を理解するには必要なので、煩を厭わず左に掲げる。

次の事は教役者の全遺児が云ひ度くして云ひ得なんだ事ではないかと思います。私共は実社会の役所を、会社を知つて居ります。たゞ物質を中心とする夫れ等社会に於てさへも一生を其所に捧げたやうな人々の遺族には相当な事がなされて居ります。或は形式だけであるかも知れませんが。所が教会に於ては全く反対です。

勿論物質的に豊でない教会ですから私共は決してそれを望みは致しません、たゞその心ろ持ちだけが欲しいのです。私共は教会が教役者の遺児を特に愛して呉れる愛を感じるだけで嬉れしいのです、父が働かして戴いた教会のために幾分でも尽し度いといふ気になります、それが実際は全然反対になつて了つて居ます、教役者の遺児大多数が進んで教会から離れて居ります。此れを恐ろしく思召にはなりませんですか、吾々日本人は意気に感ずるのです。その意気を、愛をさへ教会は与へては呉れないのです。こう云ふ態度の団体が――殊に精神的方面の団体が消滅への暗い路を歩みがちなのは当然です。こう云ふ教会になつたに就いては私共の父等も責任がありませう、而して教会内の高位に在る方々の御反省を特に促し申し上げ度いのです(8)。

一生を自身の信仰にしたがい、対外的には著述を通して熱心に教会の布教活動に挺身した人物の嗣子の言としては、いささか異例、というより、かなり過激な日本ハリストス正教会幹部への批判文と見たほうが正鵠を得たと言うべきかもしれない。でも、逆に見ればハリストス正教会というキリスト教教団にとって、明治期・大正期に起こった三つの重大事件(日露戦争・ロシア革命、関東大震災)のダメージは大きく、消滅寸前の状況を呈するほど甚大な影響を及ぼした、その当時における実態を如実に浮き彫りにしたものだとも言えるだろう。

以上、石川喜三郎なる人物の著述活動、これに併せてハリストス正教会の教義方針の一斑を垣間見ることによってその人物像を明確にしてきたが、石川の一連の勅語に直接あるいは間接に関連する著述活動は、正教会教義の闡明であると共に、若き日における熱意と情熱の然らしむる産物であったと捉えても良いだろう。

三　ペートル石川喜三郎著『勅語正教解』の内容

さて、「正教新報」の編輯人になった翌明治二十六年、弱冠三十歳の石川喜三郎は勅語衍義書『勅語正教解』を世に出すが、正教会の教義を踏まえた上でどのような文言をもって、どのように勅語に見る倫理的徳目を衍義したのか、について、仔細に観察してみよう。

『勅語正教解』は表紙に「明治二十六年七月　敕語正教解　正教會」とあり、冒頭に「神を畏れ王を敬へ（彼得前書第二章第十七節）、我れ殊に勧む万人の為に籲告祈祷懇求感謝せよ王および凡て権威を有する者の為めに別て之を行ふべし（提摩太前書第二章第一節）、爾の父母に孝敬せよ吉祥爾に迨びて寿を世に延べん（出埃及記第二十章第十二節）」と聖書中の王や父母について述べた「ペトロの手紙一」、「テモテへの手紙一」、「出エジプト記」からそれぞれの一文を掲げ（一頁）、次に勅語の文章を掲げ（二頁）ている。そのあと本文六十頁が続く。末尾の奥付に「明治二十六年七月十三日印刷　明治二十六年七月十六日発行　著作者発行者石川喜三郎東京市浅草区諏訪町十五番地　印刷者岡本利三郎東京市麹町区麹町十丁目四番地　発行所正教会東京市神田区駿河台東紅梅町六番地印刷所岡本活版所東京市麹町区麹町十丁目四番地」とあるB６判型の小冊子である。(9)

本文の内容に入り、巻頭の緒言において、

ひたふるに神の言《ことば》なる聖書に基きて勅語を解き奉るは実に喜ばしきことと思ほゆるなり。(10)

と、冒頭でキリスト者としての自分の立場を明確にした上で、石川は次のように述べる。

神の言に基きて、勅語を釈き明すは、勅語の真を神言もて証するものなれば、天地の主宰なる神がこの世の王を守り助くると云ふ教理にも応《かな》へるこそたふとけれ。(11)

とあるが、ここで教理上重要なことは、この世の王より上位概念としての天地の主宰なる神が厳然と存在するという点で、ここでキリスト者としての本音が大前提であることが明確に見えるのである。そして、

かく我等は聖書を基として、勅語の意を我がこゝろに明かにせば、勅語の御教訓を聖書の言とひとしく実践して、実に忠良なる信徒となり、また篤信なる国民たるを得べし。(12)

と述べて聖書の言と勅語内容の同質性を唱え、その根拠の故に勅語徳目の実践化を主張することをもって、勅語衍義の前提とするのである。

この前提をもって、いよいよ勅語の衍義に入り、最初の「朕惟フニ……徳ヲ樹ルコト深厚ナリ」では天地開闢と国家開闢と国土経営について、左のように語っている。

人のこの世に生れ出づるや、夫婦の別、父子の親を保ちて一家を斉へ、同胞相結びて社会をなし君王これを卒て一国を統ぶるは、みなこれ神造物主のこの世界を宰《つかさど》り給ふ聖旨に非ざるはなし。……我国はその国体のありさまより国民の気質に至るまで、さながら神の特恩を被《かう》ぶり居るもの《を》ゝごとく、且つ温柔にして救《すくひ》の道を待居《まちゐ》る第二の撰民の如し。……賢明なる帝《みかど》のその国に君臨し玉ひて、この国土を開き玉ふは、決して偶然なる出来事にあらず。みなこれ神造物主の深き神意に因らずんばあらざるなり。神は我国に万世一系の皇統

を定めて、その万民に幸福せるは実《げ》にこれ世界無比なることがらにして、又神恩の高大なるを認めざるべからず[13]。

ここで、明確になるのは、第二の撰民というように造物主がユダヤ民族の次に我が日本民族を撰び国王である天皇にその運営を委ねたというように、ユダヤ教の撰民思想を持ち出し、神造物主という存在が下位の天皇に統治を命じたという理解図式での思惟構造である。これだけでもキリスト教的思惟構造からの解釈という特徴を読み取ることができ、他の勅語衍義書とはまったく異質であることが理解できる。

次いで、「我カ臣民克ク忠ニ……教育ノ淵源実ニ此ニ存ス」の衍義箇所では、忠と孝のどちらもその根底は愛の心からの発現であり、「我等基督《ハリストス》教徒は愛の教もてこの忠孝の道を活《いか》さゞるべからず。蓋《けだ》し基督《ハリストス》教は即ち愛の宗教にして[14]」と述べるように、順序を言えば、最初は子の親に対する無意識的、先天的な愛の心、すなわち孝心がすべての基本であり、それが発展すれば忠君意識となるので、忠孝の徳義は同質であり、その心の開発育成がハリストス正教徒の主務だと主張するのである。

続く「爾臣民父母ニ孝ニ」では、モーゼの十戒のうち、第五戒の「汝の父母を敬え」と命ずる孝道の精神を持ち出して「この孝行の道は至りて重き道なれば基督《ハリストス》教の教に基きてこの勅諭の精神を発揮し虔《つゝしみ》てこれを遵守せざるべからず[15]」と述べるように、だから勅語中の孝行の徳目に違背せず一致するのだと主張する論法は、ハリストス正教徒だけでなく、親への孝心を否定するものでないということを主張する場合のキリスト者の一般的手法で常套手段でもあった。したがって、特段、石川喜三郎自身の独自の解釈とは言えないが、石川は「父母への敬愛」の根拠を「出埃及記第二十章第十二節[16]」や「ヱヘス書第六章第二節・第三節[17]」で説明する。それと同時に、石川は「父母に服従」するのも父母敬愛の一表現であるとし、故に聖書に「子なる者よ爾等主《なんぢらしゅ》に在て両親に従ふべし是れ義ことなり」（以弗所書第六章一節）と云はれたり。其外哥羅西《コロス》人に送る書中にもまたこれにひとしき事を云はれたり「子たる者よ爾凡ての事に於て両親に従ふべしこれ神の悦ぶ所なり（第三章第廿節）と。……故に「我子よ宜《よろし》く爾父の訓誨に従ふべし爾の母の法を離るゝ勿れこれ爾の首の美飾《かざり》なり」（箴言第一章第八節）と聖書にも云はれたり。……主イヽスヽハリストスも亦この父母に服従するの道を実行にて示されたり（路加伝第二章第五十一節）[18]

と述べ、その根拠として「エフェソの信徒への手紙」「箴言」「ルカによる福音書」などを掲げ、これも人倫の公義で、神の義にかなうと論ずるのである。この論に加えて、父母の世話をするのが当然で、一家を顧みなくても認められるのは「義勇公ニ奉」ずる場合という公義のみとし、その根拠としてイエスは自身の死後における母の保護を弟子に頼んだとする「ヨハネによる福音書」の記述[19]などを述べ、父母への不幸は許されないとして世俗日常における倫理観を強調する。このあたりの石川の衍義部分は若干違和感があり付会的と見ることもできるだろうが、ともかく、父母と自己との徳義の関係は兄弟姉妹においても同様だと、続く「兄弟ニ友ニ」の意味を説明する。要は一家団欒しつつ父母の心を安んずることが真の孝の道なのだと、

「兄弟睦じく居るは善なる哉、……」（詩篇百三十二―一・二）と云はれたり。……「人もし己に属する者を顧ず殊に己の家の族《もの》を顧ざる者は信仰の道に背き不信者よりも劣れる者なり」（テモへイ前書第五章第八節）[20]

と聖書を引いて根拠を示すのである。

続く「夫婦相和シ」の衍義箇所では、「マタイによる福音書第十九章―第五節・第六節」[21]を引用して、夫婦の和

合相愛がなければ善良な一家を持って子供を養育することはできないゆえに、これがすべての倫常の基本だとした上で、ただし、その本分は異なるので互いに補益すべき関係にあり、夫の妻に対する態度については指導のみならず愛と情を備えた敬虔な相談者であるべきという意味を、聖書を数箇所引用して左のように述べている。

されば夫たる者は深き愛と敬虔とを以てその婦《つま》の相談者となりこれを誨《をし》へざるべからず（創世記三ノ十六）。又婦は夫の補助者なればその相談の意見をも尊敬して受けざるべからず（創世記二ノ十八・二十三、エヘス書五ノ二十五、コロス書三ノ十九、彼得前書三ノ七）。(22)

もう一方の妻の夫に対する態度についても、夫への従順と子女の養育が中心であることを、

故に聖書にも「幼婦は夫を愛し子を愛し、自ら制し貞潔を守り家務《いへのつとめ》をなし慈悲を懐きて其夫に服従すべしこれ神の道の譭《けが》れざらん為めなり（テモヘイ前書第二章第十節）と言れたり。……されば聖書にも「然《さ》れど主にありては男は女に由らざることなく女は男に由らざることなし（コリンフ前書第十一章第十一節）と云はれたり。(23)

と「テモテへの手紙一」や「コリントの信徒への手紙一」などの典拠を掲げて主張している。

「朋友相信シ」では、

即我等はたとへ罪過のある友なりともその罪を悪むもその人を愛する心にて之を教へ導かざるべからず。人各罪過なきことと能はず然るときには斯の如くして其友より教へ導かるへきものなれば聖書にも「爾曹《なんぢら》常に

行《なせ》る如く互に慰め又おの〳〵の徳を建べし」（テサロニカ書第五章第十一節）。又「われら互に顧みて愛心と善行とを激励《はげま》すべし」（ヱウレイ書第十章二十四節）といはれたり。……曰く「もし兄弟なんぢに罪を犯さばその独ある時に往きて諫めよ、もし爾の言《ことば》を聴《きか》ばその兄弟を獲べし、もし聴ずば両三人の口に由りて証をなし凡の言を定めんが為め一人二人を伴ひ行け」（馬太伝第十章第十五節第十六節）と[24]。

と、これについても「テサロニケの信徒への手紙一」「ヘブライ人への手紙」「マタイによる福音書」などの典拠を示して善徳を励まし信義を守ることが大切であるとし、「恭倹己レヲ持シ」では、まず「恭倹とは言行を謹慎て凡ての事に端荘《うやく》しく、ことみな分に応うて約なるを云ふ」[25]と述べたあと、

使徒保羅《パウエル》は「老人には謹慎と端荘《たんさう》と自ら制する事とを勧め」（提多書第二章第二節）「また幼男に自ら制する事を勧むべし（同上第六節）と云はれたり[26]。

と「テトスへの手紙」中の使徒パウロの言を引いて、奢侈放逸に陥ることなく一身を自愛すれば我が国古来の礼儀と謙譲の美徳にも適うことになると主張するのである。

また、続く「博愛衆ニ及ホシ」では「一国の帝王はこれ一国諸民の慈父にして諸民は等しく慈父の鴻恩に沐浴せる同胞の愛子なり[27]」と言いつつ、

天地の主宰なる天父に対しては万国万民みな一系の人類にして四海万邦みなこれ一天父の慈子なり[28]。

と一国の王より上の存在としての神造物主を持ち出すが、要は国民が和合親愛する博愛の実践が肝要だとし、その典拠(29)を示し、さらに、その典型として、

爾の隣を愛する己が如くせよ我は主なる爾の神なり（レウィ記第十九章第十八節）と。これ人々はいかに博愛の道を守るべきかを明かに示されたるものにして。(30)

と述べて、「レビ記」にも示されているキリスト教の最も重要な教義である「隣人愛」と博愛の概念を同一だとし、「博愛の仁道はこれ即基督《ハリストス》教の本体なり」(31)と言うのである。つまり、アガペの愛として神を愛し人々を愛するのがハリストス（イエス）の十戒の精神であると把握し、これを博愛という仁道の根源であり本体だと見たところなど、やはりキリスト者としての顔を明確に出していると見てよいだろう。

次の「学ヲ修メ……世務ヲ開キ」では、智恵知識はしっかり身に付けねばならないことについて、

故に保羅《パワエル》も「兄弟よ知慧に於ては嬰児《みどりご》となる勿れ、悪に於ては嬰児となれ知慧に於ては成人となるべし」（コリンフ前書十四ノ二十）と言ひし如く、……故に「爾等の愛、知識と諸の智慧の中に益《ますく》大と為りて最《いと》も勝《まさ》れたる所を辨《わきま》へ知る」（腓立比書九）者とならざるべからず。……故に基督《ハリストス》教徒たる者はよくこの勅語を服膺して斯教《このをしへ》の妙理を修め徳を研き以て各人の徳器を成就すべし。(32)

と典拠を「コリントの信徒への手紙一」のパウロの言を引いて、各自の業務を勤勉におこなって国益を広めることがハリストス正教徒の本分だと強調する。

そして、「常ニ国憲ヲ重シ……皇運ヲ扶翼スヘシ」の衍義箇所では、一国の憲法は国利民福を増進するための公典であり国法の遵守は国民の本分だと述べた上で、(33)その根拠を、

聖書に曰く「人を愛する者は法律を完全する者也」(ロマ書第十三章第八節)と。(34)

と「ローマの信徒への手紙」を引用する。もちろん、ここでパウロが言う法律とは、当時の律法のことであり、いささか附会的である。そして、「一旦緩急」については、

されば聖書にも「主は我儕《われら》のために生《いのち》を捐《すて》たまへり是に由て愛といふ事を知りたり我儕また兄弟のために生を捐《すつ》べし」(約翰前書三ノ十六)、といへり。内乱外寇は云ふもさらなり百時 苟《いやしくも》 我同胞の安危に関はる事あらば我等信徒は宛も使徒保羅《パワエル》の如き愛国心を喚発せざるべからず。(35)

と「ヨハネの手紙一」を引いて根拠とし、パウロは至誠至仁の愛国心の代表でもあるとして、よって無窮の皇運を扶翼すべきと説くのである。

次いで「是ノ如キハ……顕彰スルニ足ラン」はこれまでの論述をまとめていて、愛の教えをもって君臣父子夫婦兄弟の倫常を実践することが祖先伝来の美風であり、広がれば国家にとって忠良の国民となると述べ、(36)最後の衍義箇所「斯ノ道ハ……庶幾フ」でも、

勅諭の要点なる忠孝の道はこれ神造物主の定めたまへる天然の大倫にして、我が国の皇祖皇宗はその民を撫

育し玉ふに常にこの大倫を以てせられたるなり。故に我国の皇祖は最《いと》も明かに天地の主宰たる神の命《めい》を奉ぜさせ玉ひて……(37)

と述べるなど、最後に、皇祖に命令を下す存在として、皇祖の上位に神造物主と言う天地主宰の神を置くキリスト教的勅語衍義内容を明確に吐露して終るのである。

以上が、『勅語正教解』の衍義内容の大概であるが、これらより特徴的なこととして気付くことが二つある。その一つは、衍義の分量から見ても明らかなように、その大半を「父子」「夫婦」「兄弟」「朋友」「恭倹」「博愛」の説明に費やしていることである。つまりは自己のあり方や、もう一つ輪を広げた家族関係における各々の立場と役割、さらに輪を広げて友人および他人との間のあり方の関係、という人々の日常卑近の生活道徳についての衍義書だということである。これも、さらに集約すれば孝心孝道がこれら諸徳目の基盤であり、すこし大雑把に言えば、全編これ孝心孝道の説明に終始しているように思われてならない。反対にそれ以外の天皇に関する部分は一括処理のようにまとめられ、衍義分量も孝道に比べてきわめて少ない。やはり不敬事件をはじめとする「教育と宗教の衝突論争」の影響で、現実の日常生活における親子関係など、世間で受容されやすい倫理的徳目を前面に出してキリスト教弁護をして宣伝している感はぬぐいきれないところである。むろん親子関係における孝道関係の文言などは聖書中でも決して珍しいものでなく、数多く登場する。それはそれで良いとしても、やたら引用が多い感を受けるからである。もっとも孝行などの日常道徳の必要性や重要性を主張して勅語に接近しようと目論んだのは何もキリスト教だけでなく、仏教においても同様であった。すなわち、四恩十善を説き、『父母恩重経』などを持ち出して親子や家族関係における日常道徳を強調していったわけで、仏教・キリスト教ともほとんど同様の思考図式であったという以上に、宗教が世俗倫理に接近する場合の常套手段だと言っても過言ではないだろう。

要は、石川にとって勅語の中の倫理的教訓と聖書の中の言葉は、同質かつ同等であったということである。ちなみに『勅語正教解』中の聖書からの引用箇所については、表1「『勅語正教解』中の聖書引用箇所と数値」を作成したので、これを参照すると、よりいっそう理解しやすいだろう（なお、表1の聖書引用箇所の項目中の「伝」は福音書、「署」は手紙の意味である。また、この中には漢字表記とカタカナ表記の別はあっても、たとえば「堤摩太前書」と「テモヘイ前書」、「彼得前書」と「ペトル書」など、同じものもあるが、原文のままにしたがって作成した）。

さて、全六十頁の小冊子中の聖書引用数は六十二回なので、かなり引用頻度が高いと見てよいだろう。参考までに数値内訳を見ると、全六十二回のうち、新約聖書が五十三回（福音書のマトヘイ〈マタイ〉八回、マルコ〈マルコ〉二回、ルカ二回、イオアン〈ヨハネ〉二回で、四福音書からは計十四回、ロマ書〈ローマの信徒への手紙〉が八回、テモヘイ前書〈テモテへの手紙一〉が六回、コロス書〈コロサイの信徒への手紙〉が五回、エヘス書〈エフェソの信徒への手紙〉が六回、コリンフ前書〈コリントの信徒への手紙一〉が四回、ペトル書〈ペトロの手紙一〉が二回、テサロニカ書〈テサロニケの信徒への手紙一〉が一回、エウレイ書〈ヘブライ人への手紙〉が一回、テトス書〈テトスへの手紙〉が二回、フィリピ書〈フィリピの信徒への手紙〉が一回、ヨハネ前書〈ヨハネの手紙一〉が一回、使徒行実〈使徒言行録〉が二回で、各手紙類の合計が三十九回、このうち重複分を除けば、四福音書と十二の手紙類となり、計十六書からの引用）であり、旧約聖書からは九回（創世記が五回、レビ記が一回、詩篇が一回、箴言が二回で、重複分を除いて書名だけで見れば四書からの引用）で、新約旧約を合わせた内容書は計二十書となる。

また、このような表1の勅語文中の倫理的徳目の衍義箇所の分け方と聖書引用数値の多さから見ると、石川の勅語衍義の意図の本音、つまり、勅語中の、どの文言＝どの徳目、に重きを置いて自分たちの教義と結節させようとしていたのか、が充分に見えてくるだろう。石川にとって主張する主たる倫理的徳目はやはり「家族」の中

表1 『勅語正教解』中の聖書引用箇所と数値

衍義箇所	聖書の引用箇所（章と節の文字は省略した）	旧約	新約	計
緒言	なし			
朕惟フニ……深厚ナリ	箴言8－15 ロマ書13－5 ロマ書13－4 テモヘイ前書2－1	1	3	4
我カ臣民……亦実ニ此ニ存ス	ロマ書13－1 コロス書3－20		2	2
爾臣民父母ニ孝ニ	ロマ書2－14 以弗所書6－1 コロス書3－20 箴言1－8 路加伝2－51 マトヘイ伝15－4～9 イヲアン伝19－25・27 創世記21－16 マトヘイ伝15－4 マルク伝7－10	2	8	10
兄弟ニ友ニ	詩篇132－1・2 テモヘイ前書5－8	1	1	2
夫婦相和シ	創世記1－27・280・2－18 馬太伝19－4～9 コリンフ前書7－3・4 以弗所書6－33 ロマ書13－10 コロス書3－14 創世記2－23 コリンフ前書11－3 エヘス書5－23 提摩太前書2－12・13 創世記2－18・23 エヘス書5－25 コロス書3－19 彼得前書3－7 コロス書3－17 エヘス書5－23 ペトル書3－5・7 テモヘイ前書2－10 テモヘイ前書2－10 コリンフ前書11－11	3	17	20
朋友相信シ	以弗所書4－25 テサロニカ書5－11 エウレイ書10－24 馬太伝10－15・16		4	4
恭倹己ヲ持シ	提多書2－2 提多書2－6 ロマ書12－10・11 馬太伝16－24 ルカ伝9－23 マルク伝8－35 馬太伝10－38		7	7
博愛衆ニ及ホシ	創世記17－24・26 レウィ記19－18 馬太伝5－45 イヲアン伝13－34	2	2	4
学ヲ修メ……世務ヲ開キ	コリンフ前書14－20 腓立比書1－9		2	2
常ニ国憲ヲ重シ……扶翼スヘシ	ロマ書13－8 テモヘイ前書5－8 約翰前書3－16 ロマ書9－3 使徒行実26－6・7 使徒行実28－20		6	6
是ノ如キハ……顕彰スルニ足ラン	馬太伝3－9		1	1
斯ノ道ハ……庶幾フ	なし			
		9	53	62

にあったとのである。

もう一つは、キリスト教からの勅語衍義となると十分に予想し想像できることであり、実はこの点が最大の思想的論点なのであるが、それはすべての創造主造物主で父なる神と日本の天皇をどのような位置関係で捉えて認識するのかという問題である。もちろん、これは石川喜三郎ひとりの問題ではなく当時のキリスト者全般の課題であり、真君（父なる神）と仮君（天皇）という理解図式もあったようであるが、石川は物議をかもすような表現はせず、神造物主の神意を受けて万世一系の皇統を定め代々の天皇という地上の王が国土を開発し民衆の福利をはかるという表現をとっている。牽強付会と言えばそのとおりであり、また、上位と下位の関係において捉えるかぎり、そこには価値判断における軽重があるわけであるが、天地の主宰神がこの世の王を守り助けるという表現も用いていて微妙な言葉遣いは避けているかの感も無くはない。

勅語衍義書『勅語正教解』はこの課題についてはこれ以上立ち入っていない。しかし、この問題は重要なので、次に同氏の関連著述にまで視野を広げ、確認も含めて聞いてみよう。

四　ペートル石川喜三郎における神（ゴッド）と天皇

石川の著作『正教と国家』は前述のとおり全十五章より成り、第十一・第十二・第十三の三章はこの点を明確に論じているが、石川個人というより、正教会きっての代表的論客であった機関誌の主筆であったという意味では、先述したとおり、なかば日本ハリストス正教会の教義の代弁者と見て差し支えないだろう。

第十一章「国家主権者の必要」では、

古来より我正教会の牧師教師の輩も亦基督教の精神に基づき国家に至上主権者の必要なる所以を明示せり。……国家の主権存立に関する基督教の教義は実に斯の如き精神なれば基督正教を目して皇帝を蔑する不忠の宗教なりと云ふが如きは讒誣の尤も甚だしきものと云はざるべからず。基督正教は国家社会の上に至上主権者の存立を排斥せざるのみならず、この主権者なくんば国家も存立する能はずと主張するものなり。(38)

とハリストス正教会では地上の現実的な国家の主権者の存在はもともと認めていると主張し、これが我が国では天皇にあたるという論法である。もっとも、これは日本ハリストス正教会の母体であるロシア正教会の考え方を踏襲したもので、ロシア皇帝が地上の王でありつつ同時にロシア正教が維持されてきたわけで、紆余曲折はありつつもピュートル大帝（在位一六八二年～一七二五年）のときにロシア正教会を国家の支配下に置くことが成功し、ロシア革命（一九一七年）まで皇帝（ツァーリ）のもとで教会を支配するという西方教会系ヨーロッパのキリスト教とは異なる展開で発展した東方教会系ギリシア正教のロシア正教会（国教）の特徴的存続構図がある。したがって、当然石川の頭には帝政ロシアにおける皇帝（主権者）と教会が一体化して展開してきたという歴史的関係が背景にあることは言うまでもない。つまり、王制と国教との協和関係における帝政ロシアと、日本の国体の外見上の共通性を主張し同じ構図と見て堂々と天皇と正教の論を張るのである。このあたりは他のキリスト教諸派との相違点であり、天皇については教義的に語り易く、近づき易かったという意味合いで重要である。そして、第十二章「天皇は神聖にして侵すべからず」では、

されど国家社会の間に主権者の存立するは決して偶然に現出せしものにあらず。皆是れ造化神意の天の摂理に由りて万民の幸福を増進せしめんがために現出せしものなり。故に国家の上に存立する君主の尊位は皆神

造物主の天意に由て確立せられたるものなり。[39]

と神造物主の意志によって天皇が存立したと言い、

国家の大元帥たる天皇の大権は即ち神造物主の与ふる所なり。故に其皇位と大権とは既に人為の者にあらずして純然たる神為の者なり。天皇の尊位と其大権とは既に神為神出の者なるが故に天皇は固より神聖にして侵すべからざるものなりと云はざるべからず。[40]

と述べて、神の意志による存在は大権を持つ存在であり、まさに神意の体現者だから侵すべからざる存在であり、その神聖の理由は、

天皇は一切の国法の上に超越せらるゝなり。故に天皇は唯一の上帝主神に対して至大の責任を負ふの外何等の責任をも負はれざるなり。[41]

と言うように、神に対しては神意に対する責任はあるが、民衆とは一線を画す存在で一国の法律を超越した上の存在であるとし、だからこそ帝国憲法第三条に「天皇は神聖にして侵すべからず」とあることでも明白だと主張する。このような神命による天皇の一国統治という論法は、彼の教育勅語衍義書と同様である。

また、石川は教理の実践面についても次のように主張する。つまり、正教会の重要な典礼儀式である「奉神礼」における祈祷文の読誦について、明治二十七年の「正教新報」中の「国民が至尊に対し奉る最先の義務と祈祷中

の御名の敬唱に就て」と題する石川の一文では、

いかなる日にても毎日奉神礼の公式往はれ、其公式には必ず皇帝、皇后、皇太子、其他諸皇族の無恙、安和、救贖の祈祷を献ぜらるゝなり。斯の如くなれば露国人民の忠君愛国の精神は実に欧州に於ても稀に見る所にして東洋に於ける我が帝国の臣民と一対の国民といふべし。(42)

と、日本と帝政ロシアの政体における同質性を主張すると共に、ロシア正教会では王と王族への祈祷文の読誦をおこなうと述べていて、読誦については、

故に我が日本正教会の奉神礼は勿論信徒一般に朝夕唱ふる祈祷文中にも、我が至尊の万歳を祈り救贖を願ふの文句あり、……故に吾曹が祈祷中に我が至尊の御名を敬唱して神に祈るも決して不敬の行為とはいふべからず。(43)

と言うのである。では実際の読誦祈祷の文についてては「時課経」等にも見られるが、ここでは明治二十六年の井上哲次郎への批判文「井上哲次郎氏の『教育と宗教の衝突』を読む」(『正教新報』第二九五号)を見てみよう。

「主や爾の国に於て我が国の大皇帝大皇后皇太子及諸皇族を記憶せよ今も何時も世々に」と。これ正教の奉神礼の最も重要なる部分に於て唱ふる祈祷文にして主神に至尊の皇室を祝福し守護し賜はん事と、その救贖とを祈るものなり。これ吾が正教の布教以来、日曜日毎に聖堂に於て唱へられたる祈祷なり。又「時課経」

の平日夜半課の部に「吾ガ大皇帝ノ為ニ祈ラン、吾ガ大皇后ノ為ニ祈ラン、吾ガ皇太子及諸皇族ノ為ニ祈ラン」とあり。これ又正教の各聖堂に於て、特に臣民が熱心忠愛の心を以て、陛下及諸皇族の安寧幸福を祈るものなり。[44]

ハリストス正教徒は教育勅語の精神や教訓に違背しないと主張し強調する証拠の一つとして、石川はこのような奉神礼の祈祷文を出したのである。

とはいっても、神造物主と天皇は決して対等ではないというキリスト者としての立場は堅持している。これについては明治三十一年石川の「皇祖の大廟とハリスティアニン」（『正教新報』第四二六号）と題する一文で、次のように明確に述べている。

故に天祖の霊は、我儕これを聖徳の霊として崇敬し、国風相当の祭典を以て尊敬するの当然なるを信ずるも、唯一の真神と均しく、もしくは唯一の神に代へてこれに帰依するを得ざるなり。[45]

また、同年の「国家における王者の意義」（『正教新報』第四一四号）という一文でも、

故に国家の上に在る王者を神として尊敬するが如きは、不道理極りたる事にして、王者はこれを一国の神聖なる国父として尊敬する外他に何等の意義をも付すべからず。[46]

と、神と王とは次元が違い、国王といえども決して造物主以上の存在ではないと、明確に主張はしている。

さて、先述の著作『正教と国家』に戻り、第十三章「天皇陛下に対する臣民の義務」の末尾で、石川喜三郎はついにキリスト者、もしくはハリストス正教徒としての希望、本音を次のようにもらすのである。

我日本国に於ては天皇陛下は未だ正教を信ぜさせ給はざるを以て我等正教徒は更に一条の義務を尽さゞるべからず。即ち天皇陛下が造物主の前に永生無窮の霊福を傾け給はんが為め常に天皇陛下が正教の真理に帰依し給ふ便機を賜らんことを最も熱心に神に祈らざるべからず。(47)

見方によってはかなり過激で暴論とも言えようが、これまで一度も発表されたことが無いので、ここで紹介しておきたい。

五　おわりに

キリスト者として唯一だと思われる石川喜三郎の勅語衍義書の内容を考察し、関連著述で確認検証しつつキリスト教からというより、ハリストス正教会からの勅語への教義面からのアプローチの仕方を検討してきた。最後に、ここで再確認してみよう。

なぜ勅語衍義書にまでいたったのか、という点については石川自身何も述べるところがないが、第一に教育と宗教の衝突論争において井上批判を書いていることが一つの契機になったと思われる。第二に日本の正教会がロシア正教会を母体とし、教義はもちろんのこと、帝政ロシア時代におけるロシア皇帝とロシア正教の密接かつ一体的な関係を保持しつつ歴史的に展開してきたことから、石川だけでなく日本の正教会全体が日本の天皇と正教会の関係を帝政ロシアと同じ構図で把握認識した結果、ハリストス正教は日本の政体という土壌に合致し一番適合し易いということを他のキリスト教諸派を横目に見て、それより一歩踏み出した積極的な形で明示する必要があったということではないだろうか。日本ハリストス正教会は天皇の存在を認めるというより以上の積極的に強固にかつ強烈に支持し崇敬しているということをアッピールすることによって他のキリスト教諸派と完全に差別化する必要があった。端的に言えば、日本国内における自派の安泰と他のキリスト教諸派より優位に立つことが目的であった。それが教育勅語衍義書という石川の著述となって現われたと見ても、決して不思議ではないだろう。

次に、その衍義内容については、誰もが首肯する日常道徳における基本的徳目の「父子」「夫婦」「兄弟」「朋友」などの倫理的徳目に焦点をあて、その根源としての父母への「孝」道の説明衍義の分量をきわめて多くして全編を横溢しているかの感がある。そして、これらの徳目は否定できない部分でもあるので、無難で安全な側面を石川自身がかなり意識した結果だと見てよいだろう。そして孝道の窮境が愛国心となり一国の統治者である天皇への忠となって顕現するという論理構造なのであった。もちろん、この論法は特段目新しいものではないが、そのあとの天皇の統治存立の理由は正教会の教義的特徴がよく出ている。つまり、ユダヤ教的撰民思想を持ち出し、神は日本民族を撰び天皇に地上の国民統治を委ねたので、神と同様に法を超越した存在であるが、でも神とは同列の論ではないと認識しているのであった。ただ、教義的には天皇の存在も含めた日本の国状、土壌で布教伝道するには、皇帝と天皇を同位置として把握し、両者を地上の王として充分に認め、かつ崇敬するハリストス正教の教えが最適だという強い自信と石川の若い時期の著作ということも手伝って、衍義書にはかなり気負った感も無くはないが、それでも覇気や意気込みという勢いは感ずる。と同時に、正教会の教義を我が国の状態に当てはめようとする際、木に竹を接いだような牽強附会の論法も若干感ずるが、やはり、石川喜三郎はキリスト者としての立場はしっかり守りつつ、同時に日本人としてのアイデンティティーを保持していたと言えるかもしれない。とまれ、数多い教育勅語衍義書の中から見ても、また、数多いキリスト者の立場から見ても、このような感を一読して懐かせる特異かつユニークな一書であることだけは異論がないだろう。

註

(1)これについては、本書第二編第一章末尾の註(14)で述べたが、明治二三年一〇月の渙発後、筒井明俊の写本一冊(きわめて疑問は残るが)を除いて刊本だけで見ると、明治二三年中に内藤耻叟の二冊を含めて早くも五冊が上梓され、翌二四年になると数多く出版され、同年中に三五冊も陸続と世に出ている。つまり、渙発後わずか一年を経過した頃には、約四〇冊程度の衍義書が登場してきたのである。

(2)三井道郎《みいみちろう》は一八五八年八月一〇日(安政五年七月二日)に生まれ、一九四〇(昭和一五年一月八日)年に逝去した日本ハリストス正教会の長司祭、正教神学者でロシア語学者。寿八三。陸奥国盛岡の南部藩士の出身、一八七四(明治七)年函館でアナトーリイに出会い翌明治八年に正教神学校に入学、明治一六年同教会の岩澤丙吉と共にキエフ神学大学に留学し同二〇年に帰国した。帰国後、正教神学校の教授、校長、京都正教会の司祭などを歴任した。大津事件の際のロシアのニコライ皇太子の通訳でもあった。教義の訳書『正教訓蒙』(明治一四年)をはじめ訳書や著述も多く、また『訪露紀行』(大正七年)『回顧断片』(昭和五年)『往事断片』(昭和五年)などの紀行文も歴史的文献として貴重である。

なお、日本ハリストス正教会の人物・著述・活動などの歴史的展開を簡潔に記述したものとして、牛丸康夫著『日本正教史』(昭和五三年五月　日本ハリストス正教会教団発行)がある。

(3)「正教新報」第一七〇号(明治二二年一月一日　愛々社)一六頁。

(4)同右、第一八五号(同二一年八月一五日)一六頁～二二頁。

(5)同右、第一八六号(同二一年九月一日)一六頁～一九頁。

(6)『正教と教会及国家』第二版（明治四五年七月、日本ハリストス正教会）の章立ては明治二五年の初版時と大きな変更はほとんどない。

(7)「ぱんだね」第一二七号（第一一巻第七号）（昭和七年四月一〇日　ぱんだね社）三二頁。

(8)同右、三三頁。

(9)本書『勅語正教解』は、『教育勅語関係資料』全一一集（明治期のみ　昭和四九年二月～同五八年一月　日本大学精神文化研究所・教育制度研究所発行　創文社制作）中の第四集（昭和五二年一月一〇日発行）の五六九頁～五八八頁に翻刻収録しているが、本稿では翻刻収録した際の原本で表記する。

(10)『勅語正教解』七頁。

(11)同右、七頁～八頁。

(12)同右、八頁～九頁。

(13)同右、一〇頁～一一頁。

(14)同右、一九頁。

(15)同右、二四頁。

(16)『勅語正教解』の中で聖書からの引用が一部もしくは無いものについては、註記で引用する。ただし、引用に際しては、以後、新約については『聖書』（日本正教会翻訳　我主イイススハリストスの新約　一九五五年　正教本会版）と『聖書』（新共同訳　日本聖書協会）を参考のため併記する。旧約については新共同訳のみとする。したがって、本文中で石川が引用している文語体と異なる印象を受けるが御海容願いたい。

新共同訳「あなたの父母を敬え。そうすればあなたは、あなたの神、主が与えられる土地に長く生きることができる。」（「出エジプト記」第二〇章第一二節）

(17)日本正教会翻訳「爾の父及び母を敬へ、此れ許約を加へたる第一の誡《いましめ》なり、曰く、爾福《さいはひ》を獲、地に寿《いのちなが》からん為なりと。」（「聖使徒パワェルがエフェス人に達する書」第六章第二節・第三節）

新共同訳「父と母を敬いなさい。これは約束を伴う最初の掟です。そうすればあなたは幸福になり、地上で長く

生きることができるといぅ約束です。」（「エフェソの信徒への手紙」第六章第二節・第三節）
(18)『勅語正教解』二七頁〜二八頁。
(19)日本正教会翻訳「次ぎて門徒に謂ふ、視よ、爾の母なり。其時より此の門徒彼を己の家に取れり。」（「イオアンに因る聖福音」第一九章第二七節）
新共同訳「それから弟子に言われた。見なさい。あなたの母です。そのときから、この弟子はイエスの母を自分の家に引き取った。」（「ヨハネによる福音書」第一九章第二七節）
(20)註（18）の前掲書、三三頁〜三四頁。
(21)日本正教会翻訳「又曰へり、是の故に人は其父母を離れ、其妻に着きて、二つの者一体と為らん、然らば彼等は既に二人に非ず、乃一体なり、故に神の耦せし者は、人之を分つ可からず。」（「マトフェイに因る聖福音」第一九章第五節・第六節）
新共同訳「そして、こうも言われた。それゆえ、人は父母を離れてその妻と結ばれ、二人は一体となる。だから、二人はもはや別々ではなく、一体である。従って、神が結び合わせてくださったものを、人は離してはならない。」（「マタイによる福音書」第一九章第五節・第六節）
(22)註（18）の前掲書、三八頁。
(23)同右、三九頁〜四〇頁。
(24)同右、四二頁〜四三頁。
(25)同右、四四頁。
(26)同右。
(27)同右、四六頁。
(28)同右。
(29)日本正教会翻訳「我新なる誡を爾等に與ふ、即爾等相愛《あひあい》すべし、我が爾等を愛するが如く爾等も是くの如く相愛すべし。」（「イオアンに因る聖福音」第一三章第三四節）

新共同訳「あなたがたに新しい掟を与える。互いに愛し合いなさい。わたしがあなたがたを愛したように、あなたがたも互いに愛し合いなさい。」（「ヨハネによる福音書」第一三章第三四節）
(30)註（18）の前掲書、四七頁。
(31)同右、四八頁。
(32)同右、四九頁〜五〇頁。
(33)同右、五一頁。
(34)同右、五二頁。
(35)同右、五四頁。
(36)同右、五六〜五七頁。
(37)同右、五七〜五八頁。
(38)『正教と国家』六九頁〜七一頁。
(39)同右、七二頁〜七三頁。
(40)同右、七四頁〜七五頁。
(41)同右、七六頁。
(42)「日本正教論集」第一輯（帝室と宗教）五七頁（「正教新報」第三三三号　明治二七年）。
(43)同右、五七頁〜五九頁。
(44)「日本正教論集」第二輯（偽忠孝排斥）一二頁〜一三頁（「正教新報」第二九五号　明治二六年）。
(45)註（42）の論集、六七頁（「正教新報」第四二六号　明治三一年）。
(46)同右、七九頁（「正教新報」第四一四号　明治三一年）。
(47)註（38）の前掲書、八二頁。

あとがき

本書は、平成二十二年に國學院大學に提出した博士学位申請論文「十九世紀近代日本における仏教者等による世俗倫理への接近の諸相」の一部分（全五章中、第一章「仏教者と三条教則」と第二章「仏教者と教育勅語」）を抄出して修正し、これに若干の新稿を加えたものである。

正直に言って、学位の有無などあまり興味と関心を持たなかった一時代前の研究者かもしれないが、特に近年、医学部での約二十年間は医者を養成するため、「医療倫理学」や「生命倫理学」、大学院（＝医師）では「臨床倫理学」など、現代の問題をおこす医療や国の医療に関する倫理指針に関する講義をはじめ、学生を個別に面倒を見て育成すること等々、学生教育に全力を傾注していたこともあって時間的に余裕も無く、学位は近年になって取得した。したがって、本書収録論文の執筆年代は、近年のものもあるが、かなり昔の論文も入っている。いちばん古い論文は昭和六十一年で、今から約三十年近くも前である。全部で十六論文を収めたが、平成に入ってからの論文は十一本、昭和のものは五本もある。若い頃のこととて稚拙極まりなく忸怩たる思いもあるが、しかし、古い論文でも収め得たということは、逆に言えば、当該分野における研究の進展が無かったということの証しでもある。そして、この五本の論文の大半は教育勅語の衍義書に関するものである。すなわち、教育勅語に関する研究はあっても、その衍義書に関する研究はまったく進展していなかったということである。また、もう一方の三条教則衍義書に関する論文は平成に入ってからであり、これらの執筆年代は、当然のことだが、筆者の研究経歴に即し準じていることは言うまでもない。

筆者はちょうど半世紀前、皇學館高等学校（第二期生）の三年間を神都伊勢の地で過ごし、日本大学文理学部哲学科、同大学大学院修士課程、博士課程を経て、日本大学教育制度研究所・精神文化研究所助手となって研究生活をスタートした。大学院時代は禅学の小池覚淳教授、研究所では世界的禅学者鈴木大拙博士の法嗣で北鎌倉の松ケ岡文庫長の古田紹欽博士の鉄槌を受けて仏教学を志向した。少々あとづけ的にはなるが、日本人の精神生活の根底と展開のありようを歴史的思想史的視座から眺めてみたいという志向を持っていたこともあり、それには神道だけでなく、仏教も勉強しなければ理解できないだろう、と思っていたことから、ときには神道と対局的立場に在った仏教学を専門とした。昭和五十一年、この研究所に入り、師匠であり上司であり恩師の古田先生からいただいた最初の仕事が日本大学教育制度研究所所蔵の教育勅語衍義書を中心に収録した『教育勅語関係資料』（昭和四十九年～昭和五十九年　全十一巻　明治期のみ）の蒐集校訂という編纂作業であった。その後、大正期の衍義書数巻も編纂刊行したが、これが昭和五十年代いっぱいかかった。約十年以上に亘ったが、その後の研究方向もこの作業過程から生まれた。したがって、勅語衍義書に関する順次の論文化作業は刊行後の六十年以降になった。ちなみにキリスト者からの勅語衍義書については、非常に珍しいのでいずれ機会を得て紹介しようと、実は当時からあたためていたもので、折に触れて周辺資料を集め、三十数年間を越えてやっと論文化したものである。また、石門心学を知るにいたったのは、やはり古田紹欽博士が当時、石門心学会の理事長もされていた関係で、筆者が心学雑誌「こころ」の編集と会計などの会務全般を担当していた（やらされたといった方がよいが）り、実際の心学講舎、東京参前舎舎主をはじめ現代の心学活動の実践者の方々との深いかかわりが御縁になっていて、今日でも続いていることに依るのである。実は、中世の伝統仏教研究で展開してゆきたいという希望を当初持っていたが、研究所入所以降、所員全員が近代を研究対象としていたこともあって、筆者も自然に近代宗教思想史の領域に足を踏み入れることになった。ただ、今にして思えば、その理由の一つとして、筆者の叔父の同志社大学教授杉井六郎が近代史（歴史学）を専門としていたことも、意識のなかのどこかにあったように思われてならない。

一方、三条教則については、三宅守常編『三条教則衍義書資料集』（全二巻　明治聖徳記念学会発行　錦正社発売　平成十九年七月　一千二百十九頁）の「あとがき」に縷々書いた。再言すると、日本大学の本務以外に、昭和六十一年より十数年間、横浜の大倉精神文化研究所に研究員として神道研究室や倫理教育研究室に所属し、東京大学や國學院大學出身の優秀な多くの研究員との交わりのなかで刺激を受けつつ勉強させていただいた経験をした。これが後年大いに役立ったが、同研究所に関わるについては、筆者の叔父でいわゆる家永裁判で国側を代表して孤軍奮闘した元文部省教科書検定調査官文学博士村尾次郎（当時は同所研究部長）、ならびに高校時代に講義を聞いたことがあり、後年学会などで懇意にさせていただいた鎌田純一先生（皇學館大學名誉教授・宮内庁掌典）の推挽を受けた。そして、神道研究室では上司でもあった。この鎌田先生の意向で明治神宮が主催する明治聖徳記念学会にかかわることになり、その紀要に鎌田先生と上田賢治國學院大學教授（のち國學院大學学長）の両氏から三条教則の衍義書の掲載を命ぜられ、以降、平成七年から同十七年までの十年間、すべて筆者一人で、二十六回連載で國學院大學所蔵の河野省三文庫を中心に三条教則衍義書群の解説付き翻刻掲載をおこなったことが機縁になっている。したがって、本書所収の論文はその大半が平成七年以降である。なお、この衍義書資料の連載分を一書にまとめて『三条教則衍義書資料集』として刊行したので、本書第一編の第二章・第三章の註記箇所では、紀要掲載時の頁数に加えて、『同資料集』の頁数も新たに追加記載し併記した。そのため、却って煩雑になり閲読に不便の感は否めないが、事情ご賢察いただき平に御海容願いたい。また、研究調査の結果、新たに調査蒐集し『同資料集』に収録したもの、たとえば福田覚城、香山院樋口龍温、南条神興（南条文雄《ぶんゆう》の養父）等の衍義書もあり、いずれも真宗大派内の有力な学匠であったので今後は逐一考察を加えてゆく必要があるだろうし、『同資料集』出版以後も、たとえば神道系では香取神宮や神道実行教のルーツでもある不二道孝心講からの三条教則衍義書など珍しい資料も新たに発見した。したがって、衍義書の研究もまだまだ道半ばではあるが、近年は、仏教の対極的位置に在った神道人による三条教則の衍義書研究（本来ならこちらの方が早く研究されるべきだと思うが）を扱う若手研究者が出てきたり、明治初年の社会教育という視座からの論考や、外国人による日本近代宗教史研究の論文などにも引用され、かなり利用されはじめてきた状況なので、多少は刺激剤、あるいは資料提供の点でお役に立っているのかもしれない。

とまれ、本書を一言に約して言えば、第一編は鎌田純一先生との神縁、第二編と第三編は師匠古田紹欽先生との仏縁、という文字どおり神仏両方の御縁の賜物として成ったと言ってよい。両先生の学恩を感ぜずにはいられないところである。筆者にとっては、まさに神仏が習合し共存していると言っても、決して過言ではない。ただ、諸先生皆すでに鬼籍に入られたことだけが残念でならない。

最後になったが、本書の成るについては國學院大學教授阪本是丸氏のお力によるところが非常に大きい。只管、御礼を申し上げねばならない。さらには一般財団法人神道文化会の方々には深いご理解とご助成をいただいた。なぜなら、神道文化叢書の中に、本書のように一種の仏教研究書の類とも言える神道以外の異物の加わることをお許しいただいたからである。特に同会事務局長の浅山雅司氏とは石門心学研究会で何度もご一緒させていただいた御縁もあって、多くのご助言を頂戴した。また、出版に際しては㈱弘文堂の三徳洋一氏、ならびに事務方として神社本庁総合研究所の岡市仁志氏には大変お世話になった。ここに、併せて甚深の謝意を申し上げる次第である。

なお、筆者と神道とのかかわりは、皇學館との関係や國學院大學の研究者、そして明治神宮の明治聖徳記念学会のお手伝いを約二十年以上続けているという、筆者個人の学問研究からが中心であるが、特に明治神宮とのご縁は深く感じている。私事で恐縮だが、京都町衆で祖父の三宅清兵衛（檜皮屋《ひわだや》清兵衛）が大正九年の明治神宮御造営の際、檜皮葺《ひわだぶき》で御本殿その他のお屋根の御造営にあたらせていただいたことや、創建鎮座祭の明治節（大正九年十一月三日）に誕生した娘（明治様の一字を戴いて明子）が筆者の母で、九十五歳の今日でも元気で暮らしていること、また明治十三年六月十八日、甲州・東山道御巡幸の折り、明治陛下が甲州花咲宿（現、山梨県大月市花咲）での御小休所にされた本陣が江戸期から名主の系譜を継ぐ筆者の叔父の星野家住宅（国の重要文化財）であることなどを思うにつけ、どのような学問を志向したとしても、何か目に見えない深いご神縁で明治神宮はじめ神道と深く結節している自分の存在を、近年あらためて確認することしきりである。

顧みると、筆者を文墨に携る道に自然に誘引してくれたのは、父二郎であったと思う。筆者にとってその存在は、帰幽後三十年近く経つが、ますます大きく感じられてならない。ここに本書の成ったを墓前に報告して筆を擱く。

平成二十七年四月

三宅守常　拝

初出一覧

序　新稿

第一編　三条教則と仏教僧―仏教僧の三条教則衍義書―

第一章　教部省設置前における神道と仏教の相克

「明治初年にみる仏教と神道の関係―教部省設置前―」（『日本仏教学会年報』第五十二号「仏教と神祇」所収、昭和六十二年三月）に加筆修正

第二章　仏教僧の三条教則衍義書をめぐって

「史料三条教則関係資料（一）解題」（『明治聖徳記念学会紀要』復刊第十五号、平成七年八月）および「仏教系三条教則衍義書考」（『大倉山論集』第四十七輯、平成十三年三月）および「三条教則衍義書にみる神道と仏教の対論」（『日本仏教学会年報』第六十二号「仏教と他教との対論」所収、平成九年五月）の三本を合わせて加筆修正

第三章　仏教僧による天神造化説批判

「三條ノ教則と明治仏教」（「印度哲学仏教学」第七号、平成四年十月）に加筆修正

第二編　教育勅語と仏教僧―真宗僧の教育勅語衍義書―

第一章　多田賢住および赤松連城の教育勅語衍義書をめぐって
「仏教徒の教育勅語衍義書について―特に真宗系を中心に―」（「明治聖徳記念学会紀要」復刊第三号、平成二年十月）および「明治仏教と教育勅語（そのⅠ）―仏教系の勅語衍義書を材料にして―」（「大倉山論集」第二十輯、昭和六十一年十二月）の二本を合わせて加筆修正

第二章　東陽円月の教育勅語衍義書をめぐって
「明治仏教と教育勅語（Ⅱ）―真宗僧東陽円月の場合―」（「大倉山論集」第二十二輯、昭和六十二年十二月）および「東陽円月の勅語衍義書をめぐって」（「印度学仏教学研究」第三十六巻第一号、昭和六十二年十二月）の二本を合わせて加筆修正

第三章　太田教尊の教育勅語衍義書をめぐって
「明治仏教と教育勅語（Ⅲ）―真宗僧太田教尊の衍義書の場合―」（「大倉山論集」第二十四輯、昭和六十三年十一月）に加筆修正

第四章　寺田福寿の教育勅語衍義書をめぐって
「明治仏教と教育勅語（Ⅳ）―真宗僧寺田福寿の衍義書の場合―」（「大倉山論集」第二十六輯、平成元年十二月）に加筆修正

第五章　土岐善静の教育勅語衍義書をめぐって
「土岐善静の勅語衍義書をめぐって」（「印度学仏教学研究」第三十八巻第一号、平成元年十二月）に加筆修正

補　章　真宗僧による教育勅語衍義書の諸類型

「仏教徒の教育勅語衍義書について―特に真宗系を中心に―」（「明治聖徳記念学会紀要」復刊第三号、平成二年十月）に加筆修正

第三編　教育勅語と宗教者―石門心学者とキリスト者の教育勅語衍義書―

第一章　明治期の石門心学の動向

「明治心学と宗教行政―附、史料「心学社中教導職拝命一覧」―（「明治聖徳記念学会紀要」復刊第十号、平成五年十二月）および「明治心学管見」（「精神科学」第三十五号、平成八年十一月）の二本を合わせて加筆修正

第二章　石門心学者川尻宝岑の教育勅語衍義書をめぐって

「石門心学者川尻宝岑の教育勅語衍義書をめぐって」（「明治聖徳記念学会紀要」復刊第四十九号、平成二十四年十一月）

第三章　キリスト者で唯一の教育勅語衍義書をめぐって

「キリスト者唯一の教育勅語衍義書」（「明治聖徳記念学会紀要」復刊第四十七号、平成二十二年十一月）

索　引

ウ

エ

オ

カ

キ

ク

ケ

コ

サ

シ

チ

ツ

テ

ト

ナ

ニ

ヌ

ネ

ノ

ハ

ヒ

マ

ミ

ム

メ

モ

ヤ

ワ

三宅守常（みやけ・もりつね）

昭和23年、京都市生まれ
昭和46年、日本大学文理学部哲学科卒業、昭和51年、日本大学大学院文学研究科哲学専攻博士課程単位課程修了、日本大学教育制度研究所・精神文化研究所助手、日本大学医学部専任講師を経て日本大学医学部教授（哲学・倫理学分野）。（この間、以下を兼任、（財）大倉精神文化研究所研究員、神道部門のち倫理教育部門主任、昭和61年度〜平成13年度。國學院大學客員教授、平成19年度〜同23年度）
現在、日本大学医学部研究所教授（総合科学研究所）　博士（宗教学）
専攻、日本近代宗教思想史・医療倫理・臨床倫理

［著書］
（単著）『無我愛哲学の基礎的研究』（京文社、平成元年）
（編）　『三条教則衍義書資料集』全2巻（錦正社、平成19年）
（共著）『山田顕義―人と思想―』（日本大学総合科学研究所、平成4年）
『日本の想像力』第8巻（NHK出版、平成5年）
『現代日本と仏教』第2巻（平凡社、平成12年）
『日本大学百年史』第1・第2・第3巻（日本大学、平成9〜14年）、その他
［主要論文］
「初期無我愛運動の活動について」（『日本大学教育制度研究所紀要』第12集、昭和56年）、「山田顕義と教育―大坂兵学寮フランス留学生―」（『日本大学教育制度研究所紀要』第18集、昭和62年）、「明治初年の陸軍と山田顕義」（『軍事史学』第95号、昭和63年）、「石門心学における道歌の展開と庶民倫理」（『近世の精神生活』、平成8年）、「中世の臨終行儀と明恵」（『大倉山論集』第44輯、平成11年）、「日本型ホスピスケアの理念構築への一試論」（『笹川医学医療財団報告』、平成14年）、その他
［受賞］
昭和61年、石門心学研究奨励賞
昭和62年、日本印度学仏教学会賞

三条教則と教育勅語――宗教者の世俗倫理へのアプローチ――

2015（平成27）年6月30日　初版1刷発行

著　者　三宅守常
発行者　鯉渕友南
発行所　株式会社　弘文堂　101-0062　東京都千代田区神田駿河台1の7
TEL 03(3294)4801　振替 00120-6-53909
http://www.koubundou.co.jp

装　丁　松村大輔
組　版　堀江制作
印　刷　港北出版印刷
製　本　井上製本所

ISBN 978-4-335-16080-6